U0128433

庐州文化丛书

高 峰◎著

合肥历代进士

安徽师范大学出版社
ANHUI NORMAL UNIVERSITY PRESS

·芜湖·

图书在版编目(CIP)数据

合肥历代进士 / 高峰著. — 芜湖 : 安徽师范大学出版社，2023.1
ISBN 978-7-5676-5848-6

Ⅰ.①合… Ⅱ.①高… Ⅲ.①进士－列传－合肥Ⅳ.①K827=2

中国版本图书馆CIP数据核字(2022)第246662号

合肥历代进士
高　峰◎著

HEFEI LIDAI JINSHI

责任编辑：胡志立　　　　　　责任校对：李克非　　王文君
装帧设计：王晴晴　　　　　　责任印制：桑国磊
出版发行：安徽师范大学出版社
　　　　　芜湖市北京东路1号安徽师范大学赭山校区

网　　址：http://www.ahnupress.com/
发 行 部：0553-3883578　　5910327　　5910310(传真)
印　　刷：苏州市古得堡数码印刷有限公司
版　　次：2023年1月第1版
印　　次：2023年1月第1次印刷
规　　格：700 mm × 1000 mm　　1/16
印　　张：16.75
字　　数：262千字
书　　号：ISBN 978-7-5676-5848-6
定　　价：49.80元

凡发现图书有质量问题,请与我社联系(联系电话:0553-5910315)

前　言

　　合肥，古庐子国。地处江淮，雄视古今，自秦建县，已二千二百余年，历来为军事、政治、文化重镇。合肥是物华天宝、人杰地灵之地，虽以武显，文亦不弱。迨自三国魏侍中刘晔，南朝之任忠，隋之樊子盖，唐之任瑰、罗珦、罗让彪炳史册，暨唐末杨行密以三十六英雄起事建吴国，合肥人才涌现第一个小高峰期。朱元璋建立大明王朝，淮西元勋中包括大量的合肥籍人物，这是合肥人才涌现的第二个小高峰期。清末乃至民国初年，以李鸿章、段祺瑞为代表的淮系、皖系人物，影响遍及全国，是合肥人才涌现的第三个高峰期，也是真正意义上的人才鼎盛时期。

　　封建时代，特别是实行科举制的时代，一个地方人才的兴盛程度是以科举上的成就，即出了多少进士来代表的，因科举而产生的科举文化是一种独特的历史文化，具有显著地域性。20世纪90年代以来，全国各省市研究当地科举文化方兴未艾，其目的是通过挖掘当地的科举文化、科举人物，来突出宣扬地方的历史文化，为经济全面高速发展提供有力的精神支撑。一个地方科举进士数量的多寡不仅成为当地文化是否发达的象征，也成为经济是否发达的象征。在此情况下，我们更需打好合肥历史文化这张牌，让合肥历史文化的研究能够紧随经济腾飞得到新的飞跃，从而证明合肥自古至今的政治、军事、教育、文化重镇地位。

　　古代记录合肥进士姓名的主要是历代合肥地方志，重要的科举人物典籍有清代著名学者徐松的《登科记考》、朱保炯与谢沛霖主编的《明清进士题名碑录索引》、傅璇琮主编的《宋登科记考》。在本书编纂之前，关于合肥科举的专著有鲁胜宝先生的《合肥登科录》、何峰先生主编的《庐州府学与科考史研究》等。

以上书籍就合肥进士进行的研究成果斐然，然而这些研究多数是建立在清代以后地方志的基础上，依赖的是现有纸面资料，未能分析判断出这些资料是否正确。检索《宋登科记考》，合肥文武进士的数量不足一百名，错误却达二十多处。就现有合肥进士名录来看，受宋元战乱影响，《正德庐阳志》之前的历代合肥地方志荡然无存，合肥历史人文资料大量阙失。即使保存下来的正德志也是残本，该志科举方面的记载明显缺失，现存可考合肥唐宋元进士数量不多，明清收录虽然相对齐全但仍有遗漏。合肥文进士（不包括巢湖、庐江）数量实际不少于350名，武进士为150名左右，总计500名左右。宋代合肥进士名录缺失严重，宋代合肥文进士应不少于200名，武进士应在100名左右。

现有合肥进士名录或缺失严重，或错误百出，近年来也无新的有关合肥科举书籍的编纂与出版。所以，实有必要整理出版一册更为全面、来源更为有据的《合肥历代进士》。

本书参详了大量史志资料，首选是前人可能未加重视的《全唐文》《全宋文》等文章总集，现存宋、元、明的进士登科录等，尤其注重墓志铭、登科录这样的第一手原始资料。其次对明代的《正德庐阳志》《明一统志》《万历合肥县志》《万历庐州府志》，清代的《康熙合肥县志》《雍正合肥县志》《乾隆庐州卫志》《乾隆江南通志》《嘉庆庐州府志》《嘉庆合肥县志》《光绪续修庐州府志》等有关进士记载作进一步解读。

本书收录的314名合肥文武进士均以古代实行科举制时合肥县域内人物为考量标准，无论是数量上，还是真实性、准确性都是原有书籍无法比拟的。尤其是宋代文进士在《嘉庆合肥县志》记载的21名的基础上增加到64名，极大地丰满了宋代合肥的文化面貌。314名的数量是以1912年前合肥县域范围进行统计的，不包括现已划入合肥市境内的进士，也不包括巢湖、庐江二县进士。314名的数量在安徽省内排在歙县、休宁之后，列第三位,合肥武进士数量在安徽省内排名第一;单以文进士数量比较,在歙县、休宁、桐城之后列第四位,或与宣城相当。按现有资料分析,纵观科举史上合肥的表现,北宋突出,南宋受战乱影响稍显中庸,明清两代呈明显上升趋势,到清末即使受到太平天国战乱的影响,但已迈入科举发达县行列。

《合肥历代进士》可确保每一名进士的来源都真实有据,进士之间有关联的可做到前后呼应,人物之间关系一目了然。通观本书内容,对涉及合肥不同朝代的称呼也有解释,展现了合肥地域历代演变的过程,从而使读者能够更有兴趣地了解一个更具人文气质、名人辈出的文化合肥,展现大湖名城别样的积淀之美。

本书收录历史上一些罕见合肥资料,包括珍贵图谱。整理出这些罕见资料,既可补充合肥地方志不足,也可夯实合肥档案的文化珍藏,存亡继续,不断丰富合肥人民的精神财富。

凡　例

一、本书不分编,不分卷,按朝代、登科年份先后依次排序,文进士为第一部分,武进士为第二部分,每名进士作一小传。对有争议的进士,有可能是进士但不能确定为进士的,祖籍合肥迁往他处的进士,庐江籍进士,巢湖籍进士,误为合肥进士的,等等,分为若干部分附录于后。

二、登科人物小传按姓名、生卒年、字号、籍贯、家庭关系(主要是本书有记载的人物之间)、登科年份、甲次、主要经历、著作依次叙述,传末附注人物小传原始资料出处。

三、本书所引用地方志均统一标出该志所修时间,如《正德庐阳志》《万历合肥县志》《万历庐州府志》《嘉庆庐州府志》《光绪续修庐州府志》。

四、登科人物出处有多种资料,以最先出和最能证明的为准;若有墓志铭,以铭为准。

五、本书除墓志铭外,主要依据《正德庐阳志》《万历合肥县志》《万历庐州府志》《嘉庆庐州府志》《光绪续修庐州府志》的选举志部分,《明清进士题名碑录索引》,以下分别简称《正德志》《万历县志》《万历府志》《嘉庆府志》《光绪府志》《索引》。另有出处需要佐证的,同时附注。

六、籍贯的描述按登科人物所在朝代对合肥的称谓进行记载,如唐代庐江、庐州,宋代庐州、庐州合肥;有墓志铭的以铭为主,明清两代以《索引》为主。

七、同一登科人可能在合肥之外其他地区的方志中也有出现,导致祖籍与户籍不同的(明代称乡贯、户贯),祖籍在前,户籍在后。对人物籍贯有两出且明显有争议的,小传略作辨析。

　　八、部分著名人物,如包拯、李鸿章等,因世人研究较多,本文不作详细介绍,只作小传。

目　录

合肥历代文进士（219人）

一、唐代可考者7人　⋯⋯⋯⋯⋯⋯⋯⋯⋯⋯⋯⋯⋯⋯⋯⋯⋯3

二、五代可考者2人　⋯⋯⋯⋯⋯⋯⋯⋯⋯⋯⋯⋯⋯⋯⋯⋯8

三、宋代可考者64人　⋯⋯⋯⋯⋯⋯⋯⋯⋯⋯⋯⋯⋯⋯⋯⋯9

四、元代可考者1人　⋯⋯⋯⋯⋯⋯⋯⋯⋯⋯⋯⋯⋯⋯⋯⋯58

五、明代可考者74人　⋯⋯⋯⋯⋯⋯⋯⋯⋯⋯⋯⋯⋯⋯⋯⋯60

六、清代可考者71人　⋯⋯⋯⋯⋯⋯⋯⋯⋯⋯⋯⋯⋯⋯⋯119

合肥历代武进士（95人）

一、宋代可考者54人　⋯⋯⋯⋯⋯⋯⋯⋯⋯⋯⋯⋯⋯⋯⋯161

二、明代可考者11人　⋯⋯⋯⋯⋯⋯⋯⋯⋯⋯⋯⋯⋯⋯⋯172

三、清代可考者30人　⋯⋯⋯⋯⋯⋯⋯⋯⋯⋯⋯⋯⋯⋯⋯176

附　录

附录一：纳入合肥市域的进士　⋯⋯⋯⋯⋯⋯⋯⋯⋯⋯⋯189

附录二：合肥进士延展　⋯⋯⋯⋯⋯⋯⋯⋯⋯⋯⋯⋯⋯⋯211

附录三：合肥科举高第及明清翰林名录　⋯⋯⋯⋯⋯⋯244

附录四：合肥历代文武进士年表　⋯⋯⋯⋯⋯⋯⋯⋯⋯⋯246

合肥历代文进士（219 人）

一、唐代可考者7人

周利贞

周利贞（656—719）：字正。庐江（治今合肥）人。约唐高宗后期明经科进士。

唐开元时，国子进士孙浩然为周利贞作墓志铭载："君讳利贞，字正，汝南庐江人也。……初以门胄入于国庠，明经擢第，释褐为钱塘尉。"周利贞历蜀县丞、大理主簿、太府丞、右台御史、司勋员外郎，后出任数郡，复拜大理正，除御史中丞。任广州都督兼委按察使，贬邕州长史。开元七年闰七月卒于官舍，年六十四。开元八年（720）十月十八日，周利贞葬于洛阳北原。周利贞子周济，官太子内直丞。

按周利贞为酷吏，《旧唐书》《新唐书》均入《酷吏传》，两书均言其开元初赐死，而墓志载其病卒，两异之。

墓志提及汝南，当指庐江周氏源自汝南。唐代庐江郡即庐州，辖合肥、庐江、舒城（开元二十三年分合肥、庐江二县置）、慎县（今肥东大部）、巢县（今巢湖、无为）五县，见《旧唐书·地理志》。如不注明是庐江郡某某县，通常认为是庐江郡首县合肥，而非今之庐江县。（孙浩然《唐故正议大夫上柱国巢县开国男邕府长史周君墓志铭并序》）

何简

何简（686—742）：字弘操。庐江（治今合肥）人。约唐玄宗开元（713—741）间进士及第。

何简墓志铭为其妻辛氏撰，云："君讳简，字弘操，庐江人也。……以进士及第，解褐扬州高邮主簿。"何简官终于左威卫仓曹参军。何简以天宝元年(742)六月十九日卒于河南县敦化坊之里第,春秋五十有七。……以其年七月卅日,权殡于(洛阳)城北。(何简妻辛氏《大唐故左威卫仓曹参军庐江郡何府君墓志铭并序》)

罗珦

罗珦(736—809):会稽(今浙江绍兴)人,家庐州(今属合肥)。唐代宗宝应元年(762)上书拜官科进士。上书拜官科为制科,罗珦是进士科之外的制科进士。

《新唐书·罗珦传》:"罗珦,越州会稽人,宝应初,诣阙上书,授太常寺太祝……擢庐州刺史。民间病者,舍医药,祷淫祀,珦下令止之。修学宫,政教简易,有芝草、白雀。淮南节度使杜佑上治状,赐金紫服。再迁京兆尹,请减平籴半,以常赋充之,人赖其利。以老病求解,徙太子宾客,累封襄阳县男。卒,谥曰夷。"唐权德舆《唐故太中大夫守太子宾客上柱国襄阳县开国男赐紫金鱼袋罗公墓志铭》:"公讳珦,其先会稽人。蜀广汉太守蒙,晋西鄂节侯宪,给事中袭,皆以茂绩焯于前载。曾祖彦荣,皇同州长史。祖思崇,韶、睦、常三州刺史。父怀操,桂州兴安县令,赠华州刺史。实有清行藏于家牒。……宝应初,上书言事,廷命太祝。……"

罗珦远祖、三国时期广汉太守罗蒙实为今湖北襄阳人。权德舆言罗珦其先会稽人,当意指罗珦本人不是出生在会稽,其先已徙居他地。

北宋庐州舒城阮阅《诗话总龟》引何光远《鉴戒录》:"罗史君向,庐州人,不事产业,以至困穷。常投福泉寺随僧饭而已,其学未尝废。二十年间持节归乡里,及境,至僧房书壁曰:'二十年前此布衣,鹿鸣西上虎符归。行时宾从过前事,到处松杉长旧围。野老共遮官路拜,沙鸥遥认隼旗飞。春风一宿琉璃殿,惟有泉声惬素机。'"《嘉庆合肥县志》载有福泉寺。何光远为后蜀时人,《鉴诫录》成书较《旧唐书》《新唐书》更早,所以罗珦为合肥人可信。

南宋王象之《舆地纪胜》卷四十五《庐州·人物》:"唐罗珦,庐州人,以穷困尝投福泉寺随僧饭,后持节归乡。"《明一统志》卷十四《庐州府·人物》云:"罗珦,庐州人,仕为本州刺史。……子让,官至江西观察使。"《万历府志》卷六《官师表·刺史》云:"(唐)德宗,罗珦,郡人,刺庐州,详传。"

《全唐诗》作者小传载:"罗珦,会稽人,家于庐州。贞元中,刺本郡,以治行闻,再迁京兆尹。"诗一首《行县至浮查山寺》,诗云:"三十年前此布衣,鹿鸣西上虎符归。行时宾从过前寺,到处松杉长旧围。野老竞遮官道拜,沙鸥遥避隼旗飞。春风一宿琉璃地,自有泉声惬素机。"诗意主要是罗珦描述衣锦还乡的情景。今肥东县有浮槎山,音同浮查山,是合肥名山。(何光远《鉴戒录》卷八《衣锦归》、孟二冬《登科记考补正》卷十)

罗让

罗让(767—837):字景宣。会稽(今浙江绍兴)人,家庐州(今属合肥)。罗珦子。唐德宗贞元十七年(801)辛巳科进士。

罗让少以文学知名,登进士第后应诏对策高等。唐宪宗元和元年(806)又登才识兼茂、明于体用科。《新唐书》说罗让登博学宏辞科,权德舆《罗珦墓志铭》言直言极谏科,皆误。罗让与大诗人白居易、元稹,著名文人沈传师是同一科的制科进士。罗让后又登贤良方正科进士。罗让是科举的高材生。才识兼茂、贤良方正等制科难度极高,有唐一代可考证的连登三科以上的进士更是少之又少。

罗让参加科举考试时的对策《对才识兼茂明于体用策》流传下来,内容屡屡提及江淮,有一段专论江淮灾情,又提出"江淮为国之根本",表明罗让对江淮地区感情颇深。此时罗让尚未出仕,进而可以推断罗让在庐州长期生活过。

罗让官福建观察使兼御史中丞,散骑常侍,江西观察使,卒年七十一,赠礼部尚书。

罗让工书法,《襄阳县志·古迹》载:"襄州新学记碑,贞元五年卢群撰,罗让行书。"而南宋葛立方在《韵语阳秋》卷十四中提及:"元章始学罗逊书,其变出于王子敬……《襄阳学记》乃罗逊书,元章亦襄阳人。始效其体,至于笔挽万钧,沉着痛快,逊法岂能尽耶?"元章是北宋大书法家米芾的字,罗逊就是罗让,宋朝人避宋英宗父名讳允让,而将让字改名为逊。此段话意指罗让是米芾学习书法的启蒙老师。米芾《书史》中有云:"王仲修收唐湖州刺史杨汉公书,有钟法,与襄州罗让书碑同。余家亦收一幅,后题'会昌年临写钟表'。"文中所说的"罗让书碑",应该就是《襄州新学记碑》。由此可证,米芾确曾学习过罗让的书法。

罗让有文集三十卷,已佚。《文苑英华》卷一八一载罗让贞元十七年辛巳科试题诗《闰月定四时》,包括该诗在内,《全唐诗》收罗让诗二首。《全唐文》卷五二五还收录罗让包括《对才识兼茂明于体用策》在内的文章四篇。(《旧唐书·罗让传》、《明一统志》卷十四《庐州府·人物》、徐松《登科记考》)

罗劭京

罗劭京:字子峻。会稽(今浙江绍兴)人,家庐州(今属合肥)。罗珦孙,罗让子。约唐穆宗长庆年间(821—824)至唐敬宗宝历年间(825—826)进士。

《旧唐书·罗让传》:"(让)子劭,字子峻,进士擢第,又登科。"

《册府元龟》《唐会要》载罗邵京于唐文宗大和二年(828)戊申年考取制科,科目为贤良方正、直言极谏科。罗邵京当为罗劭京。(《旧唐书·罗让传》、孟二冬《登科记考补正》卷二十)

储嗣宗

储嗣宗:庐江(治今合肥)人。唐宣宗大中十三年(859)己卯科进士。任校书郎。

储嗣宗为唐代著名诗人,曾游历边塞,有《随边使过五原》诗,与顾非熊、顾陶友善。南宋陈振孙《直斋书录解题》卷十九记载储嗣宗登大中十三年进士,有诗集一卷。元辛文房《唐才子传》谓储嗣宗为诗"苦思梦索,所谓逐句留心,每字著意,悠然皆尘外之想",并称颂其"片水明在野,万花深见人","蝉鸣月中树,风落客前花"等警句为"皆区区所当避舍者也"。《全唐

6

诗》录存其诗四十首,编为一卷。《全唐诗外编》补诗一首。

《元和姓纂》言储嗣宗为唐诗人储光羲曾孙,则储嗣宗为润州延陵(今江苏丹阳)人,郡望兖州,此误。按近代岑仲勉有《元和姓纂四校记》,认为储嗣宗作为唐朝元和年号以后的人物,不可能被收入到《元和姓纂》之中。记载储光羲后裔的《世德堂储氏总谱》并无储嗣宗,有储柔,讳调宗。故又有人说储调宗即储嗣宗。《元和姓纂》关于储嗣宗的记载纯系唐末之人补入。综合家谱世系再加推论,储嗣宗并非储光羲的同宗。清代徐松《登科记考》、民国陶绍莱编《润州唐人集》,均未记储嗣宗为丹阳人。

储嗣宗有《春怀寄秣陵知友》诗,云:"庐江城外柳堪攀,万里行人尚未还。借问景阳台下客,谢家谁更卧东山。"根据诗意,可以推断储嗣宗长期在合肥生活。(《光绪府志》、《光绪重修安徽通志》卷一五四《选举表》)

沈佳期

沈佳期:庐州(今属合肥)人,一作庐江人。唐进士,科分不详,事迹不详。乾隆时《永乐大典》尚存,不排除沈佳期的记载来源于《永乐大典》。(《乾隆江南通志》卷一一九《选举志·进士·唐》、《光绪重修安徽通志》卷一五四《选举表》、《光绪府志》)

二、五代可考者2人

王崇古

王崇古：庐州合肥人。南唐后主甲子科（即宋太祖乾德二年，964年）进士第一人，即状元。

现存《泰和花园王氏族谱》引宋代旧宗谱，记载合肥王经，为吴国大将王绾、王舆弟。王经长子王崇高，后官庐陵知县，次子即王崇古。王崇古与南唐大臣、中书令王崇文（王绾子）、少府监王崇艺（王舆子）、礼部尚书王崇质（繁体为質、王舆子）为从兄弟。按王崇古与王崇文、王崇艺等同时代，且名中的第三字字体均为上下结构，符合同辈兄弟起名方式特征。

陆游《南唐书》本纪卷第三："乾德二年，命吏部侍郎、修国史韩熙载知贡举，放进士王崇古等九人。国主命中书舍人徐铉覆试舒雅等五人，雅等不就，国主乃自命诗赋题，以中书官莅其事，五人皆见黜。"吴任臣《十国春秋》南唐后主本纪亦有同样记载。据此可知，王崇古为南唐后主甲子科状元。（陆游《南唐书》、《泰和花园王氏族谱》）

李羽

李羽：庐州（今属合肥）人。南唐某科进士。

阮阅《诗话总龟》引《南唐近事》载李羽能诗，五十方擢第。尝献江淮郡守诗曰："塞诏东来淝水滨，时情惟望秉陶钧。将军一阵为功业，忍见沙场百战人！"盖郡守卢公一举及第。《全唐诗》作者小传载：李羽，庐州人。登南唐进士第。诗一首。

2005年3月，中华书局出版有《五代十国方镇年表》一书，在庐州条目下没有卢姓郡守。卢姓郡守为谁？李羽登科时间大致几许？给了我们新的课题。（郑文宝《南唐近事》卷三）

三、宋代可考者64人

马亮

马亮(959—1031)：字叔明。庐州合肥县人。宋太宗太平兴国五年(980)庚辰科进士。

《正德志》卷十九《甲科》："马亮，太平兴国中，进士第一。"太平兴国五年状元是绵阳苏易简，马亮不是状元，马亮当为该科省试第一，即省元。

《正德庐阳志》

马亮初仕大理评事、知芜湖县，累迁至工部尚书、尚书左丞，以太子少保致仕。天圣九年(1031)卒，年七十三，赠尚书右仆射，谥忠肃。

马亮为官二十三任，多是地方官。作为宋初地方官的典型代表，马亮敏于政事，能采取有效措施变革陋习，惠政于民，维护社会安定。马亮以经术、吏才相结合治理地方，取得明显政绩，使其成为宋初的一位名臣。马亮还富有智略，慧眼识人。《宋史·马亮传》载："陈执中、梁适为京官，田况、宋庠及其弟祁为童子时，亮皆厚遇之，曰：'是后必大显'。"陈执中、梁适后担任宰相，田况官至枢密使，宋庠至宰相，宋祁至尚书。马亮选择县官之子吕夷简为婿，最终吕夷简成为一代名相。"世以亮为知人"。

马亮是宋代官职做得最高的合肥人之一，其家族为官者有数十人，且自马亮起连续四代可考进士六名。马亮家族算得上是北宋合肥第一家族。（《正德志》《万历县志》《万历府志》）

姚铉

姚铉（968—1020）：字宝之，一作宝臣。庐州合肥县人。宋太宗太平兴国八年（983）癸未科甲科进士，一说中该科第三人，即探花。姚铉是合肥科举史上第一位探花。

《宋史·姚铉传》载："姚铉，字宝之，庐州合肥人。太平兴国八年进士甲科，解褐大理评事，知潭州湘乡县。三迁殿中丞，通判简、宣、升三州。淳化五年，直史馆，侍宴内苑，应制赋《赏花钓鱼诗》，特被嘉赏。后迁太常丞，充京西转运使，历右正言、右司谏、河东转运使、知郓州。加起居舍人，迁京东转运使，徙两浙路。铉隽爽，颇尚气。薛映知杭州，与之不协，事多矛盾。映摭铉罪状数条，密以闻，诏使劾之，当夺一官，特除名，贬连州文学。吉州之万安抵虔，江有赣石，舟行其中，湍险万状，铉过，感而赋之以自况。大中祥符五年，会赦，移岳州，又移舒州，俄授本州团练副使。天禧四年卒，年五十三。"

《正德志》卷十九《甲科》："姚铉，太平兴国进士。"《宋史》所谓甲科是一甲进士，《正德志》所谓甲科则是指进士。《万历县志》卷上《甲科》："太平兴国八年，姚铉。"

按南宋陈振孙《直斋书录解题》卷十五载："《唐文粹》一百卷，两浙转运使合肥姚铉宝臣撰。铉，太平兴国八年进士第三人。……"《直斋书录解题》同时录有《大宋登科记》三十二卷。陈振孙言姚铉为进士第三人，当是翻阅了《大宋登科记》这样的第一手资料。姚铉十五周岁中探花，与清代李孚青同为合肥历史上最年轻的进士，姚铉是中国历史上可考证的最年轻的探花。

姚铉的《赏花钓鱼侍宴应制》堪称名篇，全诗如下："上苑烟花迥不同，汉皇何必幸回中。花枝冷溅昭阳雨，钓线斜牵太液风。绮尊惹衣朱槛近，锦鳞随手玉波空。小臣侍宴惊凡目,知是蓬莱第几宫。"

姚铉既是宋初古文名家,又是宋初古文运动的积极倡导者,其文辞敏丽,善笔札,藏书至多,有集二十卷。

诗文俪偶之风盛于唐,但盛极而衰没有新的发展,至北宋初衍为俗体。姚铉为了挽救此颓势,所以仿《文选》体例,"止以古雅为命,不以雕篆为工,故侈言蔓辞,率皆不取"(《文粹序》),按自己的标准对唐代诗文进行筛选,编有《文粹》一百卷,成书于宋大中祥符四年(1011),南宋时始用今名《唐文粹》。

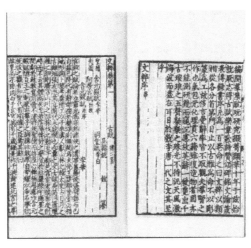

《唐文粹》

《唐文粹》的诗文选录于诗、赋,只取古诗、古赋,近体诗和骈赋一概不收。于文也以古朴简奥为主,极推崇韩愈、柳宗元。姚铉在欧阳修、梅尧臣等之前,与柳开、穆修等人开创了宋代古文运动之先声,对宋代古文运动的发展起了极大的推动作用。姚铉在宋初文坛有极重要的地位。(《正德志》《万历县志》《万历府志》)

包令仪

包令仪(约960—1030):字肃之。庐州合肥县人。宋太宗太平兴国八年(983)癸未科进士。

《正德志》卷十九《甲科》:"包令仪,进士及第。"《万历县志》卷上《甲科》："太平兴国八年，包令仪。"

《万历县志》卷下《宦达传》载："包令仪，字肃之。进士及第。授朝散大夫、行尚书虞部员外郎，分帅南京（今河南商丘）上护军。以子孝肃公拯之贵赠刑部侍郎。"有说包令仪曾知泉州惠安县。

按宋制，虞部员外郎为非进士出身者担任，故包令仪任该职或记载有误。

中华人民共和国成立后，在合肥曾发现了一块包拯为父亲包令仪立的神道碑。碑上阴刻篆书"宋故赠刑部侍郎包公神道碑"十二字，但未见墓志铭，甚为遗憾。这块神道碑既是包拯留下的珍贵文物，又是他力尽孝道的见证。（《正德志》、《万历县志》、《万历府志》、吴奎《宋枢密副使赠礼部尚书孝肃包公墓铭》）

皇甫选

皇甫选（？—1031前）：庐江（今合肥）人。宋太宗端拱二年（989）己丑科进士。

按皇甫选于宋真宗咸平时至景德元年官殿中丞，景德二年（1005）转官为太常博士。据《宋史·职官志九》载："殿中丞（有出身转太常博士，无出身转国子监博士。内带馆职同有出身）"，指明由殿中丞升迁太常博士者须是进士出身。《宋史·艺文志》有皇甫选注《何亮本书》三卷。何亮，果州南充人，端拱二年（989）进士，官至太常博士。皇甫选应与何亮关系深厚，方能在何亮逝后为其传记作注。再据《永乐大典·常州府》卷十，端拱二年，皇甫选任江阴军签判，这是可考皇甫选最早的出仕记录，故而皇甫选应与何亮同为端拱二年进士。

真宗至道元年（995），皇甫选官大理寺丞。咸平三年（1000）正月，以权户部判官、殿中丞，责授南剑州团练副使。《续资治通鉴长编》卷五六："景德元年六月，上密采群臣之有闻望者，得刑部郎中边肃，殿中丞鞠仲谋，司勋员外郎朱协，比部员外郎陈英、郝太冲、李玄，太常博士马景、何亮、周绦、谢涛、卫太素,国子博士陈昭度,太常丞崔端、高谨徽,秘书丞赵湘、张若谷、姜屿,殿中丞皇甫选、滕涉、陆玄圭、李奉天,太子中允崔遵度,中舍曹度,将作监丞陈越,凡二十四人,内出其姓名,令合门祗候,崇政殿再坐引对,外任者乘驿赴阙。每对,必往复绸绎其词气,或试文艺,多帖三馆职,或命为省府判官,或升其差使焉。仲谋,高密人。协,昂弟。湘,华州;若谷,南剑州;涉,虞城;遵度,淄川人也。好事者因号越等为二十四气,以比唐修文馆学士四时八节十二月之数云。"陈英、李玄、马景、周绦、卫太素、陈昭度、崔端、高谨徽、陆玄圭、李奉天、曹度十一人,不详其邑里。边肃、郝太冲、何亮、谢涛、姜屿、皇甫选、陈越七人,已前见。屿亦不详其邑里。二十四气,据刘筠所撰皇甫选墓铭。

大中祥符三年(1010)正月,皇甫选以太常博士、两浙提点刑狱,徙江南路。六年(1013)四月,以都官员外郎知越州,八年(1015)四月替。又曾知苏州、亳州。在亳州任上,赏识提拔后为名相的韩亿。约天圣间卒,刘筠志其墓。惜其墓志残缺不全,无法知晓皇甫选及其家族的具体事迹。

据彭汝砺《鄱阳集》,宋代治平二年(1065)有合肥进士皇甫子仁。桐城名胜披雪瀑留有宋代绍圣年间摩崖石刻:"敷阳王孚信道、建安陈信臣、荥阳张峣子厚、合淝皇甫升,绍圣丙子正月甲寅。"皇甫子仁、皇甫升可以推断是皇甫选族裔。(《续资治通鉴长编》卷四十六、五十六、七十三)

曹谷

曹谷:合肥人。约宋太宗后期进士。

曹谷以星历衍数游权门,曾为宰相王钦若作命书,谈事如神。大中祥符三年(1010)十月,为河中府通判。大中祥符中,官职方员外郎,王钦若以其熟习道教教法,奏校《道藏》。未几出为淮南转运使,大中祥符八年(1015)三月仍在任。王钦若奏还卒业,诠整部类,升降品第,多其为也。《全宋诗》录其诗三首及残句二句。

按《宋史·职官志九》载:"殿中丞(有出身转太常博士,无出身转国子监博士。内带馆职同有出身。)太常、国子博士(转后行员外郎,特旨转左、右司谏,殿中侍御史。)左、右正言(转左、右司谏,带待制已上职转起居舍人。)监察御史(转殿中侍御史。)后行员外郎(转中行员外郎,特旨转起居舍人、侍御史。)左、右司谏(转起居郎、起居舍人,带待制已上职转吏部员外郎。)殿中侍御史(转侍御史。)中行员外郎(转前行员外郎。)起居郎,起居舍人(转兵部员外郎,带待制已上职转礼部郎中。)侍御史(转同封员外郎。)前行员外郎(转后行郎中。)后行郎中(转中行郎中。)中行郎中(转前行郎中。)右常调转员外郎者转右曹。(内有出身自屯田,无出身自虞部,脏罪叙复人自水部转。)"

据宋代官制,尚书省所辖六部二十四司,分属左司和右司。左司掌管吏部(下辖司封、司勋、考功)、户部(下辖度支、金部、仓部)、礼部(下辖祠部、主客、膳部),为左名曹,其司封、司勋、考功、度支、金部、仓部、祠部、主客、膳部诸司为左曹。右司掌管兵部(下辖职方、驾部、库部)、刑部(下辖都官、比部、司门)、工部(下辖屯田、虞部、水部),为右名曹,其职方、驾部、库部、都官、比部、司门、屯田、虞部、水部诸司为右曹。左、右司各设郎中1人,员外郎1人。

宋代前期六曹郎官的磨勘序迁,是在左右名曹、左右曹系统之内按纵列向上逐级迁转的。尚书省六部有前行、中行、后行三等。以兵、吏及左右司为前行,刑、户为中行,工、礼为后行。"有出身自屯田,无出身自虞部,赃罪叙复人自水部转"的原则是适用于"后行员外郎—中行员外郎—前行员外郎—后行郎中—中行郎中—前行郎中"整个迁转系统的。

举例来说,进士出身的殿中丞须历太常博士,为屯田员外郎;屯田员外郎继续经历都官员外郎、职方员外郎而迁屯田郎中,经都官郎中,以至职方郎中。非进士出身的国子博士须历虞部员外郎、比部员外郎、驾部员外郎而迁虞部郎中,再经比部郎中至驾部郎中。

职方员外郎原则上须是进士出身,曹谷曾官之。前述进士皇甫选也符合殿中丞—太常博士—都官员外郎的官职升迁之路。

按宋代有三曹谷,北宋真宗同时有二,南宋绍兴年间有一。北宋另一曹谷据《续资治通鉴长编》及《宋会要辑稿》,可知大中祥符元年四月官殿中丞,二年五月为三司度支判官。大中祥符六年十二月,以职方员外郎曹谷、户部判官、虞部员外郎袁成务并为行在三司判官。(《诗话总龟》引北宋李顾《古今诗话》、《天台续集》卷上、《新编分门古今类事》卷一二)

钟离瑾

钟离瑾(约967—1030):字公瑜。庐州合肥县人。宋真宗咸平三年(1000)庚子科进士。

按《正德志》以钟离瑾为宋仁宗庆历进士,《万历县志》《万历府志》则明确记载钟离瑾为宋仁宗庆历二年(1042)进士,均误。依《宋史·钟离瑾传》、北宋《开封府题名记》相互印证,钟离瑾于1030年去世,不可能12年后才考中进士。钟离瑾有一女嫁与合肥马亮第四子马仲甫。马亮是宋太宗太平兴国五年(980)庚辰科进士,钟离瑾即使中进士晚于马亮,也不可能晚了62年方中进士。

明道衍《诸上善人咏》载钟离瑾于咸平三年陈尧咨榜登第。道衍即姚广孝,明代奇人,靖难之役的主要策划者,中国历史上最著名的黑衣宰相,曾主持编纂《永乐大典》。道衍明确说明钟离瑾的登第时间,或为编纂大典时看到了相关原始资料。

钟离瑾为简州推官,以殿中丞通判益州。建言:"州郡既上雨,后虽凶旱,多隐之以成前奏,请令监司劾其不实者。"擢开封府推官,出提点两浙刑狱。衢、润州饥,聚饿者食之,颇废农作,请发米二万斛赈给,家毋过一斛。后徙淮南转运副使,历京西、河东、河北转运使,改江、淮制置发运使。殿直王乙者,请自扬州召伯埭东至瓜州,浚河百二十里,以废二埭。诏瑾规度,以工大不可就,止置闸召伯埭旁,人以为利。累迁尚书刑部郎中,为三司户部副使。天圣八年(1030)三月,除龙图阁待制、权知开封府。未逾月,得疾,仁宗封药赐之,使未及门而卒。

民间还有一个钟离瑾嫁女的故事流传甚广。钟离瑾任德化知县,将嫁女儿时,买回的婢女却是前任知县的女儿。钟离瑾告诫家人要像自己亲生的女儿一样对待这位女子,并写信给亲家,告知婚期延缓:"姑且让出我女儿的身份给前县令之女先嫁吧!"亲家也感到哀伤,复信道:"你能够牺牲自己的女儿来成全别人孤苦无依的女儿,我还有个小儿子,愿意娶她为妻,不就两全其美了吗?"最后两个女儿都嫁了出去。这个故事记载于《明一统志》卷十四《庐州府·人物·钟离瑾传》、《万历府志》卷九《乡贤列传·钟离瑾传》中,也为清代大史学家吴任臣收录入《十国春秋》中。吴任臣认可故事发生在南唐保大年间,但对县令是钟离瑾存有疑问。《宋史》未记载钟离瑾担任过德化知县,《至大金陵新志》记载五代时有钟离令,故而可以推测钟离令嫁女确曾发生在南唐时期,这位钟离令不是钟离瑾,而是钟离瑾的父祖。

钟离瑾卒后被朝廷追赠兵部尚书。(马仲甫《宋故尚书刑部郎中充龙图阁待制赠兵部尚书钟离公夫人寿安县太君任氏墓志铭并序》、《宋史·钟离瑾传》、《正德志》)

姚嗣复

姚嗣复:庐州合肥县人。姚铉子。约宋真宗时期某科进士。

据《宋会要辑稿·选举》三一之《召试》:"天禧四年六月十三日,进士姚嗣复献其父舒州团练副使铉所纂《文粹》百卷,召试舍人院,命为亳州永城县主簿。"(《宋会要辑稿·选举》三一之《召试》)

王赟

王赟(994—1169):字至之。庐州合肥人,徙吉州太和(今江西泰和)。王崇古侄孙。宋真宗天禧三年(1019)己未科进士。

据张方平《乐全集》之《朝散大夫守尚书户部侍郎致仕上柱国太原郡开

国公食邑二千九百户食实封五百户赐紫金鱼袋王公墓志铭》,王赟父王牧是南唐百胜军(今江西吉安)节度使王崇文侄,随王崇文至吉州,遂家于此。王赟为王崇文侄孙。按王崇文为五代时合肥人,吴国大将王绾子,字光福。以门地选尚南唐烈祖妹广德公主。自南唐兴,内典禁兵,出更藩任,位兼将相,终始富贵,而平居被服儒雅,风度夷旷。后主李煜初立,上疏历陈朝政,赐书褒之,加中书令。

"公(王赟)天禧三年进士擢第,释褐邵州防御推官,历衡、连、邵三州军事判官。"王赟后历监兴国军大冶县茶场兼知县事、尚书屯田员外郎、通判信州、知道州、殿中侍御史、迁侍御史……尚书刑部员外郎、知谏院、判国子监,改起居舍人、真史馆、判司农寺,除天章阁待制。"别受命知贡举、领三班院、判吏部流内铨,犹兼谏省。"即拜河北都转运使,以二亲养老,移知洪州。后以枢密直学士兼京畿转运使,迁左谏议大夫、知郑州,迁龙图阁学士,移高阳关路马步军都总管兼安抚使、知瀛州,知池州、江宁府。宋英宗时,王赟迁给事中,移陈州。引年得请,以尚书礼部侍郎得请归里。宋神宗即位,改户部侍郎。王赟"雅知养生,夙明性理,心量虚旷而得安乐。好书画,能鉴赏,古之名笔多购得之。聚书万余卷,……平生论述多切时务,有奏议集二十卷、别集二十卷,藏于家……"熙宁二年十一月,王赟卒,享年七十有六。王赟还著有《唐虞吟稿》十一卷。

按古人对籍贯的称谓,王赟与其子辈仍应视为合肥人。墓志铭载其富藏书画。吴曾《能改斋漫录》卷十二《阎立本画》条载:"博陵阎公,总章右丞相,终于中书令。艺兼后素,时谓丹青神化,此其迹也。唐人张彦远,出鸣珂三相家。风流博雅,著书记历代画,第阎上品……右伯时(即李公麟)《跋阎立本西域图》,庐陵王赟侍郎家有之,其孙球夔玉宝藏之。大观间,开封尹宋乔年言之省中,诏取以上进。时庐陵令张达淳、郡法掾吴祖源被檄委焉。因窃摹之,于是始有摹本。有张天觉(即张商英)跋云:'崇宁甲申十二月甲寅,夔玉舟过善溪,尽得其家藏阎令、王维、王宰、韩干、边鸾、周昉画阅之。'佛书曰:'心如工画师。'画之妙出于心,犹足以濡毫设色,造化物像。

况心之妙,薰以正法,无间断哉。……"王赟收藏有包括阎立本、王维、韩干、周昉在内诸多名画家的画作。现藏于美国波士顿博物馆的阎立本画作《历代帝王图》(又名《列帝图》《十三帝图》《古列帝图卷》)的后人摹本,据考证也为王赟收藏过。(张方平《乐全集》、陆游《南唐书·王舆传》、《南唐书·王崇文传》)

包拯

包拯(999—1062):字希仁。庐州合肥县人。包令仪子。宋仁宗天圣五年(1027)丁卯科甲科进士。

包拯中进士后除大理评事、出知建昌县。以父母皆老,辞不就。得监和州税,父母又不欲行,拯即解官归养。父母均去世后,包拯守孝期满方才出仕。知天长县,破盗牛舌案。徙知端州,迁殿中丞。岁满,不持一砚归。累迁监察御史,曾建议练兵选将,充实边备。历三司户部判官、京东、陕西、河北路转运使、三司户部副使,请求朝廷准许解盐通商买卖。除天章阁待制、知

包拯像

谏院。数论斥权幸大臣,请罢一切内除曲恩。授龙图阁直学士、河北都转运使,知瀛、扬、庐、池四州,徙江宁府,召权知开封府,迁右司郎中。迁谏议大夫、权御史中丞、三司使。任枢密副使,迁礼部侍郎,辞不受。嘉祐七年卒,年六十四。赠礼部尚书,谥孝肃。有奏议十五卷。

包拯为中国历史上的清官典范,世称"包青天""包龙图"。(《正德志》《万历县志》《万历府志》)

李先

李先(? —1077后):字渊宗。庐州合肥人。李兑堂弟。宋仁宗天圣五年(1027)丁卯科进士。

按南宋黄榦《勉斋集》卷三十八《李知县墓志铭》:"榦少居里中,闻秘阁李公之贤,每朔旦必斋宿往造焉。公不鄙,延之坐,语移日,凡治身处家事物之应酬、古今治乱得失之故,随所扣,无倦色。……后十余年,友人余元一为邑同安,称其主簿之贤不容口,问其出,则秘阁之季子也,于是始识君。又十余年,君以南安丞转为庐陵丞,秩满,转安远令,又以部使者交辟改为龙泉令。榦适从宦江西,去君治所率不过数舍,闻君治行为尤为详。又数年,君以荐者改秩,为令惠之归善。未几,闻君以疾终官舍,嘉定己卯七月十九日也。君以父任,累官宣教郎,享年五十有四。秘阁之贤,宜有子矣,君又真能世其家者。……君讳大训,字君序。历同安主簿、南安丞、庐陵丞、安远令、龙泉令、终惠州归善县,累官宣教郎。嘉定己卯七月十九日卒于官舍,年五十四。……其先金陵人,国初徙合肥,靖康间始入闽,今为福州闽县人。五世祖讳先,以儒起家,擢天圣五年进士第,历官中外,所至有声,孙公觉称其有古循吏风,以太中大夫致仕,赠光禄大夫。先生朝请郎、赠朝议大夫讳庭玉,庭玉生朝奉郎、赠金紫光禄大夫讳彦伦,是为君之曾祖,与豫章黄太史为文字友。彦伦生奉直大夫、赠金紫光禄大夫讳雠,雠生奉直大夫、直秘阁讳士龙。君端重警敏,弱不好弄,居家孝友,秘阁公深器之……"

上文的李知县为曾知安远、龙泉县的廉吏李大训,其五世祖李先,合肥人,天圣五年进士。李先子李庭玉,孙李彦伦。安庆天柱山留有北宋李彦伦的摩崖石刻,题名合肥李彦伦。

再按北宋牛际可《宋宣教郎知鄂州崇阳县事包公墓志铭并叙》,包公孙包永年初娶朝请郎致仕、累赠朝议大夫李公庭玉之女。两个李庭玉官职相同,当是同一人。再查《宋史》同时期亦有一李先。考《宋史·李先传》:"(李先)以太中大夫致仕。子庭玉,年六十即弃官归养。人贤其家法云。"

综上,可以判断《李知县墓志铭》所述的李先与《宋史》所载的李先为同一人。近人所撰《宋登科记考》分作两人有误。

朱熹《朱子语类》中一篇有关包公的文章,原文如下:"先人曾有杂录册子,记李仲和之祖见居三衢。同包孝肃同读书一僧舍,每出入,必经由一富人门,二公未尝往见之。一日,富人俟其过门,邀之坐。二公讬以他事,不入。他日复招饭,意愈甚。李欲往,包公正色与语曰:'彼富人也,吾徒异日或守乡郡,今安与之交,岂不为他日累乎!'竟不往。后十年,二公果相继典乡郡。先生因嗟叹前辈立己接人之严盖如此。方二公为布衣,所志已如此。此古人所谓言行必'稽其所终,虑其所敝'。或言:'近有为乡邑者,泛接部内士民,如布衣交,甚至狎溺无所不至。后来遇事入手,处之颇有掣肘处。'曰:'为邑之长,此等处当有限节。若脱略绳墨,其末流之弊,必至于此。包李之事,可为法也。'"

故事大意是包公早年在家乡合肥读书时,和一个李姓同学同借住在一间僧舍。在两人上学必经之路上,住着一家富人,两人从未去拜访过这个富人。有一天,包公和李姓同学经过富人家门口时,发现富人站在门口笑吟吟地等着他们,邀请他们进家做客。两人以有事为由没有同意。过了几天,富人摆了一桌宴席,态度更加殷勤、诚恳,再请两人一定赏脸!盛情难却,李同学打算赴宴。包公正色曰:"他是个富人,你动脑想一想,他干吗请我们?今天跟他勾勾搭搭,日后我们若是考取功名,被派到家乡来做官,怎么跟他相处?他要是犯了罪,我们怎么好秉公执法?"李同学恍然大悟,结果两人都没有去吃饭。十多年后,包公和李同学果然先后被委任为庐州的知州,正好应了包公先前的话。

《宋史》说李先在信(即信州,今江西上饶)为"错安头",谓其无貌而有材也;在楚(即楚州,今江苏淮安)为"照天烛",称其明也。李先与包公一样是位清官。《宋史》还记载李先虽不似包公一样直接担任过庐州知州,但担任过淮南转运使,处理过淮南路辖下寿州(今安徽凤台)陈某的案件。庐州亦属淮南路,为淮南西路路治,去寿州不远。综合来看,李先等同于担任过合肥的长官,《朱子语类》记载的李姓同学就是李先。

《合肥包氏宗谱》载包公的出生地为小李蛮村,包公初娶李氏,这些是不是显示了包公与李先的特殊关系!《宋史》记载的李先是合肥籍进士可确认无疑,除了与包公是同乡、同学、同年、姻亲、世交好友外,还会不会有同村、妹夫与妻舅这样更深层次的关系?(黄榦《李知县墓志铭》、牛际可《宋宣教郎知鄂州崇阳县事包公墓志铭并叙》、高峰《宋代大臣李兑李先合肥人考兼论李先与包公的关系》)

李兑

李兑(995—1070):字子西。庐州合肥人,贯许州临颍县。约宋真宗后期至宋仁宗初期某科进士。

《宋史》记载李兑登进士第,以屯田员外郎为殿中侍御史。按齐州叛卒,狱成,有欲夜篡囚者,兑以便宜斩之,人服其略。

"张尧佐判河阳,兑言尧佐素无行能,不宜以戚里故用。改同知谏院。狄青宣抚广西,入内都知任守忠为副,兑言以宦者观军容,致主将掣肘,非计。仁宗为罢守忠。太常新乐成,王拱辰以为十二钟磬一以黄钟为律,与古异,胡瑗及阮逸亦言声不能谐。诏近臣集议,久而不决。兑言:'乐之道,广大微妙,非知音入神,讵容轻议。愿参新旧,但取谐和近雅者,合而用之。'进侍御史知杂事,擢天章阁待制、知谏院。转运使制禄与郡守殊,时有用弹劾夺节及老疾请郡者,一切得仍奉稍。兑言非所以劝沮,乃诏悉依所居官格。兑在言职十年,凡所论谏,不自表襮,故鲜传世。"

"出知杭州,帝书'安民'二字以宠。徙越州,加龙图阁直学士、知广州,南人谓自刘氏纳土后,独兑著清节。还知河阳,帝又宠以诗。徙邓州。富人榜仆死,系颈投井中而以缢为解。兑曰:'既赴井,复自缢,有是理乎?必吏受赇教之尔。'讯之果然。"

"兑历守名郡,为政简严,老益精明。自邓归,泊然无仕宦意。对便殿,力丐退，英宗命无拜，以为集贤院学士、判西京御史台。积官尚书右丞，转工部尚书致仕。卒，年七十六，谥曰庄。"

李兑和包公一样，斗争过宋仁宗的亲戚张尧佐，是一名政绩卓著的清官。

李兑从弟为合肥人李先。李先积官至秘书监致仕。兄兑尚无恙，事之弥笃。以子叙封，得太中大夫，闲居一纪卒，年八十三。子庭玉，年六十即弃官归养。人贤其家法云。

《宋史》记载李先活了八十三岁，致仕（官员退休）后闲居一纪（十二年）卒，则致仕时为七十一岁。《宋会要辑稿·礼》五八之四记载李兑卒于熙宁三年（1070），年七十六，李兑的生年应当是至道元年（995）。李先退休时李兑尚在，则李先少李兑在五岁以内。李先在999年之前出生，包公生卒年是999年至1062年。两人是同时代人，年龄相仿，李先活得比包公久得多。

前述《李知县墓志铭》有"孙公觉称其有古循吏风"句，称赞李先有古循吏风的孙觉是庐州城隍庙供奉的第一位城隍老爷。按此句推断，李先的墓志铭或为孙觉撰写。据《宋史·孙觉传》，孙觉登进士第（皇祐元年，1049年），调合肥主簿。孙觉知庐州时间据考是在熙宁六年三月至熙宁八年十月之间，李先此时闲居合肥，与孙觉必定熟识。李先的孙子李彦伦、李彦明后来与孙觉的女婿黄庭坚友善。李先当卒于熙宁十年（1077）后。

《宋史·李兑传》只说李兑是许州临颍人，又说李先是李兑堂弟，并未直接说明李先的籍贯，后人可能会顺理成章地以为李先也是临颍人。《咸淳临安志》记载宋代著名文人沈遘参加科举考试的籍贯是淮南路和州（今安徽和县），但他的弟弟沈辽的籍贯却是杭州。李先籍贯确定是庐州合肥，故而我们大胆推测，李兑的籍贯也是庐州合肥，《宋史》之所以记载李兑是许州人，应该是李兑为了参加科举考试的方便，以许州籍应试。

宋代统治者选拔文官，科举考试是最主要的途径。一边是科举给士子以无限的吸引力，一边是科举录取名额的有限与读书人数量庞大之间的矛盾。宋代经济重心南移而带来的南北科举考试上的巨大差异，也导致考生解额存在的地区性差异,更加剧了这种矛盾。欧阳修曾言:"今东南州郡进士取解者,二三千人处,只解二三十人,是百人取一人,盖已痛裁抑之矣;西北州郡取解至多处,不过百人而解至十余人,是十人取一人,比之东南十倍假借之矣。"庐州隶淮南路,属于东南州郡,在科举名额上没有优势。

京畿路所属州郡,包括北宋国都开封、许州(见《宋史·地理志》)在科举应试上占有巨大的优势。其一,临颍县距开封仅一百五十公里。据史料,开封府解额多,录取率高。宋代没有传下完整的各地解额资料,但北宋时期一定是开封府最多。如宋神宗、宋哲宗时,开封府解额为一百名,而同时期各州郡少则一二名,多则数十名。其二,宋代科举制允许外地人在特殊情况下,按一定要求、程序在开封应试。如在科举之年出现因路途遥远,或时间紧迫、身体经费等原因不能按时返乡,就允许游学之人在外地应举。其三,开封及其周边是文化中心和最发达的首善之地,在此可直接学习顶尖的文化。咸平元年(998)榜就是典型例子。当年共放进士51人,开封籍者就有38人,占总数的74.5%!宋人因而发出疑问:"不应都人士中选如是其多,疑外方寄名托籍,为进取之便耳。"虽说是怀疑,其实正是事实,原因是"进取之便"。查阅宋人传记碑铭,外地人入籍京畿的比比皆是。

宋朝又规定,士子非当地人,但在当地有田产者,也可应试。购买土地达到一定时限后,可以在当地入籍。一些有条件的读书人就利用各种机会,采用"冒贯"或"入籍"的方式,即类似今天跨省高考的方式,来赢得科举上的胜利。

惠州河源人古成之,因有产业在广州增城,便于雍熙三年(986)参加了广州的乡试。天圣年间,庐州人王修在开封府祥符县购置有18亩土地,其弟王济便借用开封户贯参加了科举考试。李兑长辈完全有可能在许州购买田地,合理地利用规则,让李兑以许州临颍户贯参加科举。

通过《李知县墓志铭》,得知李先家族包括李先本人在北宋时期一直居住在合肥。而李兑致仕后,李先亦致仕侍奉他,则应同住于合肥。李兑可以推断为合肥人,贯许州,如前文提及的沈遘一样,杭州人,贯和州。(《宋

史·李兑附李先传》、高峰《宋代大臣李兑李先合肥人考兼论李先与包公的关系》)

胥沇

胥沇:庐州合肥人。宋仁宗天圣八年(1030)庚午科进士。

胥沇与唐宋八大家之一的欧阳修为同科进士,故能邀得欧阳修于庆历二年(1042)为其父胥致尧作墓志铭。欧阳修据胥沇"略言其世",载胥致尧(965—1023),"君讳某,字致尧。……吾家为燕人,十三代祖仪,为唐御史中丞,坐言武后事,贬临州,后世因家焉。胥氏义闻乡闾,门有旌表。由吾先君而上,祖讳某,仕伪唐袁州宜春令。父讳某,当周世宗取淮南,李氏日益衰乱,因徙家合肥。及吾先君,始禄于朝,然卒于不得志"。胥致尧少力学,为文辞。尝举进士,而黜于廷试。契丹犯边,帝召议之,补三班借职,多有善政,迁左班殿直。

胥致尧监杭州排岸司时,浚浙江、龙山二闸,废清河堰以通漕,"杭人至今便之"。胥致尧的事迹收录在《万历府志》卷九《乡贤列传》、《浙江通志》卷一四九《名宦·宋》等多种地方志中。

据铭,胥致尧三男,曰沇、澄、泳,澄早卒。胥沇于天圣八年登进士第为家乡合肥地方志失收,其祖居地江西抚州却没有遗忘他。(欧阳修《左班殿直胥君墓志铭》、《弘治抚州府志》卷一八《科第一·进士》)。

杨察

杨察(1011—1056):字隐甫。庐州合肥县人。宋仁宗景祐元年(1034)甲戌科进士第二人。授将作监丞、通判宿州。杨察是合肥科举史上第一个榜眼,累官御史中丞,论事无所避,曾数忤宰相陈执中,后迁户部侍郎,充三司使。嘉祐元年卒,年四十六,谥宣懿,赠礼部尚书。有文集二十卷。无子,以兄子为嗣。弟寔,举进士第一。

《万历府志》卷六《官师表》记载杨察父亲杨居简在宋真宗时曾任庐州

通判,《宋会要辑稿·礼》四二载:"(宋仁宗)天圣元年七月十一日,都官员外郎杨居简上书言事。"

《续资治通鉴》卷五十六载:"嘉祐元年七月,三司使、户部侍郎杨察卒,赠礼部尚书,谥宣懿。察勤于吏职,痛方作,犹入对,商榷财利,归而大顿,人以为用神太竭云。"曾巩《隆平集》载杨察卒年四十六,即杨察生于大中祥符四年(1011)。杨居简应卒于天圣元年(1023)七月后,杨居简卒时,杨察约十三岁,与《宋史》载"幼孤,七岁始能言"略异。

杨察在中国科举史上有一重要贡献。杨察权判礼部贡院时,有大臣建议取消举士糊名制度及改变文格,使考生可以沿袭唐朝文体。宋代科举考试完毕,考生试卷要弥封用印,交由知贡举的考官评定高下。评定的结果也弥封起来,再进行复查,即根据几次的批阅确定出试卷的正式成绩和名次。如果取消糊名制,考官可以看到考生的姓名,必然导致请托、打通关节、挟私等情况出现。杨察认为如果取消糊名,则各种请托趋时之风会死灰复燃,考士就会有弊。经杨察批驳,主张取消"糊名考士"的议论就销声匿迹了,保证了科举取士的公平性。

杨察为宰相晏殊婿,与宰相富弼连襟。《容斋续笔》卷三载:"国朝除用执政,多从三司使、翰林学士、知开封府、御史中丞进拜,俗呼为'四入头'。"杨察这四个职务都担任过,但英年早卒,否则下一步当进两府,成为宰执。(《正德志》《万历县志》《万历府志》)

杨寘

杨寘(1014—1044):字审贤。庐州合肥县人。杨察弟。宋仁宗庆历二年(1042)壬午科进士第一人。初授将作监丞、颍州通判,未行而卒。

王铚《默记》卷下载:"杨宣懿察之母甚贤。能文,而教之以义,小不中程,辄扑之。察省试《房心为明堂赋》榜,登科第二人。报者至,其母睡未起,闻之大怒,转面向壁曰:'此儿辱我如此,乃为人所压,若二郎及第,待不教人压却。'及察归,亦久不与语。寘果魁天下。"

杨母教子的故事传颂至今,虽然不一定符合当今时代的价值观,但其激励后人好学、向上的精神,是任何时代都需要的。

《东轩笔录》卷十四载:"本朝状元多同岁,比于星历,必有可推者,但数问术士,无能晓之尔。前徐奭、梁固皆生于乙酉,王曾、张师德皆生于戊寅,吕溱、杨寘皆生于甲寅,贾黯、郑獬皆生于壬戌,彭汝砺、许安世皆生于辛巳,陈尧咨、王整皆生于庚午。"

王辟之《渑水燕谈录》卷六《先兆》载:"庆历末,武昌阳传为予言:杨寘审贤,少聪。既长,文辞学行为天下所称。十九游太学,补试,遂冠诸生。后试国学、礼部、殿前,皆为天下第一。得将作监丞,通判颍州。未行,丁母忧,哀毁致疾。度必死,曰:'友人莫孝先尝梦我龙首山人,龙首,盖言四为贡首;山人,无位之称也。我必死矣。'后数日,果终。年三十一。天下痛惜之。"

按杨寘太学补试、国子监试、礼部省试、殿试皆第一,是科举史上少有的四元状元,也是科举史上合肥的第一位状元。至杨寘时,科举史上前三名合肥都已出现,在安徽省内最早。

杨寘是个大孝子,考中状元后不久,杨母去世,杨寘过度悲伤,亦一病不起,身体日渐羸弱,终于撒手人寰,否则将会有更大的作为。同科的王珪、韩绛、王安石、吕公著、韩缜、苏颂后来都成为宋代的宰相,为一时名臣。

杨寘与欧阳修友善,欧阳修有名篇《送杨寘序》。(《正德志》《万历县志》《万历府志》)

马仲甫

马仲甫(约1015—1081):字子山。庐州合肥县人,《宋史》作庐江人,晚年居扬州。马亮第四子,钟离瑾婿。宋仁宗庆历二年(1042)壬午科进士。

按《正德志》卷十九《甲科》列马仲甫于包拯后,《万历县志》《万历府志》俱载马仲甫与包公同为天圣五年(1027)进士。然马仲甫侄孙马永卿《懒真子》卷三："吾祖仆射忠肃公亮知荆南府日,常苦嗣续寡少。因闻玉泉山顶有道人草庵其上,号白骨观。道人年八十矣,宴坐庵中,常想自身表里洞达,惟见白骨,以观他人亦复如是,如此五十年矣。忠肃因使人问讯,亦不答;赠遗,亦不受。频频如此,亦略受。公继而入山访之,道人亦喜,因请出山,暂至府第,延之正寝安下,经月乃归。一日,忠肃梦道人策杖径入正寝,方惊愕间,梦觉。且叹讶之,急使人往问讯,曰昨夕已迁化矣。既茶毗,骨有舍利。后遂生给事子山仲甫……"

《长编》卷八十一："(大中祥符六年十月)丁亥,命知洪州马亮与(朱)巽对易其任(知荆南府)。"《景定建康志》卷十三："(大中祥符八年)十月,以尚书工部侍郎马亮知(升)州事。"马亮于大中祥符六年十月至大中祥符八年十月间知荆南府,马仲甫当生于大中祥符七年至八年间,即1014至1015年左右,天圣八年,马仲甫仅十三四岁,中进士可能性极低。

再考南宋李壁《王荆公诗注》卷五十有王安石《崇禧给事马兄挽词》二首。其一："庆历公偕起,元丰我独伤。两楹终昔梦,五鼎继前丧。薰歇曾攀桂,甘留所憩棠。素风知不坠,能世有诸郎。"其二："藏室亡三箧,得之公最多。露晞当晚景,川逝作前波。惠寄舆人诵。悲传挽者歌。竹西携手处,清泪邈山河。"

李壁注："给事名仲甫,庐江人,晚知通进银台司,提举江宁府崇禧观,主封驳后改为给事中。马与公同年,卒于元丰三年冬。"而综合《宋史·马仲甫传》和《续资治通鉴长编》,马仲甫知登封县,通判赵州,知台州,为度支判官。出为夔路转运使,徙使淮南。拜天章阁待制,知瀛州、秦州。宋神宗熙宁初,守亳、许、扬三州,知通进银台司,提举崇禧观,元丰三年十二月丁亥卒。据王安石诗及李壁诗注,马仲甫与王安石同年,同是庆历二年(1042)进士,天圣五年进士乃误。

马仲甫卒后葬扬州江都县,朝廷赠司空,追赠了宰相级的官职。(《正德志》《万历县志》《万历府志》)

陶叔献

陶叔献（1014—1049）：字元之。庐江（今合肥）人。宋仁宗皇祐元年（1049）己丑科进士。

沈遘《陶叔献墓志铭》载（陶叔献）其家世为庐江大族，已表达得很清楚，此庐江为一郡之称。唐末五代，合肥陶姓有陶雅家族闻名于世，陶雅是宰相级人物。

陶叔献父亲曾任杭州巡检，卒于任。时陶叔献年仅二十，"家甚贫，奉母孙氏，以孝著称。好学明经，能文，吴越学者多从之"。陶叔献辑有《两汉策要》存于世。另辑有《西汉文类》四十卷、《唐文类》三十卷、《汉唐策要》十卷。2011年5月，《两汉策要》元抄本在嘉德拍卖出4830万元的高价，创当时世界纪录。

两汉策要

陶叔献皇祐元年三月登第，四月即病故于开封。惜陶叔献"俶傥有大节，仁于宗族，信于朋友，善议论，通古今，所至公卿大夫皆为之礼，且谓其必用于时而不可量才也"，未能发挥其远大抱负。(沈遘《陶叔献墓志铭》)

王亿

王亿：庐州合肥人，徙吉州太和。宋真宗天禧三年己未科进士王赟次子。宋仁宗皇祐元年（1049）己丑科进士。

王安石曾为王亿母刘氏撰墓志铭，时为治平四年（1067），王亿任尚书都官员外郎、吉州通判。王亿后知袁州，熙宁二年（1069）官职方员外郎。

（张方平《乐全集》、王安石《同安郡君刘氏墓志铭》、《光绪吉安府志》卷二一《选举志·进士·宋》）

朱纮

朱纮：淝川（今合肥）人。宋仁宗嘉祐二年（1057）或嘉祐五年（1060）进士。

宋英宗治平二年（1065），朱纮为襄州宜城（今属湖北）县令。治平三年起复修水渠，溉田六千顷。《宋史·河渠志第五》载："（熙宁）二年十月，权三司使吴充言：'前宜城令朱纮，治平间修复木渠，不费公家束薪斗粟，而民乐趋之。渠成，溉田六千余顷，数邑蒙其利。'诏迁纮大理寺丞，知比阳县。"郑獬《郧溪集》卷十五《襄州宜城县木渠记》云："治平二年，淝川朱君为宜城令。……朱君名纮字某，嘉祐中登进士第。"

嘉祐二年、五年、八年皆开科。《宋史·选举志第四》载："凡开府仪同三司（从一品）至通议大夫（正四品），无磨勘法；太中大夫（从四品）至承务郎（从九品），皆应磨勘；待制以上六年迁两官（不久即改为三年迁一官），至太中大夫止。承务郎以上四年迁一官。至朝请大夫止。"宜城令应该不是朱纮担任的第一个官职，按宋制三年迁一官的规定，朱纮不可能是嘉祐八年进士，朱纮嘉祐五年登第可能性最大。

苏颂有《秘书省校书郎守唐州泌阳县令朱纮可大理寺丞》，比阳县为河南泌阳县之古称。欧阳修有《书宜城修水渠记后奉呈朱寺丞》诗："因民之利无难为，使民以说民忘疲。乐哉朱君郭灵堤，导鄢及蛮兴众陂。古渠废久人莫知，朱君三月而复之。沃土如膏瘠土肥，百里岁岁无凶菑。鄢蛮之水流不止，襄人思君无时已。"（郑獬《襄州宜城县木渠记》）

钦定四库全书

郧溪集卷十五

记

襄州宜城县木渠记

宋　郑獬　撰

木渠沔旧记所谓木里沟者也出於中庐之西山擂瀑水走东南四十五里径宜城之东北而入于沔後汉王宠守南郡復鑿鬢水与之合於是溉田六千餘顷遂无饑歳至曹魏贊水与王梅散弟兄於其地辈民萬餘家擂而食之谓之堰中故當時號祖中为天下膏腴吴蜀朱然當兩提精兵争其地不得其後渠益廢老農耦未治之凡渠之浙之之家出以授功投镖奮枰呼躍而接之故道欲再鑒之曰此令事也安敦不力即慕民而不得耕治平二年泥川朱君为宜城令治邑之明年藏已壤之逾俄而復完矣其功蓋起於靈堤之北築巨從之惟恐不及公家無來斛斗粟之賞不三月而毕巨堰郑渠而东行鬢陽二水備備而並來南賈于長渠东

徹清泥閒附渠之兩淡通舊陂四十九湖然相屬知聯鑒高窅下泄其所治田與王宠時敦相若也餘澤之所及浸溢中庐南漳二邑之遠異時之耕者篤力而耨之不得稿苗則得稗穗今見其苦然蕞然皆秀而並實也熟之日囷窖之容則委而为露精雖茅然皆足以見思也至於歳大阜赤地赭裂而如頳則木渠之田猶豐年也於是民始如老赤地赭也樱而食之日此吾朱令之食汝也然而朱君之為是邑纏踰蔵而去繼始之作其美利未盡饗如其宋者繼緝之則地力可無遺而蔵沔之閒厭食春稲矣則將妾籍而有不及敘者矣則將腐朽之閒且將鏡之矢夫如是木渠之利詎可载邪于既之作記且将後世得有修木渠之利者於此又可考也已朱君名絃字某嘉祐中登進士第

江寧縣思賢堂記

郑獬《襄州宜城县木渠记》

邓安

邓安：其先庐州人，徙吉州庐陵（今江西吉安）县。宋仁宗嘉祐八年（1063）癸卯科进士。

据邓安父邓守惠《宋故庐陵邓君墓志铭》，其先五代时自庐州徙于庐陵。邓守惠"崇儒知理"，且诫子"以物易性则患生，以学美身则道成"。终使"尤负词学"的长子邓觉"五至礼部"，邓安、邓冠、邓宽、邓完四子"皆应进士"。邓安登进士第，官试校书郎、守建昌军南城县令。邓安侄邓柔中在宋徽宗政和八年登进士第四人，官广州左司理参军。（李鉴《宋故庐陵邓君墓志铭》、刘才邵《邓司理墓志铭》、《光绪吉安府志》卷二一《选举志·进士·宋》）

马玿

马玿:字粹老。庐州合肥人。马亮孙辈。宋仁宗嘉祐八年(1063)癸卯科进士。

彭汝砺作《宋饶州长史彭公墓铭》,该墓志今存上饶博物馆,合肥马玿题额,马玿留下珍贵墨迹。治平元年,马玿官江阴主簿,据此推断马玿约嘉祐八年进士登科。熙宁时,马玿为王安石荐以校书郎、河西县令编修中书条例。后以编修达到一年,迁著作郎。熙宁八年四月,罢判兵部。熙宁八年七月,官太子中允、检正孔目房公事。元丰五年,官户部员外郎;元丰七年,以左司员外郎、知明州军州事;元丰八年为都官郎中。

南宋洪迈《容斋三笔》卷十六载:"官制未改之前,初升朝官,有出身人为太子中允,无出身人为太子中舍,皆今通直郎也。近时士大夫或不能晓,乃称中书舍人曰中舍,殊可笑云。苏子美在进奏院,会馆职,有中舍者,欲预席。子美曰:'乐中既无筝、琶、筚、笛,坐上安有国、舍、虞、比。'国谓国子博士,舍谓中舍,虞谓虞部,比谓比部员外、郎中,皆任子官也。"洪迈说明北宋官制未改之前,太子中允须为进士出身者才能担任,国子博士、太子中舍、虞部员外郎、比部员外郎、比部郎中皆为荫官担任。《容斋三笔》记载与《宋史·职官志九》相似。马玿曾官太子中允。

马玿能诗,与黄庭坚、彭汝砺、舒亶多唱和,尤与黄庭坚亲密。黄庭坚有《粹老家隔帘听琵琶》《九日对菊有怀粹老在河上四首》等,彭汝砺有《马粹老谒黄龙祖心云得趣向处除烦恼矣因以偈谒之》,舒亶有《和马粹老四明杂诗聊记里俗耳十首》《和马粹老修广德湖》《粹老使君前被召约往它山谒善政侯祠》等。马玿今存《定山虎跑泉和韵》诗一首,《全宋诗》缺收。诗云:"逶迤浅岭抱峰根,泉迹何处向此分。圆窦环环明可鉴,乱渠瑟瑟细犹闻。铜瓶夜汲翻寒月,石铫朝烹带晓云。贤守已为真赏地,山经虽阙有斯文。"(《续资治通鉴长编》卷二二六、二六三、二六六、三百五十,庞文英《文昌杂录》,《延祐四明志》卷二十)

范钧

范钧：合肥人，官屯田员外郎，累赠朝散大夫。宋仁宗时期某科进士。

据《宋史·职官志九》："右常调转转员外郎者，转右曹。(内有出身自屯田，无出身自虞部，赃罪叙复人自水部转。)"再据前述"曹谷"条、"马琉"条之洪迈《容斋三笔》记载，说明虞部员外郎、虞部郎中、比部员外郎、比部郎中皆为荫官担任，屯田员外郎、屯田郎中为进士出身担任。范钧官屯田员外郎。北宋著名词人柳永也是进士出身，官屯田员外郎。

范钧与北宋名相富弼为儿女亲家，富弼第三女、第四女分别嫁范钧子范大琼、范大珪。范大珪女又嫁富弼孙富直方。范富两家世为姻娅，范钧不是科举出身，家世上与富弼家难以匹敌。

据考宋代至少有二范钧，一合肥人，一苏州人。苏州范钧父范埴(宋代亦有二范埴，另一为洛阳人)，宋真宗大中祥符六年卒。苏州范钧，宋仁宗庆历六年进士，官并州榆次主簿，皇祐四年前已卒。苏州范钧与范仲淹为同族兄弟，其子三，分别为范纯道、范纯诚、范纯让。(张泽《宋安人范氏墓志铭》)

钟离景伯

钟离景伯：字公序。庐州合肥县人。钟离瑾第七子。宋仁宗时期某科进士。

宋神宗元丰二年(1079)，钟离景伯知婺州。元丰四年，官朝议大夫。元丰五年官中散大夫。元丰七年知通州。宋哲宗元祐三年(1088)以少府少监知寿州。据《万姓统谱》，钟离景伯元丰间曾知建州，则或在知婺州和通州之间。

宋诗人郭祥正《青山集》卷七《合肥李天觊朝请招钟离公序中散吴渊卿长官洎予同饮家园怀疏阁》诗云："钟离辞荣已三品，吴令早休今八十。我亦弃官姑孰闲，邂逅相过手重执。"时年应为熙宁十年以后，郭祥正由殿中丞、庐州节度推官而致仕。朝请大夫合肥人李天觊邀请居家的中散大夫钟离景伯至当涂,与吴渊卿、郭祥正同饮。

钟离景伯为北宋著名书法家,尤善草书。北宋文人孔武仲有《观钟离中散草书帖诗》,云:"万事峥嵘置毫末,三杯纵逸如张颠。相知本不夸势力,休论脱帽王公前。"将钟离景伯与草圣张旭相提并论。

宋四家之一的米芾眼界太高,且对人之书少所许可。米芾推崇晋人书法,并以二王父子为代表的晋人书法为标准来衡量古今书法,凡与不合,辄受批评。米芾《论草书帖》云:"草书不入晋人格,聊徒成下品。张颠俗子,变乱古法,惊诸凡夫,自有识者。怀素少加平淡,稍到天成,而时代压之,不能高古。"连张旭也遭到米芾的重责,怀素也只略得肯定。米芾又曾云:"草不可妄学,黄庭坚、钟离景伯可以为戒!"黄庭坚也是宋四家之一,乃一流狂草巨匠。米芾将钟离景伯与黄庭坚同列,可想而知钟离景伯草书的水平。

南宋宰相周必大言:"石曼卿、钟离景伯皆中原以书名者。"元代郑构则极推崇钟离景伯,其《衍极》云:"周越,字子发。李时雍,字致尧。钟离景伯,字公序。吴说,字传朋。张孝祥,字安国。范成大,字至能,张即之,字温夫。皆仕宋显宦,以能书称。"郑将钟离景伯与吴说、张孝祥、范成大、张即之等名书法家同列。元陶宗仪《书史会要》载合肥人能书者四人,姚铉、包拯、钟离景伯、余阙是也。

《宋史·艺文志》录有钟离景伯《草书洪范无逸中庸韵谱》十卷,《全宋诗》录其诗一首《咏地藏殿牡丹》。

《宋登科记考》未考证出钟离景伯详情,且以钟离为名,景伯为字乃误。(马仲甫《宋故尚书刑部郎中充龙图阁待制赠兵部尚书钟离公夫人寿安县太君任氏墓志铭并序》、《苏轼集》卷一百七《杜近卫尉少卿钟离景伯少府少监》、《宋登科记考》)

皇甫子仁

皇甫子仁:皇甫名某,字子仁。庐州合肥县人。宋英宗治平二年

（1065）乙巳科进士。该科状元为鄱阳彭汝砺。

彭汝砺中状元后释褐授保信军节度推官,保信军治合肥。彭汝砺至合肥后,有《送皇甫法曹》诗:"始余来肥陵,问士得皇甫。经年在闾巷,不肯出公府。樽俎献酬间,为之赋翘楚。今上襄阳官,拙诗愧兼取。襄阳真名区,碑碣字多古。能因东南风,取以寄予否。"诗注:"皇甫子仁吾同年。"皇甫子仁与彭汝砺同科进士,授官襄州司法参军,正待赴任,彭作诗送之。皇甫子仁与彭汝砺交谊匪浅。《鄱阳集》收《皇甫乞诗为赠因次其韵》《次皇甫登兴化水亭韵》《次皇甫子仁老杜诗韵》等唱和诗多首。皇甫子仁还曾任官今福建莆田。

按北宋合肥皇甫氏可考的还有知亳州的皇甫选,在桐城披雪瀑有摩崖石刻题名的皇甫升,当与皇甫子仁同一家族。（彭汝砺《鄱阳集》卷一）

马珝

马珝（?—1113年后）:字君玉。庐州合肥县人。马亮孙,马仲甫第二子。宋神宗熙宁时进士。

马珝可以考证的三次婚姻都娶了宰相家女,依次或为宰相吕蒙正孙女、吕居简第六女,宰相陈尧佐孙女,宰相王珪侄女。宋庄绰《鸡肋编》卷中载:"岐国公王珪在元丰中为丞相,父准,祖贽,曾祖景图,皆登进士第。其子仲修,元丰中登第。公有诗云:'三朝遇主惟文翰,十榜传家有姓名。'注云:'自太平兴国以来,四世凡十榜登科。'后侄仲原子著、仲孜子昂相继登科,昂又魁天下。本朝六世登第者,与晁文元二家,而晁一世赐出身也。崇宁四年,著初及第,岐公长子仲修作诗庆之曰:'锡宴便倾光禄酒,赐袍还照上林花。衣冠盛事堪书日,六世词科只一家。'又汉国公准子四房,孙婿九人,余中、马珝、李格非、闾丘吁、郑居中、许光疑、张焘、高旦、邓洵仁皆登科,邓、郑、许相代为翰林学士,曾孙婿秦桧、孟忠厚同年拜相开府,亦可谓华宗盛族矣。"马珝是宰相王珪侄婿、李清照堂姨父、秦桧妻堂姑父,进士登科。

按余中为宋神宗熙宁六年(1073)状元,李格非为熙宁九年(1076)进士,马珆列名在二人之间,故马珆应为熙宁六年或熙宁九年进士。

元丰四年(1081),马珆官宣德郎。宋哲宗元祐二年(1087),官清河辇运。元符元年(1098),官京东路转运判官。宋徽宗崇宁五年(1106),官两浙路提点刑狱。政和元年(1111),官朝请大夫、管勾杭州洞霄宫、骑都尉。

《宋诗纪事》引《景定建康志》记载,马珆,合肥人,元祐间人,有《华严寺此君亭歌次韵信安毛渐》诗一首。(吕陶《右朝散郎马玗弟左朝奉郎珆故父通议大夫充天章阁待制特进仲甫可赠司空制》、钟离景伯《宋故安康郡君杨夫人墓志铭》)

左肤

左肤(?—1108或1109):庐州人。宋神宗时期某科进士。

《宋史·钱遹附石豫左肤传》:"石豫,宁陵人。第进士。以安惇荐,为监察御史。与左肤鞫邹浩狱,文致重比,又使广东钟正甫逮治浩,欲致之死。……肤,庐州人,亦用安惇荐为御史,履历大略与石豫同。迁侍御史,累至刑、兵、户三尚书,以枢密直学士知河南府,改永兴军,卒。大观三年正月,赠中奉大夫。"《续资治通鉴长编》卷四七五载宋哲宗元祐七年七月,左肤官衡州判官。《续资治通鉴长编》卷五一六:"元符二年九月,权殿中侍御史左肤言:'窃闻宗室果州团练使仲忽,得古方鼎一,饰以龙文,旁有隶识曰:鲁公作文王尊。铜色正绿,伏望宣取,诏儒臣博加考议。'诏令礼部取纳三省看验。"

按宋代官制,在差遣方面,一般来讲,荫补官员不得担任高级清要之职。比如,荫补官员一般不能任台谏、两制等职。监察御史等台谏官是执政官员的候选对象,地位很高,被人看重,一般多是进士出身者担任。荫补官员若任此职,必遭非议。靖康元年(1126),唐恕以荫补官员的身份任监察御史,御史中丞陈过庭上言:"自祖宗以来定令,本台僚属非有出身,未尝除授,近者唐恕除监察御史,恕实有行业,士类推许,倘使分领六察,固优为之。然以荫补入仕，有违祖宗条例，恐此一开，自是袴襦之子攀援进取者，足相蹑于宪府矣，欲乞改除一等差遣”，终于“诏以恕为郎官”。可见，台谏之官是历来不允许荫补官员担任的。

宋朝有一种特殊的阁学士职名，简称“阁职”。有学士、直学士、待制和直阁四级。宋朝制度，每一位皇帝去世后，必敕建一阁，以奉藏先帝遗留的文物。例如龙图阁，就奉藏着“太宗御书、御制文集及典籍、图画、宝瑞之物，及宗正寺所进书籍、世谱”。其后，又建有天章阁、宝文阁、显谟阁、徽猷阁、敷文阁及南宋的焕章、华文、宝谟、宝章、显文等阁。诸阁学士之外，尚有一枢密直学士（政和四年改述古殿直学士，建炎二年复旧），与文明殿（观文殿）学士并掌待从，备顾问应对，地位次于翰林学士，其班位在龙图阁直学士之上。宋朝官员对职名很重视。入馆阁者，必须是进士出身。南宋洪迈《容斋随笔》说：“国朝馆阁之选，皆天下英俊，然必试而后命，一经此职，遂为名流。”考“履历大略与石豫同”句，石豫第

《与通判承仪札》

进士，且左肤亦官几乎是进士才能担任的监察御史、侍御史枢密直学士，则可确认左肤亦第进士。

左肤精于书法，其《与通判承仪札》，全札48字，2005年瀚海拍卖会拍出484万元，是国宝级书法珍品。（《宋史·钱遹附石豫左肤传》）

王能甫

王能甫（1068前—1118后）：庐州合肥县人。约宋神宗元丰七年

（1084）至哲宗元祐年间（1086—1094）上舍释褐进士。

按北宋王安石变法时，因进士科重诗赋，明经科专记诵，难以造就有用人才，故于熙宁四年（1071）建议宋神宗创立太学生三舍法，将太学生分为上舍、内舍、外舍三等。在一定年限及条件下，外舍生升入内舍，内舍生升入上舍。上舍生考试成绩优异者直接授官，即上舍释褐，脱下平民衣服穿上官服。中等者直接参加殿试，下等者直接参加省试。元丰二年（1079）订出三舍法一百四十条，颁布一系列考试方法，三舍取士与科举考试并行。哲宗元符二年（1099）后，三舍法逐步推广于各类学校。至徽宗崇宁三年（1104），州郡解试与省试停止，士子非三舍法不能入仕。宣和三年（1121），罢州、县学校三舍法，仅太学依旧。宋代以三舍法完全取代科举共二十年。南宋时，太学继续实行三舍法并不断完善严密，武学、宗学、算学、书学、画学、医学均采用三舍法。

据出土于肥东店埠的王能甫妻《宋故文水伯淑人吴氏墓志铭》，王能甫为王安石外孙女婿，是宰相吴充孙婿。元丰七年（1084）占太学上舍籍，崇宁元年（1102）由左正言迁司谏，崇宁四年迁刑部尚书，曾拜述古殿直学士。

依照王能甫占上舍籍与曾任几乎是进士才能担任的左正言（台谏官）、述古殿直学士这三点，王能甫当为上舍释褐进士。王能甫未第时已娶吴氏，其原则上出身于世代官宦之家，才能与王安石、吴充两大家族联姻。（杨介《宋故文水伯淑人吴氏墓志铭》）

许彦国

许彦国：字表民，一作表臣。庐州合肥人。北宋哲宗元祐三年（1088）前后举进士高第。

南宋鄱阳洪迈《夷坚庚志》云："许彦国，字表民，青州人。进士高第，工为诗。客游河朔，尝撰《燕蓟余民思汉歌》，首叙石敬瑭割燕地，以赂契丹；次叙耶律德光犯汴京；次虏去严峻，燕人思汉之意，词情凄楚，近千言。卒意云：'燕蓟余民宜自省，百年陷虏直愁人。''勿怨眉舆事洪靖'，盖用唐张洪靖初入燕，肩舆而行，燕人骇异不悦，遂有朱克融之变，其旨深矣。吕忠穆之父为沂州沂水宰，县境有穆陵关，即《左传》所谓'南至于穆陵'是也。彦国过其地，寄以诗云云；《咏项籍庙》两绝句云云；《渔父》诗云：'江鸥散后夜无伴，荷叶老时秋有衣。'《瑞香》诗云：'北方野客不惯见，明月满衣犹倚栏。'皆为北方学所称道，惜其官不显。"

又北宋李新有《和许表民湔江驿四题》诗四首。李新，字元应，陵井监（今属四川仁寿）人。宋哲宗元祐三年进士，宣和中迁州通判，流落以终。入元祐党籍，陆心源《宋史翼》卷六有传。吕忠穆为南宋初年宰相吕颐浩（1071—1139），许彦国与吕颐浩父有交往。故许彦国当为宋神宗至宋徽宗时人，或与李新同科进士。

南宋绩溪胡仔《苕溪渔隐诗话》卷二十《虞美人草行》条目："曾子宣夫人魏氏，作虞美人草行云：'鸿门玉斗纷如雪，十万降兵夜流血，咸阳宫殿三月红，霸业已随烟烬灭。刚强必死仁义王，阴陵失道非天亡。英雄本学万人敌，何须屑屑悲红妆。三军败尽旌旗倒，玉帐佳人坐中老。香魂夜逐剑光飞，清血化为原上草。芳心寂寞寄寒枝，旧曲闻来似敛眉。哀怨徘徊愁不语，恰如初听楚歌时。滔滔逝水流今古，楚汉兴亡两丘土。当年遗事总成空，慷慨尊前为谁舞。'苕溪渔隐曰：'此诗乃许彦国表民作。表民，合肥人。余昔随侍先君守合肥，尝借得渠家集，集中有此诗。又合肥老儒郭全美，乃表民席下旧诸生，云亲见渠作此诗。今曾端伯编诗选，亦列此诗于表民诗中，遂与余所见所闻暗合。览者可以无疑，亦知冷斋之妄也。'"

胡仔明确许彦国为合肥人，又纠正了北宋末惠洪《冷斋夜话》将《虞美人草行》作者认定为曾布夫人魏氏的错误。许彦国是个很出色的诗人，有《许彦国诗》三卷，见《宋史·艺文志》，已佚。

许彦国《长夜吟》："南邻灯火冷，三起愁夜永。北邻歌未终，已惊初日红。不知昼夜谁主管，一种春宵有长短。"又《咏项籍庙》："曾被秦人笑沐猴，锦衣东去更何求。可怜了了重瞳子，不见山河绕雍州。千古兴亡莫浪

愁,汉家功业亦荒丘。空余原上虞姬草,舞尽春风未肯休。"(《苕溪渔隐丛话》前集卷六十、《竹庄诗话》卷十八引《夷坚庚志》)

马永逸

马永逸:字强叟。庐州合肥人,徙扬州高邮,一作徙扬州仪征。马亮曾孙、马仲甫孙、马仲甫长子马玕子。宋哲宗元祐六年(1091)辛未科进士。

马永逸历鄞县主簿、寿州教授,官宣义郎。有文集二十卷。南宋杨仲良《皇宋通鉴长编纪事本末》卷一二三载其入《元符臣僚章疏姓名录》之《邪下》。(钟离景伯《宋故安康郡君杨夫人墓志铭》、释宗晓《乐邦文类》引黄策《马侍郎往生记》、《嘉靖惟扬志》卷一九《人物志上·宋进士》)。

柳瑊

柳瑊(1071—1136):字伯玉。庐州合肥人。宋徽宗崇宁五年(1106)丙戌科进士。

孙觌《宋故左中奉大夫致仕柳公墓志铭》载柳瑊其先魏郡大名人,自曾祖柳灏以下三世皆葬于庐州合肥,又为合肥人。柳灏,进士及第,曾官陕西路转运使。柳灏叔父柳开,是北宋著名文人,与稍晚的合肥姚铉,同为宋代古文运动的先驱。

柳瑊父柳充,字圣美。官宣德郎,累赠通奉大夫。王献之传世名作《鸭头丸帖》有柳充观款:"河东柳充圣美、京兆杜昱宜中同观于安静堂,元丰己未(1079)十月望日。"河东乃柳氏郡望。

《鸭头丸帖》

柳珹少时才思敏捷,数千言片刻即就。及第后历淄川县主簿、苏州观察推官。宣和初任陕西转运判官,曾集长安慈恩寺塔唐新进士题名,刻之为石。后反对宣抚使童贯以另铸大钱取代关陕铁钱,改利州路提点刑狱。宣和四年(1122)调知浚州,改知洺州,击退河北盗寇张迪。官兵屠杀无辜村民数百,反以剿贼报功。事发,柳珹诛杀其将官。被童贯指为滥杀,遭弹劾降职。绍兴元年(1131),任福建路提点刑狱,改两浙东路,不久提举台州明道观。绍兴六年卒,年六十六。柳珹娶宰相章惇孙女。章氏绍兴九年十二月卒,年五十六。

柳珹一大贡献是任陕西转运判官时,于宣和二年,曾集长安慈恩寺塔(即西安大雁塔)唐新进士题名,刻之为石,即《雁塔题名帖》,共十卷。《雁塔题名帖》又名《慈恩寺雁塔唐贤题名帖》,其宋刻宋拓本现存二卷,残卷题记年月从贞元二年(786)至咸通四年(863),藏中国社会科学院考古研究所。(孙觌《宋故左中奉大夫致仕柳公墓志铭》)

冯温舒

冯温舒:庐州合肥人。宋徽宗崇宁五年(1106)丙戌科进士。大观元年(1107)调汝州鲁山县主簿。

冯温舒五世祖是南唐后主李煜时大名鼎鼎的冯延鲁。冯延鲁,字叔文,新安(今歙县)人。冯延鲁与其异母兄冯延巳在南唐均仕至宰辅,知名于天下。冯延鲁入宋后更名冯谧,卒后赠尚书左仆射,《宋史》有传。冯谧子冯侃,官尚书屯田员外郎。冯侃子冯珝,官太常博士,赠吏部尚书。冯珝子冯沆,第进士,官至光禄卿,卒赠左光禄大夫。今人所编《宋登科记考》仅录冯沆名,缺家世背景。冯沆娶张氏,朝廷封广陵郡太君。

冯沆子冯安国以父荫起家,初授官将作监主簿,历太常寺奉礼郎(从八品)、大理评事(正八品)。宋神宗元丰三年(1080),改革官制,易为承事郎(正八品),两迁为正七品的宣德郎。

冯安国初监杭州龙山酒税,能够采取有效办法防止奸吏舞弊,岁增数百万。因有能力,转运使荐其监婺州(今浙江金华)酒税,"是时,吴中大饥,旁郡县率减课十四五,而婺独丰"。

"于是,人益以为材,知庐州慎县。"冯安国在慎县(治今肥东梁园镇)颇有政绩。"君以法绳吏"。能廉洁奉公,教化民众,不几年,"民大化,道相与曰:'公德厚如此,我等宁忍为恶,以从其意'"。冯安国还在一起盗杀案中查明真凶,释放被冤屈的疑犯,人以为神明。冯安国知慎县四年,以母亲病故去职守孝,慎县百姓夹道挽留。冯安国被慎县百姓立祠祀之,冯的画像被挂在祠中。

守孝期满后,冯安国再任签书峡州(今湖北宜昌)军事判官厅公事。峡州地处偏僻,民众信奉巫神,有病不医。冯安国想办法改变了这种情况。有上官要求修建夷陵至秭归再到巫山的道路,这一片全是高山,以当时民力是消耗巨大且得不偿失的。冯安国力荐不可,并坚持正确的意见,"新路滋险且扰民不可开"。遂罢。

冯安国不久去官,元祐二年(1087)闰八月廿三日病卒于扬州,时年五十一。冯安国在世时,已将家安于庐州。许光疑《故宣德郎签书峡州军事判官厅公事冯君墓志铭》载:"大观元年九月一日,葬君庐州合肥县小蜀山太平乡柳河村,从广陵夫人之兆。"说明冯安国母亲广陵郡太君张氏在冯安国知庐州慎县任上病故,冯安国将母亲安葬在合肥,且自己死后也从扬州迁葬到合肥,可以确认冯安国将家迁居到合肥,家族已定居合肥。按年龄推测,冯温舒生于庐州可能性极大。

从元祐二年到大观元年,间隔二十年,冯安国方从扬州迁葬至合肥。这原因如何?其实从冯的墓志铭,我们可以猜出端倪:"初光禄公(指冯安国父亲冯沆),仕宦四十年,班三品,清苦一节,殁之日家无余赀。君能世其风,然位不能得通朝,年不及中寿。"冯安国和父亲冯沆一样做官廉洁,加之子女众多,生活清苦,所以其病故较早,且故去之时,子女年龄尚幼小,没有财力将之从扬州迁到庐州。这一点与包公之子包绶十分相似。包绶也是因为做官清白,所以病故于黄州。过了十六年,子女长大后,方由黄州迁回合肥安葬。崇宁五年冯温舒考中进士,次年才有能力安排父亲的身后事。

冯安国有子六人。长子冯之元早卒;次子冯存、三子冯希、四子冯有、五子冯尹平皆举进士,累荐礼部;冯温舒为第六子。女一人,嫁李图南。李图南,字彦远,福建福清人,宋哲宗绍圣四年(1097)进士。曾知越州,移庐州,终述古殿直学士。

《宋会要辑稿·职官》一八载:"宣和四年三月二日,(宋徽宗)幸秘书省……秘书少监翁彦深、王时雍、管勾雕造祥应记刘偁、提举秘书省管勾文字冯温舒、徐时彦皆改赐章服。"

冯温舒品行不及乃父,在北宋末曾借势于梁师成,阿附蔡攸,这可能也是其中进士仅二十年,就位居侍郎级高官的原因。据《宋会要辑稿·职官》六九,北宋钦宗靖康元年(1126)四月,工部侍郎冯温舒提举南京鸿庆宫。据李心传《建炎以来系年要录》卷八十五,南宋高宗绍兴五年(1135)二月,冯温舒官左通议大夫、提举南京鸿庆宫,复秘书阁修撰。

《全宋文》录冯温舒文二篇,一为《天童觉和尚小参语录序》,一为《翠山禅寺兴建记》。(许光疑《故宣德郎签书峡州军事判官厅公事冯君墓志铭》)

马永卿

马永卿(1085—1147后):字大年。一作名大年,字永卿乃误。庐州合肥人,徙扬州高邮,晚年南渡后居信州铅山,绍兴十七年仍在世。马亮曾孙。宋徽宗大观三年(1109)己丑科进士。

马永卿历永城县主簿、淅川令、江都丞、夏县令、知达州,一说官终左朝请大夫。马永卿为名儒刘安世弟子。马永卿为永城县主簿时,受学于安世。南宋高宗绍兴时,马永卿追录安世语为《元成语录》,又有《懒真子》五卷,俱见《宋史·艺文志》。《懒真子》卷三有"吾祖仆射忠肃公亮知荆南府日"句,则佐证马永卿为马亮曾孙。除外,尚撰有《论语解》十卷、《易拾遗》二卷、集十五卷。

南京图书馆藏清胡珽抄本《懒真子》有"咏魏文帝庙"条,言其任永城县主簿时常谒此庙,时年二十五,故马永卿应生于宋神宗元丰八年(1085)或哲宗元祐元年(1086)。(《懒真子》卷三、《嘉靖惟扬志》卷一九《人物志上·宋进士》)

王绾

王绾:字国器。合肥人。宋徽宗大观三年(1109)已丑科进士。

宋高宗建炎二年(1128),除秘书监丞,迁吏部考功司员外郎。绍兴初,迁淮西路提点刑狱,平反冤案,政声颇佳。绍兴四年(1134)十月,高宗北征,王绾以右司员外郎随驾扈从。绍兴五年二月,以直徽猷阁知漳州。

《南宋馆阁录》记王绾为庐江人,此庐江为一郡之称。《明一统志》卷十四《庐州府·人物》及《万历县志》卷下《宦达传》均载王绾为合肥人。《正德无为志》及《嘉庆无为州志》载宋代无为军进士颇详,却无王绾,恰可佐证王绾为合肥人。(陈骙《南宋馆阁录》卷七、《明一统志》卷十四《庐州府·人物》、《万历县志》卷下《宦达传》)

邓柔中

邓柔中(1067—1130):字克强。其先庐州合肥人,徙吉州庐陵县。嘉祐八年进士邓安偁。宋徽宗政和八年(1118)戊戌科进士第四人。

授登仕郎,注官为迪功郎、湖州兵曹参军。仕至广州左司理参军。建炎四年卒,年六十四。有《群经解义》五卷、《文集》十卷、《家诫》一卷。子邓祖予、邓祖善皆南宋进士。邓氏三代四名进士。(刘才邵《邓司理墓志铭》)

屈中美

屈中美:庐州人。宋登科第。南宋郑樵《通志·氏族略》之三《屈氏》记载:"又屈突氏改为屈氏。望出河南。宋朝登科屈符、屈唐臣,又同州屈理、耀州屈长吉、屈大方,庐州人屈中美,并登科。"《通志》成书于南宋绍兴三十一年(1161),屈中美在北宋登科可能性最大。(郑樵《通志·氏族略》)

邓祖予

邓祖予：其先庐州合肥人，徙吉州庐陵县。邓柔中子。宋高宗绍兴十五年（1145）乙丑科进士。

邓祖予在宋徽宗政和五年（1115）已取得解试资格，其间不知经历多少次落榜，方能在绍兴十五年登第。（刘才邵《邓司理墓志铭》、《万历吉安府志》卷五《选举·进士·宋》）

钟离松

钟离松（1101—1186）：字少公，一字其绍。庐州合肥人，徙扬州仪征，贯建康府江宁县。钟离瑾曾孙。宋高宗绍兴十八年（1148）戊辰科进士。乾道五年（1169）知兴化军（今福建莆田），有治迹，曾修《莆阳志》。

《绍兴十八年同年小录》载："四甲第六十三人，钟离松，右奉议郎。"又载："钟离松，字少公，小名法松，小字正祖，年四十八。正月初五日生，外氏徐，永感下，第三十，兄弟六人，一举。娶王氏。曾祖瑾，故朝请大夫、龙图阁待制。祖景融，故武略大夫致仕。父沂，故赠右通直郎，本贯建康府江宁县建业坊。曾祖为户。"

钟离松曾祖为钟离瑾，祖父钟离景融是钟离瑾第五子，父钟离沂。又按《佛祖统纪》载钟离景融为钟离瑾子，官朝请大夫，后辞官居仪征。再按钟离松《宝积院莲社画壁记》："若王敏仲尚书、葛仲忱大夫、马仲玉提刑皆先世懿亲。"

王敏仲即王古，大名莘县人，北宋名相王旦曾孙、钟离瑾孙婿，官至户部尚书、刑部尚书。葛仲忱即葛繁，丹徒人，与范仲淹子范纯仁同门，曾官知镇江府。马仲玉即马珹，合肥马亮孙，马仲甫子。马亮第六女嫁钟离松伯祖钟离景裕，马仲甫娶钟离瑾第四女。从而再次佐证钟离松为钟离瑾曾孙。（《绍兴十八年同年小录》《嘉庆重修扬州府志·选举志》）

《绍兴十八年同年小录》

邓祖善

邓祖善:其先庐州合肥人,徙吉州庐陵县。邓柔中子,邓祖予弟。宋高宗绍兴二十四年(1154)甲戌科进士。官左迪功郎、赣州兴国县尉。(刘才邵《邓司理墓志铭》、《万历吉安府志》卷五《选举·进士·宋》)

叶楠

叶楠(1138—1189):字元质。其先合肥人,徙家池州贵池。宋孝宗隆兴元年(1163)癸未科进士。官鄱阳尉、绩溪知县,终承议郎、提辖文思院。

叶楠任职鄱阳时发生水灾,他力请朝廷免除租税,以救民众。担任绩溪县令亦多惠政,邑人有歌曰:"前有苏黄门,后有叶令君。"苏黄门指苏辙。叶楠著有《永丰钱监须知》、《昭明事实》二卷、《知非集》五十卷、《精金训鉴》二十卷、《童蒙记》十卷。(周必大《提辖文思院叶君楠墓志铭》、《光绪安徽通志》卷一五四《选举表四》)

叶蕖

叶蕖:其先合肥人,徙家池州贵池。叶楠弟。宋孝宗时期某科进士。据周必大《提辖文思院叶君楠墓志铭》:"君之季蕖继登科第,状君行实求予为铭。"则叶楠季弟叶蕖也登科第中进士,只科分未详。

《宋登科记考》载有:"叶蕖,字实之。婺州义乌人。(宋孝宗)淳熙十四年登进士第。历夔州路转运判官,终知武冈军。"引用来源为周必大《提辖文思院叶君楠墓志铭》、《金华贤达传》卷五《宋叶蕖传》、《万历金华府志》卷十八《科第·宋进士》等。周必大为叶蕖兄叶楠作墓志铭,还曾为叶楠兄叶梓作墓志铭,墓志内容显示合肥叶蕖完全和义乌扯不上关系,不知《宋登科记考》所述何据?义乌县志确有叶蕖,淳熙十四年进士的记载,义乌这位叶蕖曾知荆门军,知武冈军实际未到任。县志还有叶蕖父辈和子辈的记载,合肥叶蕖与义乌叶蕖实为不同两人。

稍晚的宋宁宗时还有两位叶蕖,均临安人,一位庆元二年登文科进士,一位庆元间登武举进士。据《宋会要辑稿·选举》二一之《选试》载:"嘉定四年(1211)正月二十四日,命吏部侍郎汪逵知贡举……国子监书库官叶蕖、监杂买务杂卖场门罗仲舒……点检试卷。""嘉定六年二月二十五日,铨试、公试、类试,太常寺主簿叶蕖考校。""嘉定八年二月二十五日,铨试、公试、类试,命监察御史李楠监试,合门舍人叶蕖考校。"(周必大《提辖文思院叶君楠墓志铭》)

王希吕

王希吕:字仲行,又字仲衡。宿州人,徙合肥,出仕后侨寓嘉兴,晚年移家会稽。宋孝宗乾道五年(1169)己丑科进士,治诗,同进士出身。王希吕为南宋名臣,传载《宋史》。

《万历绍兴府志》卷三十七《人物志三·名宦传》载:"王希吕,字仲行,宿州人,避乱徙合肥,用祖父荫补官。建炎间扈跸南渡,侨寓嘉兴,以事忤秦桧去。追孝宗朝召试,登乾道五年进士。除右正言,疏斥佞臣张说,出知庐州。淳熙八年(1181),以龙图阁学士知绍兴府,百废具兴,敬礼贤士。时绍兴和,买绢最为民病,虽屡经裁减,额数尤多。希吕复奏减六万七千匹,太守洪迈继而行之,由是越民始安。仕终吏部尚书、端明殿学士。晚移家会稽,贫不能庐,寓僧舍。孝宗闻之,赐地一区、钱六百万缗,令有司造第于越之东隅,子孙世居于此,即今所称后衙池也。祀名宦。"按建炎年间,王希吕年尚幼,其南渡应当是绍兴年间。

《嘉庆合肥县志》卷十二《祠祀志》载:"五贤祠,在府学。元至元间县学建三贤祠,祀宋马亮、包拯、王希吕。明正统初改建,增祀汉文翁,元余阙。"可见元初合肥即认定王希吕为本地名贤。

《宋史·王希吕传》载:"王希吕,字仲行,宿州人。渡江后自北归南,既仕,寓居嘉兴府。乾道五年,登进士科。孝宗奖用西北之士,六年,召试,授秘书省正字。除右正言。"《宋史》记载王希吕出仕后才居住在嘉兴。据考,绍熙元年(1190),王希吕即致仕。从登第到致仕前后仅21—22年。

综上,再考虑宿州陷于金朝是在建炎三年至四年间,可以推断两宋之间,王希吕或生于合肥,或长于合肥,少年时荫官。南宋高宗绍兴年间,青年王希吕因言事忤逆秦桧不得进用。据《宋会要辑稿·方域》六,宋孝宗隆兴二年(1164)十月,王希吕方才出任权安丰军使兼知寿春府安丰县事,此时王希吕人已中年。乾道五年,以进士登第,孝宗奖用北方籍官员,已不年轻的王希吕得到重用,很快担任右正言这一要职。淳熙二年(1175),除吏部员外郎,寻除起居郎兼中书舍人。淮右择帅,以王希吕知庐州兼安抚使。修葺城守,安集流散,兵民赖之。加直宝文阁、江西转运副使。五年,召为起居郎,除中书舍人、给事中,转兵部尚书,改吏部尚书,求去,乃除端明殿学士、知绍兴府。寻以言者落职,处之晏如。

《嘉兴府图记》载:"嘉定间,吏部尚书王希吕致政还家,因旧址建楼。"楼指嘉兴烟雨楼。王希吕当不至嘉定时。(《万历绍兴府志》卷三十七《人物志三·名宦传》、《宋史·王希吕传》)

包履常

包履常(1154—1217):字适可。庐州合肥县人,徙温州乐清县。宋孝宗淳熙八年(1181)辛丑科进士。授宁海县尉,历盱江教授、吉水县令,终朝请郎、平江通判。

据南宋名臣真德秀《朝请郎通判平江府事包君墓志铭》:"君名履常,字适可,姓包氏。孝肃公七世孙也。孝肃世家合肥,曾孙莘徙永嘉之雁池,是为君四世祖。祖汝嘉又徙乐清之柳市,其居城之西洋,则自君始。孝肃以清节直道为昭陵名臣,后稍不振。至君少入太学,登淳熙八年进士乙科,人谓且大包氏矣。"

包履常为包公七世孙,曾祖包莘自合肥迁温州永嘉,祖包汝嘉徙乐清。包履常与南宋著名学者叶适、诗人翁卷等有交往,与叶适为连襟,与翁卷为姑表兄弟。(叶适《包颙叟墓记》、《万历温州府志》卷一十《选举志·进士》)

高一鸣

高一鸣(1181—1253):字伯震,号逸民。庐州合肥县人,徙江阴军江阴县。宋理宗端平二年(1235)乙未科特奏名进士。

高一鸣祖高彻,字汝通,号琼台,合肥人,南宋初曾任晋陵(今常州)令。高彻子高俨,字若思,号屏山,官石埭主簿,徙江阴。高俨为高一鸣父。

按《宋史·选举志一》:"凡士贡于乡而屡绌于礼部,或廷试所不录者,积前后举数,参其年而差等之,遇亲策士则别籍其名以奏,径许附试,故曰特奏名。即是为照顾考进士多次不中者,另造册上奏,经许可附试,特赐本科出身。"这种特赐本科出身称为"特奏名",与"正奏名"相区别。特奏名为宋代科举特别优待的措施之一,亦称恩科或恩例,旨在激励屡试不举之士子。

宋徐度《却扫编》载:"进士以累举推恩,特召廷试,已而唱名,次第赐进士或同学究出身,或试监、主簿、诸州文学、长史、四门助教、摄诸州助教。"

特奏名所授之官职普遍较低。(《晋陵高氏大统宗谱》、《成化重修毗陵志》卷一三《甲科·宋》)

包翚

包翚:字冲卿。庐州合肥县人,徙江阴军江阴县。宋理宗嘉熙二年(1238)戊戌科特奏名进士。按包翚为包拯七世孙,其高祖包景年(包拯孙)自合肥迁江阴。(《江阴秀干堂文林包氏宗谱》、《成化重修毗陵志》卷一三《甲科·宋》)

洪戊

洪戊:庐州合肥县人。宋理宗淳祐元年(1241)辛丑科进士。曾任庐州州学讲书。(《正德志》《万历县志》《万历府志》)

商大椿

商大椿:庐州合肥县人。《万历县志》作商大春。宋理宗淳祐四年(1244)甲辰科进士。有说官户部侍郎。(《正德志》《万历县志》《万历府志》)

孙自明

孙自明:庐州合肥县人。宋理宗淳祐四年(1244)甲辰科进士。(《正德志》《万历县志》《万历府志》)

王弼

王弼:庐州合肥县人。宋理宗淳祐七年(1247)丁未科进士。宋度宗咸淳元年(1265)武状元王国兄。元季,易姓名隐于巢湖。(《正德志》、《万历县志》、《万历府志》、方希孟《王五峰先生传》)

章炳

章炳:庐州合肥县人。宋理宗淳祐七年(1247)丁未科进士。曾任庐州州学教授。(《正德志》《万历县志》《万历府志》)

刁应南

刁应南:庐州合肥县人。宋理宗淳祐十年(1250)庚戌科进士。侄刁起龙,咸淳元年(1265)武进士。(《正德志》《万历县志》《万历府志》)

高惟日

高惟日(1210—1278):字仲阳。庐州合肥县人,徙江阴军江阴县。高一鸣子。宋理宗淳祐十年(1250)庚戌科进士。历司法参军。(《晋陵高氏大统宗谱》、《成化重修毗陵志》卷一三《甲科·宋》)

陈岩

陈岩:庐州合肥县人。宋理宗宝祐元年(1253)癸丑科进士。

《正德志》及《万历县志》成书早于万历三年刊行的《万历府志》。《万历府志》在选举志部分较前两志少宋理宗宝祐元年进士陈岩、商岩起、张文皋、孙陆逢、陈献等五人。这五人名录是连在一起的,当是《万历府志》在重修抄录时遗漏了。之后的《康熙县志》《雍正县志》《嘉庆县志》《嘉庆府志》《光绪重修安徽通志》《光绪府志》均循旧成新,全部遗漏。

按宋恭帝德祐元年(1275),有安东州知州(今江苏涟水)陈岩,与其父陈奕同降于元。《新元史·陈奕传》:"陈奕,归德永城(今属河南)人。初诣事贾似道之玉工陈振民为兄。以求进。自小官蹿贵显,为沿江制置使,兼知黄州。程鹏飞既降,以兵攻黄州,奕遣人请降于寿昌军,且求名爵。伯颜曰:'汝但率众来归,何虑名爵。'许以沿江大都督。奕遂以城降。

其子岩知安东州,奕遣人至涟州,出家书示之,岩亦降。世祖授岩淮东宣抚使。(至元)十二年(1275)五月,奕卒。岩乞解官终制,不许。十三年七月,宋姜才帅步骑来攻湾头堡,岩大破之,获米五千余石。加参知政事,行省淮东。二十二年,进征东行省左丞,同征日本。二十四年五月,江淮平章政事沙不丁议裁南人官吏,帝曰:'除陈岩、吕师夔、范文虎诸人,余从卿议。'其见信任如此。"

陈奕、陈岩父子籍贯地永城自宋金绍兴十一年(1141)和议时即已划归金朝管辖。陈奕或青年时从永城南归大宋,或本身就出生在南宋境内。陈岩生长在南宋更具极大的可能性。该陈岩与合肥陈岩同时代,或为同一人,陈岩自幼生长于淮西路治合肥,科举时以合肥为户贯。(《正德志》《万历县志》)

商岩起

商岩起:庐州合肥县人。宋理宗宝祐元年(1253)癸丑科进士。(《正德志》《万历县志》)

张文皋

张文皋:庐州合肥县人。宋理宗宝祐元年(1253)癸丑科进士。(《正德志》《万历县志》)

孙陆逢

孙陆逢:庐州合肥县人。宋理宗宝祐元年(1253)癸丑科进士。(《正德志》《万历县志》)

陈献

陈献:庐州合肥县人。宋理宗宝祐元年(1253)癸丑科进士。(《正德志》《万历县志》)

曾梦吴

曾梦吴(1233—?):字觉翁,小名宝歌,小字伯珍。庐州梁县人。宋理宗宝祐四年(1256)丙辰科第五甲第九十八名进士。治春秋,年二十四。曾梦吴父曾升先,官承节郎,是名低级武官。(《正德志》《万历县志》《万历府志》《宝祐四年登科录》)

《宝祐四年登科录》

孔道传

孔道传:庐州合肥县人。宋理宗宝祐四年(1256)丙辰科进士。按现存《宝祐四年登科录》正奏名进士中无孔道传,但该科进士四百零一人,现可考三百六十五名,缺三十六人名录,孔道传或为所缺三十六名进士之一。(《正德志》《万历县志》《万历府志》)

范光大

范光大:庐州合肥县人。宋理宗景定三年(1262)壬戌科进士。(《正德志》《万历县志》《万历府志》)

李炎发

李炎发:庐州合肥县人。宋理宗景定三年(1262)壬戌科进士。(《正德志》《万历县志》《万历府志》)

葛森

葛森:庐州合肥县人。宋理宗景定三年(1262)壬戌科进士。(《正德志》《万历县志》《万历府志》《合肥葛氏宗谱》)

奚守仁

奚守仁：庐州合肥县人。宋度宗咸淳四年（1268）戊辰科进士。咸淳间官庐州学正。一说后任国子监录、秘书丞、翰林院待制、朝散大夫。（《正德志》《万历县志》《万历府志》《合肥奚氏宗谱》）

严迈伦

严迈伦：庐州合肥县人。宋度宗咸淳四年（1268）戊辰科进士。（《正德志》《万历县志》《万历府志》）

杨震西

杨震西：庐州合肥县人。宋度宗咸淳四年（1268）戊辰科进士。咸淳间官庐州州学教授。（《正德志》《万历县志》《万历府志》）

葛化龙

葛化龙：字云升。庐州合肥县人。宋度宗咸淳十年（1274）甲戌科进士。

按《正德志》卷二十一《隐逸》："葛化龙，字云升，自号竹溪。庐之合肥人。祖权，父汝明，在宋皆明经。公才质高洁，克继家学，尝以策论登文科。未久而宋亡，遂以道自乐，终不仕焉。值行中书省左丞昂吉公宣慰淮右，闻其声，屡造其门，以礼相遇，订金石交，无殊骨肉。时方平定，公以惠安元元之心，忠言硕论启沃良多。晚年隐居湖右，买田筑室为养生计。寄迹渔樵，优游里社，年七旬有九以寿终。子忠嗣，天性纯粹，不坠箕裘，累补学职，才魁多士。"

登文科即中进士，以"未久宋亡"，葛化龙当中宋末最后一科宋度宗咸淳十年进士，县府志失考。

《万历府志》卷三五《人物·隐逸》载："葛化龙，字云升，自号竹溪。庐之合肥人。祖权,父汝明,在宋皆明经。化龙才质高洁,克继家学,以策论登文科。未久宋亡,抱道自乐,终不仕。值行中书省昂吉左丞宣慰淮右,闻其声,屡造门订交。化龙劝以惠政安民,裨益良多。晚年隐居湖右,买田筑室为养生计。寄迹渔樵,优游里社。子忠性、纯粹补学职。"对比两志,万历志抄录时有明显错误,把葛化龙子葛忠嗣误作葛忠性、葛纯粹两人。

合肥先贤元代余阙《送范立中赴襄阳序》云:"宋高宗南迁,合淝遂为边地,守臣多以武臣为之。……故民之豪杰者,皆去而为将校,累功多至节制。郡中衣冠之族,惟范氏、商氏、葛氏三家而已。"则南宋时范、商、葛三家为合肥的世家望族。笔者辑得南宋范姓文进士一名、武进士五名,商姓文进士两名,葛姓文进士两名,应仍有缺失!(《正德志》卷二十一《隐逸》、《万历县志》卷下《人物·隐逸》、《万历府志》卷三五《人物·隐逸》)

按存世最早的《正德志》所载,北宋合肥共有8名文进士,庆历二年(1042)杨寘为北宋最后一位登第者,杨寘起至南宋淳祐元年(1241)洪戊,计199年间合肥无文进士。南宋自宋理宗端平入洛(1234)以后,宋蒙之间战事不断,合肥是淮西重镇,也是南宋防御的枢纽城市之一,受频繁战事影响,科举理当下挫,然而洪戊开始连续十科,合肥八科共有文进士19名。实际上北宋安定,合肥进士数量必然远远超过南宋,淳祐元年之前的南宋113年历史中,合肥也应该进士不断。

虽然现存宋代合肥人文资料有限,但考证北宋合肥人《宋史》列传的即有马亮、钟离瑾、姚铉、李兑、李先、包拯、马仲甫、杨察、杨寘、左肤、王光济十一人。除王光济传载《孝义传》,其他十人均登进士第。

这十人或有诗文或有逸事流传至今,姚铉、杨寘入《宋史·文苑传》。杨寘、杨察、姚铉分别为状元、榜眼、探花,杨寘连中四元。包拯是甲科进士,除外,许彦国、邓柔中也是甲科进士。

下表为北宋时期(960—1126)庐州(包括今合肥、舒城)与文化名城苏州、杭州、福州、宁波、泉州、吉安进士人数方面的对比。(《正德志》仅列进士8人,另26人为新考证,再加上可考证的舒城进士12人,计46人,舒城李公麟宋史列传)

	庐州	苏州	杭州	福州	宁波	泉州	吉安
文进士数	46	212	164	756	126	494	360
状元数	1	0	1(贯秀州)	1	0	0	0
榜眼数	1	1	1(贯和州)	1	0	3	2
探花数	1	1	1	1	0	0	1
合计鼎甲数	3	2	3	3	0	3	3

下表为北宋庐州与苏州、杭州、福州、宁波、泉州、吉安在宋史列传人数方面的对比:

	庐州	苏州	杭州	福州	宁波	泉州	吉安
北宋列传人数	12	15	33	20	7	16	14
两宋间列传人数	0	0	4	4	0	0	1
合计列传人数	12	15	37	24	7	16	15
列传者为进士数	11	10	28	19	6	12	13
文进士人数	46	212	164	756	126	494	360
列传者为进士数与进士总数对比	1:4	1:21	1:6	1:40	1:21	1:41	1:28

苏州、杭州、福州、宁波进士数据来源于范成大《绍熙吴郡志》、潜说友《咸淳临安志》、梁克家《淳熙三山志》、罗濬《宝庆四明志》四部宋志,这四地的进士实际数量略高于四部宋志的记载。泉州进士数引自《泉州古代科举》(陈笃彬、苏黎明著)。吉安据考全宋有进士1092人,按北宋占三分之一计,有360人左右。

《宋史》列传数据以北宋为主,两宋间人物亦基本计入。宋人籍贯多有数说,如大中祥符八年进士谢绛、天圣八年进士元绛、嘉祐八年进士沈括,《绍熙吴郡志》《咸淳临安志》分言为苏州、杭州进士,此从《宋史》,均列入杭州;嘉祐四年进士朱长文籍贯有苏州、宁波两说,此从《宋史》列入苏州。皇祐五年(1053)探花滕甫,《绍熙吴郡志》以其卒葬苏州列为苏州人,乃误。按《宋史》,滕甫为东阳人。政和二年(1112)状元莫俦,籍贯有湖州、杭州、苏州三说。考《绍熙吴郡志》进士题名未载莫俦,此从《宋登科记考》列为湖州。故上表滕甫、莫俦二人未入。诸如此类,不再列举。

苏州榜眼、探花分别为天圣二年(1024)叶清臣、天圣二年郑戬(一作郑州原武人);杭州状元、榜眼、探花分别为宣和六年沈晦(沈遘孙,贯秀州,即今嘉兴)、皇祐元年(1049)沈遘(贯和州,今安徽和县),咸平二年(999)钱易;福州状元、榜眼、探花分别为嘉祐八年(1063)许将、崇宁五年(1106)柯棐、元符三年(1100)林遹;泉州榜眼分别为端拱二年(989年)曾会、咸平元年(998年)黄宗旦、大中祥符二年(1009年)宋程;吉安榜眼、探花分别为太平兴国八年(983)易准、天圣八年(1030)刘沆、政和五年(1115)郭孝友。

如果合肥只有一位鼎甲,尚可以称得上偶然。但与苏州、宁波等名城对比,合肥在鼎甲数量上也并不逊色。

可考北宋庐州《宋史》列传进士与进士总数相比差不多是1:4,而杭州是1:6,宁波与苏州是1:21,泉州甚至达到了1:41,即每41名进士方有一人列传《宋史》。若按《正德志》,合肥《宋史》列传进士与进士总数相比差不多是1:1,说明合肥文化上缺失更加明显,对比上的优势更加凸显。粗略统计《宋史》中文进士有传者的数量,不超过1600人,放大点算1800。宋代文进士总计约42457人,即每24名文进士方有1人《宋史》列传。即使不考虑数以万计的特奏名进士,仅按此比例推算,合肥文进士实际应超过200人。北宋合肥10名进士《宋史》列传绝非偶然,北宋合肥不可能只有34名进士,非要有一定数量的进士为基础,才能如此。

下表是北宋庐州《宋史》列传数、《宋史》列传进士数、进士总数与苏州、杭州、福州、宁波、泉州、吉安相比的结果（以庐州为基数1）。

	庐州	苏州	杭州	福州	宁波	泉州	吉安
北宋至南宋初宋史列传人数	1	1.3	3.1	2	0.6	1.3	1.3
北宋至南宋初宋史列传进士人数（考虑有北宋登第者）	1	0.9	2.5	1.7	0.5	1.1	1.2
进士总数	1	4.6	3.6	16.4	2.7	10.7	7.8

上表显示的现象是极不正常的，造成这种不正常的原因，如前言所述，与合肥早期志书资料缺失有关。即使考虑人口因素，北宋合肥一定是科举强县，文进士实际数量推断在120至150名之间。整个宋代合肥文进士应不少于200名，武进士应该在100名左右。

四、元代可考者1人

余阙

余阙（1303—1358）：字廷心。先世唐兀人，贯庐州路录事司。河南乡试第二名，元惠宗元统元年（1333）癸酉科右榜会试第二名，殿试一甲第二名进士。

《元统元年进士题名录》载："余阙，贯庐州路录事司，唐兀人氏。字廷心，行四，年三十一，正月十一日。曾祖铣节，祖铣节，父屑耳为。母尹氏。慈侍下。兄闾、少剌八、供保，弟福。娶耶卜氏。乡试河南第二名，会试第二名。授淮安路同知泗州事。"按余阙曾祖、祖父同名，题名录原文如此。

余阙像

余阙是古庐阳三贤之一，元末忠臣第一。余阙早年就读于合肥青阳山下，故又称青阳山人。始任泗州同知。后转入翰林文学、中书刑部主事，出任湖广行省左右司郎中。曾为辽、金、宋三史修撰，累官至监察御史。至正九年，迁翰林侍制、浙东廉访司佥事。以事被劾。归隐青阳山。至正十二年（1352），红巾军起，余阙被任命为淮西宣慰副使、都元帅府佥事，分兵镇守安庆。阙为政严明,治军与兵士同甘苦,有古良吏风。前后扼守安庆七年,历经大小数十战。淮东淮西均被红巾军占据,唯安庆为完城。升淮西宣慰副使、都元帅,转淮南行省参知政事,寻改左丞并赐二品服。至正十八年正月,陈友谅大集诸部,从城外蜂拥破城,将其重围。余阙见大势已去,遂自刎,沉于清水塘中。陈友谅感其义,殓葬于安庆正观门外。元廷赠摅诚守正清忠谅节功臣、荣禄大夫、淮南江北等处行中书省平章政事、上柱国,追封豳国公,谥忠宣。

余阙有《青阳集》《五经传注》等著作。余阙还是著名书法家,墨迹有《致太朴内翰尺牍》,今藏台北故宫博物院。《道光嵊县志》有余阙《白峰岭》诗:"一过东峰路,幽怀不可言。山如倒盘谷,水似入华源。时有飘香度,多闻啭鸟喧。何人此中住,谓是辟疆园。"该诗不见各种版本的《青阳集》,颇为遗憾。(《正德志》《万历县志》《万历府志》)

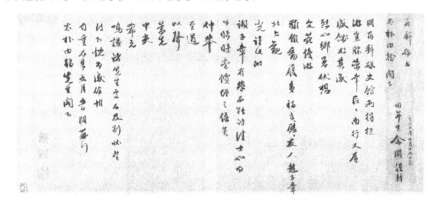

《致太朴内翰尺牍》

五、明代可考者74人

惠忠

惠忠：直隶合肥县人。明太祖洪武十七年（1384）甲子科举人，洪武十八年（1385）乙丑科三甲第二十八名进士。

按《正德志》载惠忠为洪武丁丑（即洪武三十年）胡清榜进士，《嘉庆合肥县志》从此说，然胡清并非该科状元。《万历县志》《万历府志》俱载惠忠为洪武二十一年（1388）戊辰科进士，而《索引》载为洪武十八年进士。因进士题名碑是实物，故以《索引》为准。惠忠官河南洧川（今分属长葛、尉氏两县）县丞。（《正德志》《万历县志》《万历府志》《索引》）

杨新

杨新：直隶合肥县人。明太祖洪武十七年（1384）甲子科举人，洪武十八年（1385）乙丑科进士。

该科因榜眼练子宁、探花黄子澄坚决拥护建文皇帝，在永乐时被削籍置法，明成祖下令将该科题名碑扑毁，因此《碑录》中有很多进士阙名。故《索引》亦漏载杨新。

按洪武年间，为警戒臣民勿蹈刑规，先后编《大诰》《大诰续编》《大诰三编》，在《续编》《三编》中涉及了该科部分进士姓名，其中记载杨新官杞县县丞。经与《索引》对比，补遗杨新。杨新进士的记载还见于明俞宪《皇明进士登科考》。（俞宪《皇明进士登科考》）

萧敏

萧敏：直隶合肥县人。明太祖洪武十七年（1384）甲子科举人，洪武二十一年（1388）戊辰科三甲第七名进士。

按《正德志》《万历县志》《万历府志》俱载萧敏为洪武十八年乙丑科进士,而《索引》载为洪武二十一年进士。因进士题名碑是实物,故以《索引》为准。

《嘉庆合肥县志》卷二十二《人物传第二》引《府志》载:"萧敏,乙丑进士,授监察御史,以风节著。"(《正德志》《万历县志》《万历府志》《索引》)

杨复

杨复:字遂初,一字冏卿。直隶合肥县人,户贯浙江长兴县。明成祖永乐三年(1405)乙酉科浙江乡试第一名举人,永乐四年(1406)丙戌科连捷,登三甲第二名进士。

《皇明三元考》载:"杨复,永乐三年乙酉科浙江解元,长兴人,字冏卿,治《诗》。刻苦问学,为诗文尚奇古,日抄唐韵数过,得字义之精。丙戌进士,廷试三甲第二名,授御史,仕至大理寺少卿。决狱判案,人服其能。"

据《光绪长兴县志》卷二十三《人物》:"杨复,字遂初。永乐四年进士。其先合肥人,以父材任本邑训导,因家焉。复少失怙,刻苦问学,于书无所不读,诗文丰赡,援笔立就。选修文渊秘典,改翰林院庶吉士,授监察御史,转大理寺丞,忤时,调广西佥事。正统初召回,升大理寺右少卿。操守清白,决狱公平。致仕还乡,未至家,遍辞亲友曰:吾某日且逝矣。至期,端坐而卒。生平刚介自守,学素通元,去来了然,固无足怪。著有《土苴集》五十卷。"杨复是明清两代合肥第一位由进士选翰林者。

明周晖《续金陵琐事》卷下载:"大理少卿长兴杨公复甚贫,家畜一豕,日命童子玄武湖壖采萍为食。吴思庵讷时握都察院章,以其密迩厅事拒之。杨戏作小诗送云:'太平堤下后湖边,不是君家祖上田。数点浮萍容不得,如何肚里好撑船?'"(《光绪长兴县志》卷二十、卷二十三)

陈厚

陈厚:直隶合肥县人。明成祖永乐三年(1405)乙酉科举人,永乐四年

(1406)丙戌科连捷,登三甲第四十三名进士。官湖广江夏知县。(《正德志》《万历县志》《万历府志》《索引》、张朝瑞《皇明贡举考》卷二)

鲁让

鲁让:直隶合肥县人。明成祖永乐三年(1405)乙酉科举人,永乐十三年(1415)乙未科三甲第一四五名进士。官御史。(《正德志》《万历县志》《万历府志》《索引》)

谢晖

谢晖:直隶合肥县人。明成祖永乐十二年(1414)甲午科举人,永乐十三年(1415)乙未科三甲第二五二名进士。官翰林院庶吉士、翰林院检讨。

明太祖洪武初年,选进士于六部诸司及翰林院之下观政。翰林院之下者称庶吉士,六部之下者称观政进士。明成祖永乐二年(1404)始,专隶于翰林院,选进士之长于文学及书法者充任。由科举进士中排名前列,有潜质者被授予庶吉士的身份,让他们先在翰林院内学习,之后再授各种官职。

永乐十三年乙未科共有进士三百五十一名,一甲三名、二甲九十五名、三甲二百五十三名,谢晖为该科倒数第二人。谢晖是明清两代合肥第一位本籍进士选翰林者,说明其长于书法。(《正德志》《万历县志》《万历府志》《索引》)

王宪

王宪:字用章。直隶合肥县人。宋进士王弼后裔。明成祖永乐十二年(1414)甲午科举人,永乐十九年(1421)辛丑科二甲第十九名进士。

《万历县志》卷下《宦达传》载:"(王宪)官监察御史,性峭直,弹劾无所忌。升山东按察司副使,镇守辽东等处。奉敕参赞机务,边境肃然。寻晋贵州按察使,奉敕署左佥都御史,整理辽东兵务。"

《宣德五年会试录》载:"监试官,文林郎、行在江西道监察御史王宪用章,庐州府合肥县人,辛丑进士。"明代名臣薛瑄有《寄王用章宪副》诗:"每从青济忆同官,祗隔沧溟一水宽。我捧天书行万里,君持宪节按三韩。封章入奏时名大,骢马巡边将胆寒。双剑有光常夜夜,暂廻风雨未应难。"诗意指王宪巡视朝鲜,名声显赫。

据《明英宗睿皇帝实录》卷一百六十六,王宪于正统十三年(1448)五月,进贵州按察使。贵阳市现有忠烈宫,又名忠烈庙,俗称黑神庙。建于元朝,名南霁云祠,祀唐忠臣南霁云。明代宗景泰二年(1451),贵州按察使王宪请于朝,忠烈宫列入了秩祀,并赐额曰:"忠烈"。忠烈庙除祀南霁云外,还祀当地民间信仰黑神。至清代,贵州黑神信仰的范围越发扩大,贵州各地均有供奉黑神的忠烈庙。贵州黑神信仰兴起于何时,从现有的材料已经无从考证,但从明代开始,延续到民国时期,一直是贵州一个较为重要和独特的信仰,王宪的请祀起了很大的推动和影响作用。

景泰四年(1453)正月,贵州按察使王宪奏:"贵州卫所、战堡旗甲军人往差逃亡,十去八九,乞将贵州原安插南京各卫寄操军人尽数发回。"对此,大明王朝采取"移民就宽乡"的屯田政策,招募人口稠密区域民户,或迁徙罪犯以填充屯堡,对"其移徙者……给牛、种、车、粮,以资遣之,三年不征其税。"综上来看,王宪是个颇有作为的官员。

景泰六年十一月,王宪因老病,命冠带闲住。据《万历县志·山川志》,王宪卒葬合肥,墓在合肥城东十里。(《正德志》、《万历县志》、《万历府志》、《索引》、方希孟《王五峰先生传》)

吴镒

吴镒:字应衡。直隶合肥县人。明宣宗宣德元年(1426)丙午科举人,宣德二年(1427)丁未科三甲第三十名进士。

《万历县志》卷下《宦达传》载:"(吴镒)任监察御史,性刚介,与人不苟合。尝乘花马,京师为之语曰'花马吴',犹古所谓骢马云。升南阳知府。"

《光绪府志》卷五十七《耆寿传》载:"吴镒父吴永贵,正统二年(1437)封儒林郎，诰轴至今藏于家。永贵年八十，其弟三人皆七十余，康强无恙，怡愉和乐。乡人美而图之，少詹事王英为之序，三杨、高毅、李时勉均有题咏，墨迹卷册尚存裔孙敏芬家。"

三杨指明代名臣杨溥、杨士奇、杨荣，均入内阁为大学士，高毅亦是大学士，李时勉是有名的忠臣。他们为吴永贵兄弟长寿所作的题咏，到清末仍保存在吴永贵后人淮军将领吴敏芬家中。（《正德志》《万历县志》《万历府志》《索引》）

方杲

方杲（1421—1452）：字景辉。直隶合肥县人。明英宗正统六年（1441）辛酉科举人，正统十年（1445）乙丑科二甲第十三名进士。

《正统十年进士登科录》载："方杲，贯直隶庐州府合肥县，民籍。府学增广生。治《春秋》。字景辉，行三，年二十五，二月十四日生。曾祖中。祖策，封工部屯田司郎中。父正，福建布政司左布政使。母陈氏，封宜人。生母赵氏。具庆下。兄昇、昭。娶陈氏。应天府乡试第十四名。会试第十名。"

方杲父亲方正擅书法，于永乐初以楷书应征修《永乐大典》，入太学，授工部都水主事。官终福建左布政使，所至俱有善政，

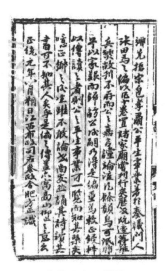

方杲父方正墨迹

事迹载于包括《万历县志》卷下《宦达传》在内的之后历代合肥志中。

《明英宗睿皇帝实录》卷一百四十："正统十一年夏四月，擢进士王竑为户科给事中、监生于泰礼科给事中、苏霖兵科给事中、进士方杲兵部主事。"

《万历县志》卷下《宦达传》载："方杲，字景辉，布政正之子也。天性至孝，笃于友义。正统乙丑举进士，授兵部主事，政尚公廉，济以宽平。己巳，

鞑虏入寇,奉敕取战马于南京太仆。道出梓里,风声凛凛,人不敢干以私。迨还,升员外,上时务十二事,言多剀切,有资治体。少保于公谦叹曰:通敏练达,有用之材也。寻遘疾卒,年三十二。其为文,根据理要,自出机轴,诗亦冲淡可读。"方杲英年早逝,颇为可惜。(《正德志》《万历县志》《万历府志》《索引》)

朱绅

朱绅(1424—1494):字大用,自号逃竿野人。直隶合肥县人,户贯陕西河州卫。明代宗景泰四年(1453)癸酉科举人,景泰五年(1454)甲戌科三甲第六十八进士。

《景泰五年进士登科录》载:"朱绅,贯陕西河州卫军民指挥司,军籍。国子生。治《礼记》。字大用,行一,年三十一,九月十一日生。曾祖齐。祖通。父文。母张氏,继母汪氏。具庆下。弟绂、縫。娶徐氏。陕西乡试第十六名,会试第一百九十六名。"

《钦定古今图书集成·明伦汇编氏族典·朱姓部》引《陕西通志》载:"(朱)绅,河州人,幼聪敏。尝从庄毅公(明代名臣王竑)学。登景泰甲戌进士。授江西道监察御史,风采凛然,后勘问郡王事,允协舆情。上嘉之,即以御笔书之屏曰:御史朱绅,老成忠厚。升浙江副使,巡督海道,廉明公爱,远人输诚。兴学校,筑海堤,立义冢,赈贫施药,重名节,有靖海蛮声之誉。转贵州左布政使,致仕。自号逃竿老人,卒年七十一。"

朱绅以年老辞官归乡后,治家勤俭,教子有方,代有人才,历久不衰。其五世孙朱家仕为大明王朝殉难,彪炳于史册。(《万历县志》《万历府志》)

沈譓

沈譓(1428—?):字用正。直隶合肥县人。明代宗景泰元年(1450)庚午科举人,景泰五年(1454)甲戌科三甲第二一七名进士。

《景泰五年进士登科录》载："沈譓,贯直隶庐州府合肥县,军籍。国子生。治《易经》。字用正,行三,年二十七,正月初七日生。曾祖颜先。祖博。父容。母马氏。具庆下。兄谊、让。弟譚。娶张氏。应天府乡试第八十四名,会试第二百五十八名。"

景泰五年甲戌科共有进士三百四十九名,一甲三名、二甲一百二十九名、三甲二百一十七名,沈譓为该科最后一人。

《万历县志》卷下《宦达传》载："沈譓,字用正,景泰甲戌进士,除刑部主事,升郎中。吏事精覈,出知东昌府。政尚严明,自常禄外一钱不入。乡亲过者,以礼遣之。听讼折狱,一出至公,吏畏其威。三年入觐,铨部考核,天下廉能官注第一。以疾卒于京师。旅榇归,行李萧然。"(《正德志》《万历县志》《万历府志》《索引》)

任彦常

任彦常(1434—1499):字吉夫,号克斋。庐州合肥人,户贯南京江阴卫。明英宗天顺六年(1462)壬午科应天乡试第一名解元,明宪宗成化八年(1472)壬辰科二甲第二十九名进士。初授南京户部贵州司主事,历广东司员外郎、福建按察司提学佥事。

存世的《成化八年进士登科录》记载："任彦常,贯南京江阴卫军籍。国子生。治《诗经》。字吉夫,行三,年三十九,十一月二十四日生。曾祖福泰,祖以德,父仲习,前母宋氏,母王氏。永感下。兄恍(贡士)、彦和,弟彦理。娶金氏。应天府乡试第一名,会试第二百二十八名。"

明过庭训《本朝分省人物考》记载："任彦常,字吉夫,别号克斋,……其先庐州合肥人,国初属籍南京江阴卫,遂为金陵人。"

《上元县志》卷十记载："任彦常,字吉夫。其先合肥人,国初籍江阴卫。幼游京庠,刻苦有志,搜猎群书,为文辞理并到。天顺壬午乡试第一人。成化壬辰进士,授南京户部主事。历升福建提学佥事,体悉士类,甚得其心。弘治改元,致仕归。八府诸生遣人赴京奏保,连上一十二章不报。从容林下,十有二年而殁。所著有《克斋稿》若干卷。"（焦竑《献征录》卷九十陈镐《福建按察司提学佥事任公彦常传》、《万历县志》、《万历府志》）

吴凯

吴凯（1442—1487）：字廷辅。直隶合肥县人。明英宗天顺六年（1462）壬午科举人，明宪宗成化八年（1472）壬辰科三甲第二十名进士。

存世的《成化八年进士登科录》记载："吴凯，贯直隶庐州府合肥县，民籍。国子生。治《书经》。字廷辅，行一，年三十一，八月十五日生。曾祖庸，祖杰，父震，母傅氏。具庆下。娶王氏。应天府乡试第六十四名，会试第一百六十五名。"

《万历县志》卷下《宦达传》载："吴凯，字廷辅，天顺壬午领乡荐，成化壬辰登进士。乞归省亲，会母疾，抵城即步入趋候，衣冠拜床下，昼夜躬汤药。母死既葬，每旦至墓所，号泣进香馔，运土封植，不资佣役。服阕，拜兵科左给事中。一时如濡滇仰升、同邑方陟，皆入谏垣，曰：'淮西三凤。'凯在兵科，详封驳，善敷奏，动存大体。适边陲告匮，承旨往堪，剪抑豪右，明典守之罪，边储赖以充实。同寅知凯果敏，推凯清理京卫军。凯劾武弁不职者四百余员，军政肃清。宪庙嘉奖，赐酒馔，赏赉甚厚。归展松楸，终养厥考，遂有广东少参之命。归卒于道。"

《嘉庆合肥县志》云："吴凯，字廷辅，成化壬辰进士。母死既葬，每旦必至墓所，号哭进馔。服阕，拜兵科左给事中，封驳敷奏，动存大体。承旨核边储，抑豪右，正典守之罪，清京卫军，劾武弁不职者四百余员。军政肃然。宪庙嘉奖，赏赉甚厚。后转广东少参。"

《明宪宗纯皇帝实录》卷二百八十九："（成化二十三年四月）升兵科给事中吴凯为广东布政司右参议。"吴凯当卒于该年。（《正德志》《万历县志》《万历府志》《索引》）

方全

　　方全(1440—?):字用周。乡贯直隶合肥县,户贯山西大同左卫。明宪宗成化元年(1465)乙酉科举人,成化八年(1472)壬辰科三甲第一七十名进士。

　　任户部主事,出为河南参议。弘治初改任浙江左参议。弘治六年,方全父亲去世,回左卫服丧三年。弘治九年四月,复起为江西左参议。弘治十二年,升任云南右参政。

　　存世的《成化八年进士登科录》记载:"方全,贯直隶庐州府合肥县人,山西大同左卫官籍。国子生。治《书经》,字用周,行二,年三十三,九月二十九日生。曾祖天祥,祖进,父亮,前母关氏,母盛氏。具庆下。兄聚、振、能、恺、里。娶米氏。山西乡试第四十名,会试第一百十一名。"

　　《山西通志》卷六十七《科目三》:"成化元年乙酉科,乡试,方全,大同人,进士。成化八年壬辰科吴宽榜,方全,左卫人,河南参议。"(《索引》)

方陟

　　方陟(1442—?):字文进,直隶合肥县人。正统十年进士方杲侄。明英宗天顺六年(1462)壬午科举人,明宪宗成化十一年(1475)乙未科三甲第一百三名进士。官至福建参政。

　　存世的《成化十一年进士登科录》记载:"方陟,贯直隶庐州府合肥县,民籍。国子生,治《书经》。字文进,行五,年三十四,九月十二日生。曾祖策(工部郎中),祖正(左布政使),父昭,母徐氏,继母葛氏。具庆下。兄隆(光禄寺署正)、陵、阼、隅,弟陪、隐。娶郑氏,继娶刘氏。应天府乡试第八十名,会试第二百二十五名。"

　　据《明宪宗纯皇帝实录》:"(成化二十一年五月)除方陟为工科给事中,以亲丧服阕也。(成化二十三年二月)升方陟南京工科给事中。"(《正德志》《万历县志》《万历府志》《索引》)

孙交

孙交（1454—1533）：初名蛟，字志同，号九峰。庐州合肥人，其先明初以军功授湖广安陆卫正千户。明宪宗成化十七年（1481）辛丑科二甲第十一名进士。

按顾璘《孙交传》："公名交，初名蛟。乡试举入太学，丘文庄时为祭酒，大见器重，为更今名，字志同。其先本庐之合肥人。五世祖铭，方高帝兵起，兄弟六人迎于采石，旋以功授湖广安陆卫正千户。"

孙交历成化、弘治、正德、嘉靖四朝，官至户部尚书，加太子太保。为一代名臣、理财能手。卒，谥荣僖，赠少保。有《安陆州志》《荆门州志》《国史补遗》《晚节园集》等。

明归有光《震川集》卷五有记载，明宪宗第四子兴王朱祐杬的封地在安陆。朱祐杬十分看重孙交的品行和才干，与之交往甚密，"宫中有所思食物，辄令中使于孙尚书家索之"。专门把靠近王府西边阳春台旁边的一块空地送给孙交"以益其宅"。朱祐杬还希望孙交女儿可以嫁给世子朱厚熜，也就是后来的嘉靖皇帝。孙交久经政治斗争的考验与熏陶，深知其中利害，婉转地拒绝："王下交我诚厚，然吾女不欲纳王宫，固谢之。"孙交"盖以此自嫌，其女遂不复嫁人而卒。"然而兴王终始厚待孙交。

嘉靖继位以后，有中人言阳春台地为孙尚书家所占。嘉靖说："此皇考予之，朕何敢夺。"说明嘉靖皇帝是个孝子，非常尊重父亲生前决定；同时说明嘉靖皇帝还在王府生活时，就已经知晓孙交的为人，所以才有"世宗在潜邸知交名，甫即位，召复故官"。（焦竑《国朝献征录》卷二九顾璘《光禄大夫柱国太子太保户部尚书赠少保谥荣僖孙公交传》）

张淳

张淳（1454—1519）：字宗厚，号载菴。直隶合肥县人。嘉靖进士蔡悉外祖。明宪宗成化二十二年（1486）丙午科举人，成化二十三年（1487）丁未科三甲第三十四名进士。

存世的《成化二十三年进士登科录》记载："张淳，贯直隶庐州府合肥县，民籍。县学生，治《书经》。字宗厚，行十，年三十四，正月二十二日生。曾祖真童(赠监察御史)，祖敬(按察司金事)，父镒(国子生)，母何氏。永感下。兄清、浩、深，弟济。娶李氏。应天府乡试第四十名，会试第一百十八名。"

张淳初官浏阳知县，历监察御史、巡按贵州、吉安知府、四川按察副使、南京太仆少卿、应天府尹、右副都御史。正德十四年卒，年六十六。张淳刚果自信，治郡最有遗爱，虽古循吏或不能过。居家清约，惟敝屋数椽，田二顷，园一区。客至谈说经史或世故，移日不倦，有请托者礼遣之，故人不敢干以私。

《嘉庆合肥县志》云："(张敬孙)淳，字宗厚，成化丁未进士，知浏阳县。粮长侵赋巨万，淳至，以至诚劝谕，并感泣输完。擢监察御史。时有坐言事下狱者，淳抗疏救之得释。按贵州，用计擒贼渠普安阿保父子，余党五十九寨悉就抚。转吉安知府，多善政，民为立祠。升四川按察司副使，镇松潘，诸番慑服。进太仆少卿，尹应天。以副都御史抚郧阳，改保定，防边赈饥，声望大著。数引疾乞休，得旨驰驿回籍，卒赐祭葬。与祖敬俱祀乡贤。子相、标以学行世其家。"

《郧阳行台考略稿》记载："张淳，抚郧十一个月(正德七年十二月至八年十一月)。字宗厚，直隶合肥人。成化二十三年进士，授浏阳知县。擢监察御史，会岷府奏逮知州刘逊，科道论救俱下狱，张淳方自外还，抗疏，请惜耳目以庇元首。孝宗意解，寻释之。迁吉安知府，俗故健讼，蔓引动数百人，经岁不决。淳惟取当逮者讯之，剖析如流，狱词辄手片纸示吏，吏无所措其奸。版籍多巧伪，淳廉得其实，役均弊绝。久之，豪滑屏迹，公庭昼静，若无事者。郡收给引直号堂食钱，前守率取之，以为常。淳悉畀庐陵县公用，岁省民财数千两。自奉甚薄，食朝夕惟一鲍鱼，秩满归，橐如磬。正德丙寅，迁四川按察副使，整饬松潘兵备。转南京太仆寺卿，进应天府府尹，务宽徵需,以节民力。正德七年十二月庚午,升应天府府尹张淳为都察院右副都御史,抚治郧阳等处。八年十一月己丑,命抚治郧阳张淳改巡抚保定兼提督紫荆等关。淳行部防范少严,或时寄耳目于下,为所欺。会言官交劾其携子索赂,淳不自安,即求养病归。至是卒,例赐祭葬。淳修髯火色,刚果自信,治郡最有遗爱,虽古循吏或不能过。晚节功名颇损,论者惜之。"(《正德志》《万历县志》《万历府志》《索引》))

靳贵

靳贵(1465—1520):字充道,号戒庵。庐州合肥人,徙镇江丹徒。明孝宗弘治三年(1490)庚戌科一甲第三名进士,授翰林院编修。

靳贵的同僚兼亲家王鏊《靳公贵墓志铭》载:"公讳贵,字充道。靳之先世家庐州,元季避乱徙镇江之丹阳。"靳贵同僚、大学士费宏为靳贵父靳瑜作墓志铭,亦作靳瑜先世庐州合肥人。

较靳贵稍早的内阁首辅李东阳(1447—1516),其先湖广茶陵人。其曾祖于洪武初年籍义兵,历济南卫,改燕山左护卫。《索引》载:"李东阳,户贯金吾左卫,乡贯湖广茶陵,附注军籍。"李东阳自其祖李允兴、父李淳以下,皆生于北京,李东阳实为北京人,然《明史》仍作茶陵人。故而靳贵纳入合肥进士的范畴是没有问题的。

靳瑜,太学生,曾任浙江温州府经历,为政勤敏。《靳公贵墓志铭》:"始温州(指靳瑜)年逾五十无子,范夫人忧之,阴置媵于侧室,温州见之惊曰:'是何者?吾老矣,何可复累人',亟遣归其家。俄而范夫人就馆,以天顺甲申十二月二十日生公于温州之官舍。"大概是靳瑜的宅心仁厚感动了上天,没多久靳夫人就怀孕生下了靳贵。

靳贵自幼聪颖、学习刻苦,再加上杨一清(明代著名宰相,祖籍云南安宁,寄籍镇江)等名师指导,靳贵学业大进,科举之路非常顺畅。明孝宗弘治二年(1489),靳贵中乙酉科南直隶省乡试解元;弘治三年(1490),连捷中庚戌科会试第二,殿试第三。三级考试连中第一、第二、第三名,实是科举史上一大奇事,可能也是科举史上的唯一。

靳贵少年得志,二十七岁考中探花。明孝宗认为靳贵是个人才,故而被选东宫兼司经局校书,担任太子的老师。进左中允,预修《会典》成,升左谕德兼侍讲。明武宗即位后,靳贵受到重用,官至户部尚书兼文渊阁大学士、武英殿大学士。明武宗是历史上有名的昏君,靳贵作为他的老师兼肱股之臣,压力可想而知。

靳贵曾主持过正德六年和正德十二年两次会试。第一次会试后,有言官揭发其家童受贿鬻题,靳贵未作申辩。正德十二年会试后,此时靳贵患病在身,他仍带病复出,担任会试主考,想借此证明自己的清白,结果反而遭到更大的怀疑。由于不断受到言官的丑化和攻击,靳贵上疏辞官。归乡两年后,靳贵病逝。朝廷为此辍朝,赐祭葬如制,赠正一品太傅,谥文僖。

正德十五年(1520),靳贵病逝后不久,明武宗南巡至镇江,亲临靳府吊唁,御笔写下祭词:"朕居东宫,先生为傅。朕登大宝,先生为辅。朕今南游,先生已矣。呜呼哀哉!"

靳贵一生简重静默,不轻易臧否人物。居内阁侃侃正言,无所顾忌。主持科举考试,提倡典雅,反对浮华文风。居家俭约,曾作《师俭堂》戒示子孙。有《戒庵文集》二十卷。(焦竑《国朝献征录》卷十五、王鏊《靳公贵墓志铭》)

马陟

马陟(1459—?):字文明。乡贯直隶合肥县,锦衣卫籍。明孝宗弘治六年(1493)癸丑科三甲第十七名进士。

存世的《弘治六年进士登科录》记载:"马陟,贯锦衣卫官籍,直隶合肥县人。国子生,治《诗经》。字文明,行二,年三十五,六月初二日生。曾祖福(赠锦衣卫指挥同知),祖顺(锦衣卫指挥同知),父弁(锦衣卫千户致仕),嫡母纪氏(封宜人),生母许氏。具庆下。兄隆(锦衣卫正千户)。娶周氏,继娶延氏、朱氏。顺天府乡试第九名,会试第二百十八名。"

马陟官至尚宝司司丞、太仆寺少卿、南京光禄寺少卿。明武宗正德十一年（1516）七月，马陟为南京十三道御史劾奏，言其："狡佞，不思其祖顺尝为权奸鹰犬，痛自刻责，以盖前愆，乃以南京为疏远而乞改京官。乞削马陟官秩，以为贪污奸佞者之戒，不报。"

马陟祖父马顺，官锦衣卫指挥使，阿附宦官王振。明英宗正统十四年土木堡之变后，在朝堂上为群臣殴死。明代言官弹劾大臣通常夸大其词，未必有实际证据。言官弹劾马陟牵扯其祖马顺，纯属居心不良。"不报"则乞削马陟官秩的要求明武宗没有回应，未获批准。（《索引》）

马顺的朝参牙牌

蔚春

蔚春（1458—1517）：字景元，号直庵。直隶合肥县人。明宪宗成化二十二年（1486）丙午科举人，明孝宗弘治六年（1493）癸丑科三甲第五十二名进士。

存世的《弘治六年进士登科录》记载："蔚春，贯直隶庐州府合肥县，医籍。国子生，治《书经》。字景元，行一，年三十六，二月十六日生。曾祖观，祖珍，父清，母杨氏。重庆下。弟杲、时、晓、昂、智。娶樊氏。应天府乡试第八十二名，会试第三十一名。"

《嘉庆合肥县志》云："蔚绶，字文玺。洪武中，由贡生授户部主事，进员外郎。……宣德初，以礼部尚书致仕。卒，谥文肃。赐祭葬，祀乡贤。曾孙春，字景元。弘治癸丑进士，任兵科给事中。遇事敢言，陈时政八事、边务七事，咸见施行。奉敕清屯两浙，转福建参议，调陕西，晋广西参政。以鲠介为忌者中伤，乞归。"按《登科录》，蔚春并非明代礼部尚书蔚绶曾孙。据《合肥蔚氏宗谱》蔚春为蔚绶玄孙，曾祖蔚观是蔚绶子。

《御定资治通鉴纲目三编》卷十七载："丙辰九年（即弘治九年）六月，诏举将才。给事中蔚春又请敕天下郡县访有山林之士材堪将帅者，以礼聘之，或擢总兵营，或命专大镇，逮有成功，赏及举者。帝亦从之，然卒无以应诏也。蔚春，合肥人。"

考《明实录》，蔚春的记载有："弘治八年七月，兵科给事中蔚春以灾异上疏，乞清查在京军匠等籍，严择在外镇巡等官，禁科罚，抑奔竞，又愿朝廷躬节俭，罢传奉，广直言以开聪，远谗间以防壅蔽，君臣同德，内外协心，则民和于下，天眷于上，自无灾异之可弭矣。命所司知之。"这与县志所云"陈时政八事"吻合。

"弘治八年九月，兵科给事中蔚春奏福建备倭署都指挥佥事黄忠、守备仪真署都指挥佥事杜裕，奔竞无耻，已经劾奏，随复举用，众论不协，宜行罢黜。兵部覆请得旨。黄忠、杜裕推用未久，仍令巡抚、巡按官访察其到任后行事实迹以闻。"

明代曾在陕西设织造局，专门为宫廷及诸王制作驼毻、羊绒制品。弘治十一年（1498）十一月乙未，兵科给事中蔚春上书请求减免陕西织造，为陕西百姓减少负担。"弘治十二年十月，初，兵部会议，请以锦衣及腾骧等四卫军旗、勇士、校尉六万八千余人选补团营之缺。有旨命给事中蔚春等清查。后御马监太监甯瑾等奏，宿卫禁兵乞免清查。得旨从之，且令今后各衙门查理戎务，不许以五卫混同开奏。于是，春等及兵部皆上疏，论其不可。诏不允。"弘治十五年十月，升户科左给事中蔚春为福建布政司右参议。同月，吏部覆奏户科给事中蔚春所陈，欲通查大臣之被劾及推荐者。正德二年八月，复除服阕福建布政司右参议蔚春于陕西。（《正德志》《万历县志》《万历府志》《索引》）

周玺

周玺（1461—1507）：字天章，号荆山。乡贯直隶太湖，户贯直隶庐州卫。明孝宗弘治五年（1492）壬子科举人，弘治九年（1496）丙辰科三甲第一六九名进士。官至礼部都给事中，顺天府丞。

存世的《弘治九年进士登科录》记载："周玺,贯直隶庐州卫,军籍,安庆府太湖县人。国子生,治《书经》。字天章,行四,年三十六,十月初五日生。曾祖荣一,祖彦高,父鉴(义官),嫡母胡氏,生母李氏。永感下。兄瑛、琇、璧。娶潘氏。应天府乡试第一百八名,会试第一百七十四名。"

周玺因弹劾宦官刘瑾,而为刘瑾矫旨下狱害死。瑾诛,诏复官赐祭,恤其家。嘉靖初,录一子。周玺同科状元朱希周写诗纪念他:"瓣香遥拜古肥城,谏议精神日月明。事业已书忠荩传,江山不尽古今情。潮吞淮海声犹急,云锁湖山气未平。同榜如公还有几?丈夫端不负科名。"

周玺与包公、余阙被誉为"古庐阳三贤",有《垂光集》传世。南明弘光立,追谥忠愍。(《正德志》《万历县志》《万历府志》《索引》)

杨节

杨节(1477—?):字本中。乡贯直隶合肥县,锦衣卫籍。明孝宗弘治十五年(1502)壬戌科二甲第七名进士,该科第十人。

存世的《弘治十五年进士登科录》记载:"杨节,贯锦衣卫官籍,直隶合肥县人。国子生,治《书经》。字本中,行二,年二十六,五月初七日生。曾祖遇,祖顺(赠明威将军),父升(锦衣卫指挥佥事),嫡母马氏,生母刘氏。具庆下。兄谦(锦衣卫指挥佥事)。娶庄氏。顺天府乡试第一百二十七名,会试第七十一名。"

明李辅《全辽志》卷三《职官·分巡道》:"正统年设分巡辽海东宁道,以山东按察司副使或佥事一员专理词讼,分司设在辽阳。成化乙巳,都御史马文升题准,改分巡道于广宁。嘉靖庚申,巡抚侯汝谅题兼兵备。壬戌,督视军情。侍郎葛缙奏改兼广宁锦义河西等处兵备。""杨节,合肥县人,进士,佥事。"

杨节是第十八任分巡道,《全辽志》未注明其何时任职,可推断为嘉靖初期。(《索引》)

杨钦

杨钦（1469—?）：字敬之。直隶合肥县人。明孝宗弘治十四年（1501）辛酉科举人，弘治十五年（1502）壬戌科二甲第七十五名进士。任户部主事，历兵部车驾司郎中、光禄寺少卿、南京太仆寺少卿，晋鸿胪卿，卒于官。

存世的《弘治十五年进士登科录》记载："杨钦，贯直隶庐州府合肥县，军籍。府学生，治《书经》。字敬之，行三，年三十四，十二月二十五日生。曾祖敏，祖杰，父昶，母刘氏。具庆下。兄锐、铎，弟钢。娶汪氏。应天府乡试第四十三名，会试第二百十七名。"

《嘉庆合肥县志》云："杨钦，字敬之。壬戌进士，授户部主事，监度支，清仓场。疏论鼓铸通商货，戍玩法揽头数十人。升兵部车驾郎中。不阿权贵，核邮符，整边备，为大司马刘大夏所重。升光禄寺少卿，守正杜私，十年不调。嘉靖乙酉，冢宰廖（指廖纪）立荐为南太仆寺卿。"

杨钦在兵部任职时刚正不阿，为尚书刘大夏重。明武宗正德十一年擢光禄寺少卿，因不徇私情，十年不得升迁。嘉靖四年，吏部尚书廖纪以杨钦廉洁，荐为南京太仆寺少卿。《明世宗肃皇帝实录》卷七十五载："（嘉靖六年四月）升南京太仆寺少卿杨钦为南京鸿胪寺卿。"杨钦后卒于官。

《万历县志·山川志》载光禄少卿杨钦墓在城东十里，太仆寺卿杭淮铭之。（《正德志》《万历县志》《万历府志》《索引》）

魏璟

魏璟（1472—?）：字华甫。乡贯直隶合肥县，羽林前卫籍。明孝宗弘治十四年（1501）辛酉科举人，正德三年（1508）戊辰科三甲第一百三十名进士。

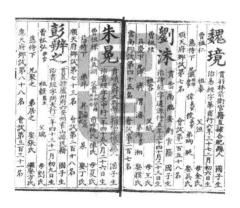

《正德三年进士登科录》

存世的《正德三年进士登科录》记载："魏璲，贯羽林前卫官籍，直隶合肥县人。国子生，治《易经》。字华甫，行六，年三十七，二月初六日生。曾祖仁，祖泰，父洹（赠奉直大夫、鸿胪寺左少卿），母金氏。慈侍下。兄俨（指挥佥事）、伟（义官）、俊（义官），弟珣、珽。娶吴氏。顺天府乡试第七名，会试第一百五十八名。"

正德六年，魏璲任鸿胪寺左少卿。正德十五年，九年考满，升鸿胪寺卿。鸿胪寺是古代官署名，主掌外宾、朝会仪节之事。嘉靖元年，魏璲在任内上疏言及各国通事假借名义，"横行求索、视利轻重出入。"建议对通事制度进行改革。着令礼部复议，诏从之。魏璲历太常寺卿、掌鸿胪寺事。（《万历县志》《万历府志》《索引》）

沈俊

沈俊（1473—约1528）：字人杰，《嘉庆合肥县志》作仁杰或误。乡贯直隶泰州，户贯直隶庐州卫。明武宗正德五年（1510）庚午科举人，正德六年（1511）辛未科三甲第一一五名进士。

《正德六年进士登科录》记载："沈俊，贯直隶庐州卫，官籍，泰州人。府学生。治《书经》。字人杰，行一，年三十九，五月十一日生。曾祖德，百户。祖瑛，百户。父纪，听选监生。母杨氏。具庆下。娶刘氏。应天府乡试第一百十九名，会试第二百十七名。"

《明一统志》卷十四《庐州府·人物》:"沈俊,庐州人,举进士。知莱阳县,时县治皆为贼残毁,居民流窜者过大半。俊露居视事,以抚流亡,不暮年,居民安堵如故。擢御史,按山西、湖广,去奸黜慝,时咸服之。"

据《嘉靖山东通志》卷十《职官》:山东布政使司设右参议一人。据明实录,沈俊于嘉靖七年(1528)九月十五日升山东布政使司右参议,嘉靖八年的山东右参议已是陆杰。《嘉庆合肥县志》云:"沈俊,字仁杰。正德辛未进士,知莱阳县。赋役繁重,俊极力澡刷,政教以兴。拜监察御史,按山西、湖广。所至雪冤涤弊,举贤宥过。擢山东参议,卒于官。子孙贫寒,至不能自存。"沈俊卒于山东参议任上,故其当卒于嘉靖七年或嘉靖八年。

沈俊还刻有元代合肥名贤余阙的《青阳山房文集》,该本今藏南京图书馆。(《正德志》《万历县志》《万历府志》《索引》)

葛桧

葛桧(?—1569):字以诚。直隶合肥县人,《索引》作户贯锦衣卫,乡贯浙江嘉兴。明武宗正德九年(1514)甲戌科三甲第三十八名进士。少育于外叔祖葛华,故从母姓葛,以浙江嘉兴贯登科。嘉靖六年六月,请复孙姓,帝允之。初授山西平阳府曲沃知县。锄强抑暴,恶人敛迹。砖砌城垛,民便之。历山东道监察御史、右参议、光禄寺少卿、太仆寺少卿、山东副使、河南右参政。嘉靖二十年八月,以都察院右佥都御史巡抚辽东。官至户部左侍郎、兵部左侍郎、蓟辽总督。卒,赠工部尚书。

按明嘉靖、隆庆时太监朱宝墓志铭为孙桧所书,落款为合肥孙桧。明王世贞《弇山堂别集》卷六十《卿贰表·通政使》载孙桧,锦衣卫籍,直隶合肥人。《明列卿年表》亦作合肥人。

《弇山堂别集》还记载总督蓟辽保定军务,最为近设。嘉靖二十一年,因边警,胡守中以兵部右侍郎提督驻札蓟镇。二十九年,孙桧以兵部左侍郎提督,未久俱勒归。最后始创设总督,开府密云,总辖顺天、保定、辽东三巡抚,总兵以下,悉听节制,仍兼理粮饷。清谷应泰《明史纪事本末》卷二十:"(嘉靖)二十九年九月,始置蓟辽总督,以蓟州、保定、辽东三镇隶焉,改孙禬为兵部侍郎总督蓟辽。"孙禬为首任蓟辽总督。

《全辽志·宦迹·孙桧》记载:"始姓葛,复姓孙。锦衣卫籍,正德甲戌进士。性刚介明敏。为监察御史按辽。会开原积愤杀虏酋速长家等于卫衙,共百余级。乃论劾抚镇而原情以释其众。内镇守、分守家人,倚势为奸利,皆按以法。贪官豪右为之屏迹。嘉靖癸卯,再任巡抚,通谙边情,持法如旧,远近怀畏。奏修东北一带边墙。公费有经,民劳以悦,人至今思之。历升兵部侍郎。"孙桧当是孙禬。

《大明穆宗庄皇帝实录》卷二十八载:"隆庆三年三月,赠故户部左侍郎孙禬为工部尚书赐祭葬如例。"(《万历县志》《万历府志》)

方绎

方绎:字廷论。直隶合肥人。明武宗正德二年(1507)丁卯科举人,正德九年(1514)甲戌科三甲第七十一名进士。官武康知县,洁己爱民,政平讼简,吏民悦服。后历建昌知县、户部主事。(《正德志》《万历县志》《万历府志》《索引》)

孙元

孙元:庐州合肥人,户贯湖广安陆州。孙交子。明武宗正德九年(1514)甲戌科三甲第二百四名进士。谨厚有父风。官至四川副使。(焦竑《国朝献征录》卷二九顾璘《光禄大夫柱国太子太保户部尚书赠少保谥荣僖孙公交传》)

魏珽

魏珽(1492—?):字直甫。乡贯直隶合肥县,羽林前卫籍。魏璟弟。明武宗正德十一年(1516)丙子科举人,正德十六年(1521)辛巳科三甲第三名进士。官知府。

存世的《正德十六年进士登科录》记载："魏珽，贯羽林前卫官籍，直隶庐州府合肥县人。国子生，治《易经》。字直甫，行三，年三十，二月初一日生。曾祖仁，祖泰，父洹（赠奉直大夫、鸿胪寺左少卿），母金氏（封太宜人）。慈侍下。兄璟（鸿胪寺卿）、珣。娶彭氏，继娶高氏。顺天府乡试第一百十二名，会试第三十七名。"（《万历县志》《万历府志》《索引》）

孙允中

孙允中（1497—1558）：字信道，号洙滨。乡贯直隶合肥县，户贯鲁府仪卫司。明世宗嘉靖二年（1523）癸未科三甲第一八二名进士。

存世的《嘉靖二年进士登科录》载："孙允中，贯鲁府仪卫司官籍，直隶合肥县人。兖州府学生，治《诗经》。字信道，行三，年二十七，四月十二日生。曾祖毅（副千户），祖永（副千户），父胤（仪卫副），母孔氏（封宜人）。慈侍下。兄执中（仪卫副）、用中，弟守中、时中、一中、建中、惟中。娶梁氏。山东乡试第十七名，会试第一百七十九名。"

据明任瀛《大明故奉政大夫山西按察司佥事洙滨先生孙公墓志铭》载孙氏先世庐之合肥人。孙允中入仕后先任永年（今属河北）县令，又调襄垣（今属山西）令，在任均清正廉洁，大力整顿吏治，兴利除弊，重视农业生产，且断案神明，政绩卓著。

嘉靖三年，升永平府同知。"永平列畿辅，富民多所依凭，渺视有司。"当地豪强强夺山林不让百姓樵采放牧。永平知府畏惧权势不敢处理。百姓无以为生，相率作乱。地位在知府之下的孙允中却大胆处理，惩恶除奸。又有宦官王直充守备官，私役军士，剥削地方，贪污纳贿，无所不为。当地武举常润愤而揭发王直的恶迹。都御史汪某和巡抚王某不敢深究。孙允中则坚决主张一查到底，向朝廷上疏："各镇守备无事，则冗食多费，劳扰军士；有事则动相掣肘，空失事机，罢之便。"孙允中的意见被采纳，全国八镇的宦官守备全部撤除罢免。"数年积蠹一旦划除，军士若更生焉！政事精明类皆如此。"这是孙允中的一大重要功绩。

嘉靖十一年,孙允中升任山西按察司佥事,分巡冀北道,居云中(今山西大同)。嘉靖十二年十月,因大同总兵李瑾、驻怀仁的兵部侍郎刘源清等对兵士严酷寡恩,要求苛刻,失去军心,激起兵变。兵变中孙允中先是紧急处理,试图将兵变尽快平息。不料刘源清、总兵官郤永为了邀功,又滥杀无辜,将事态扩大。孙允中冒险用绳子从大同城墙上缒出,跑到怀仁对刘源清说:"杀将者已悉得,兵乃临城妄杀,遂至此。请申明纪律,以安众心。"刘源清则回答:"汝毋为贼说,吾已请兵矣。"因羁留怀仁。

滥杀激怒了大同城内的乱兵,为了自救,乱兵竟派人去漠北勾引来了蒙古兵数万人为援。蒙古兵来后杀伤大量官兵,又乘机南下掠掳其他州县。乱兵还利诱酋长数十入城中,指代王府说道:"兵退以此酬汝。"朝廷这才意识到刘源清、郤永的问题,于是罢其职,另派张瓒为总制去大同处理。张瓒到大同后首先召见了孙允中,与之商议处理策略。

孙允中领张瓒之命,反复向乱兵宣谕,说用兵并非朝廷本意。接着逮捕了几个为首分子,其余不问。又开仓济民,于是一场震惊朝野连续数月的叛乱逐渐平息下来。孙允中在兵变善后处理时注重化解矛盾,保护了大多数军兵,减少了很多不必要的流血。当地百姓感念他的恩德,立生祠"太平庙"祭奠。

事后朝廷赏罚兵变中的官员,刘源清、郤永皆下狱,而孙允中却由于有人弹劾其"党恶助逆",又有"避难弃母"之语,说他冒险缒出城来是为逃命而扔下了大同城内的母亲,是大不孝。于是孙允中"复原职致仕"。孙允中因敢于直言、处事果断而受到朝官的忌恨被迫提前退休,时年仅三十七岁。《孙公墓志铭》载:"呜呼,木秀于林,风必摧之;堆出于岸,水必湍之。早知之士,岂有不忌之者哉!"

孙允中卒于嘉靖三十七年十一月十九日,年六十二。孙允中有《云中记变》(又名《痛定录》)一卷,作于嘉靖十六年八月。(《索引》)

潘高

　　潘高(1514—1557)：字子抑，号春谷。直隶合肥县人，户贯山西宁化守御千户所。明世宗嘉靖十年(1531)辛卯科山西乡试第四十三名举人，嘉靖十一年(1532)壬辰科三甲第三名进士。

　　存世的《嘉靖十一年进士登科录》记载："潘高，贯山西宁化守御千户所官籍，直隶合肥县人。太原府学增广生，治《书经》。字子抑，行一，年十九，十二月初一日生。曾祖政(正千户，封武德将军)，祖璟(正千户，封武德将军)，父承爵(正千户)，母江氏。重庆下。弟蟾、桂、鳌、登、鹏。聘王氏。山西乡试第四十三名，会试第二百二十七名。"

　　存世的《嘉靖十一年同年序齿录》记载："参议，山西潘高。辛卯乡试四十三名，会试二百二十七名，廷试三甲三名。字子抑，治《书经》。甲戌年十二月初一日生，宁化所籍，合肥县人。观吏部政，授评事，升寺副、寺正、陕西参议。号春谷。曾祖政(正千户)，祖璟(正千户)，父承爵(正千户)，母江氏。弟亮(广昌参将)、衮(指挥佥事)、文(乙未进士，户部主事)。子云祥(甲子解元，辛未进士，兵部员外)、云程(陕西副总兵)。孙龙鳞(辛丑武进士)。侄云衢、云阶、云纵，俱庠生；云翼(丙午经元)。"

　　《山西通志》卷一百十八《人物》十八载："(潘文)弱冠，登嘉靖壬辰进士，偕名贤，讲道修德，视章句不屑也。屡迁大理寺正，狱无遁情，朝多美誉。以忤时宰，外转陕西参议，释冤均赋，惩贪戢强。未几罢归，卒。"

　　明张萱《西园闻见录》卷一百有潘文小传："潘高，字子抑，号春谷。年十九登嘉靖壬辰进士，历官陕西参议，以才显名。初授大理寺评事。当是时，朝多贤士大夫，文章政事各以所长相高，而其笃志好古者则又相聚以讲良知之学，视文与政以为不屑为，而彼亦诋此以为伪，势几不相容。君尽游其间，论雄词辩，莫可穷诘，诸前辈相视以得君为重。于是，君名益闻，然忌者益众。每诸司有所建白，其词稍不袭故常，辄哗曰：'春谷笔也'。出之陕西，踰年以前大理罢官。其禄食仅九年，年二十八耳。君既罢，论者或谓处君太过。君亦痛自惩畏思尽,屏去华藻以就精实,士大夫乃更贤君。凡持节莅晋者,交章以荐。竟格于例,不果用,卒年四十四。"

合肥潘氏自潘高始,连续三代五名进士,是少有的进士家族。(《万历县志》《万历府志》)

陈澍

陈澍(1492—?):字伯雨,直隶合肥县人。明世宗嘉靖元年(1522)壬午科举人,嘉靖十一年(1532)壬辰科三甲第五十二名进士。据《河南通志》卷三十二《职官三》,嘉靖二十年至二十二年,陈澍任河南卫辉知府。

存世的《嘉靖十一年进士登科录》记载:"陈澍,贯直隶庐州府合肥县军籍。国子生,治《书经》。字伯雨,行二,年四十一,六月十一日生。曾祖遄,祖颐,父春,母王氏。具庆下。兄澜,弟漾、潜。娶张氏。应天府乡试第一百十九名,会试第八十九名。"

存世的《嘉靖十一年同年序齿录》记载:"知府,南直隶陈澍。壬辰乡试一百十九名,会试八十九名,廷试三甲五十二名。字伯雨,治《书经》。壬子年六月十一日生,合肥县人。观户部政,授户主事,升员外、郎中,卫辉知府止。号□□。曾祖遄,祖颐,父春,母王氏。兄澜,弟漾、潜。"

现存卫辉市博物馆的明代石碑《卫辉府题名记》载:"嘉靖辛丑(1541),合肥陈子以户部郎中出守兹郡。首节俭以先群吏,务宽简以抚疲民,踰年之间,吏称民安。乃稽诸文献,概以阙典,因咨定官于其郡者,自洪武某年至嘉靖某年,知府若干,同知若干,通判若干,推官若干人,伐石作碑,共纪其上。

时余方分守河北,陈子乃请为记其事,余既序述而重之言曰:"峨峨丰碑,于堂有严。夫指其名将议其政,即其政将议其人,岂不严哉!诸大夫之既往者,贤否得失具在民心,吾不得而追之;而其后来者贤否得失亦具在民心,吾亦不得而逆之。然其治世修身,则有可稽者焉!昔者,卫武公之守邦也,其德有斐而民不喧,故切磋琢磨以致其勤,瑟僴赫喧以致其盛,寝与灑扫以谨其内,号令兵戎以谨其外,其纯德之守而物不能违者乎! 故其德为有斐而其民为不喧。故吾观于《淇澳》而知所以修身焉,吾观于传记而知所以治世焉,一郡何有哉!"陈子曰:"敬闻命矣! 民之则也,古之训也,请表诸石端,以视后来。"遂书而刻之。

嘉靖癸卯(1543)春二月望日,赐进士及第、中顺大夫、河南布政使司左参议、分守河北道、太原孔天胤撰。

陈子即指陈澍。《卫辉府题名记》碑为陈澍首倡设之。(《万历县志》《万历府志》《索引》)

方介

方介(1497—?):字子和。直隶合肥县人。明世宗嘉靖七年(1528)戊子科举人,嘉靖十四年(1535)乙未科三甲第一二四名进士。历官义乌知县、黄岩知县、高州同知、工部郎中、处州知府。

存世的《嘉靖十四年进士登科录》记载:"方介,贯直隶庐州府合肥县军籍。国子生,治《书经》。字子和,行一,年三十九,九月二十六日生。曾祖仲名,祖裕(义官),父简(岁贡生),母吴氏,继母祁氏。慈侍下。弟念、任、合。娶汤氏,继娶胡氏。应天府乡试第八十五名,会试第九十七名。"

《嘉庆合肥县志》云:"方介,字子和。嘉靖乙未进士,历义乌、黄岩知县,处州府知府。所至以廉著,性鲠介,有古循吏风。"(《万历县志》《万历府志》《索引》)

董子策

董子策(1504—?):字元正,号霞峰。乡贯湖广京山县,户贯直隶合肥县。明世宗嘉靖十三年(1534)甲午科举人,嘉靖十七年(1538)戊戌科三甲第一二二名进士。

《嘉靖十七年进士登科录》记载:"董子策,贯直隶庐州府合肥县军籍,湖广京山县人。国子生,治《书经》。字元正,行一,年三十五,十一月十二日生。曾祖俊，祖忠（寿官），父铖，母陈氏。慈侍下。娶刘氏。应天府乡试第三十名，会试第五十名。"

《嘉庆合肥县志》云："董子策，号霞峰。嘉靖戊戌进士，以户部郎榷税浒墅关。商舶辐辏，乃于关旁别开支河，以便民船。嘉靖末，晋广东按察司佥事。以疾辞归。家居四十余年。好施予，设义冢。文章著述为时所重。"

嘉靖二十二年，董子策以户部郎任浒墅关榷关主事。浒墅关商船辐辏，乃就关傍别开支河，令曰凡舴艋可出此桥。商民德之。今浒墅关仍有董公堤遗迹。嘉靖末，董子策进广东按察司佥事，以病乞归。居家40余年，设乡学。文章著述为时所重。辞归，一意著述。

《钦定古今图书集成·恒山部》载有董子策《登恒山》诗一首："少年有志竞奇好，大观在望东山小。会从沧海问蓬莱，欲到昆仑采瑶草。一朝抱艺上金銮，玉皇留我赐琼筵。度世还丹成九转，霞衣拜舞陪群仙。天恩深重惭无补，星驾驰驱出岩阻。黑貅百万守重关，蠢尔幺么何足数。归来缓辔渡桑乾，南望中天耸翠峦。三晋诸山俱拱伏，是为神岳镇并原。寻幽吊古久成癖，且向山中觅奇迹。桃花流水自依然，白云洞口无消息。琴棋台上苍松古，飞石岩前双鹤舞。重华今去几千秋，玉检金泥在何许。临风几度增惆怅，更上丹梯三万丈。群仙怜我苦忧时，为酌飞觞解劳快。须臾歌动步虚声，急管悲丝那忍闻。俯视苍生堪太息，风尘黯黯正销魂。丈夫自有安边策，腰间宝剑寒光晔。长啸一声天地宽，愿为君王建奇烈。"（《万历县志》《万历府志》《索引》）

杜瑢

杜瑢（1499—？）：字玉仲。直隶合肥县人。明世宗嘉靖十三年（1534）甲午科举人，嘉靖二十年（1541）辛丑科三甲第五十三名进士。

存世的《嘉靖二十年进士登科录》记载："杜瑢，贯直隶庐州府合肥县民籍。国子生，治《书经》。字玉仲，行五，年四十三，正月二十日生。曾祖义，祖能，父宽（寿官），前母杨氏，母张氏。慈侍下。兄琇（医官）。娶吴氏。应天府乡试第一百十四名,会试第二百八十九名。"

杜璁初授直隶顺德府内丘知县,在任赏善惩恶,毁淫祠,正风俗。嘉靖二十二年,重修内丘城郭。历大理寺副、大理寺左寺正。嘉靖三十一年,升广东按察司佥事,整饬岭南兵备。《明世宗肃皇帝实录》卷四百二十一:"先是广东贼徐铨、方武、陈文伯、李明贵等与海酋王五峰纠结倭夷纵横海上,督臣檄海道副使汪柏、岭南兵备杜璁及参将张裕指挥黑孟阳等督战,铨等就戮,前役斩首千二百余级,江应奎招下余党三百五十余人,海滨颇靖。……升副使汪柏、参议陈善、参将戚振各一级,佥事杜璁等、参议王宋沐、通判汪应奎、知县方攸跻各俸一级。"

嘉靖三十五年,调广西佥事。后致仕归。隆庆末纂有《庐州府志》十三卷,即今存之《万历府志》,另《崖山志》录其诗数首存世。(《万历县志》《万历府志》《索引》)

张居正

张居正(1525—1582):幼名白圭,字叔大,号太岳。庐州合肥人,其祖明初以军功封归州千户所千户,至其曾祖再迁湖广江陵。明世宗嘉靖二十六年(1547)丁未科二甲第九名进士。明朝中后期政治家、改革家,明代最著名的宰相,万历时期的内阁首辅,辅佐万历皇帝开创"万历新政",行一条鞭法。有《张太岳集》《书经直解》《帝鉴图说》等。

按张居正祖籍有凤阳定远、庐州合肥两说。前据张居正为其父张文明作《先考观澜公行略》:"其先凤阳定远人。始祖关保,国初以军功授归州守御千户所千户。"及张居正邀请同僚张四维为张文明撰《明故诰封特进光禄大夫左柱国少师兼太子太师吏部尚书中极殿大学士观澜张公墓志铭》:"其先凤阳定远人也。国初,始祖关保以功授以施州千户,子孙因家焉。"后据张居正长子张敬修为张居正作《文忠公行实》:"其先庐州合肥人也。始祖福,以壮士从高皇帝起濠,渡江克采石。从大将军定吴、越、闽,累功授归州长宁所世袭千户。其后四世孙,自称归徙家江陵,遂为江陵人。"

以上两说都有直接证据,但两说又自相矛盾,令人费解。《行略》与《墓志铭》首先就张关保授职就有归州与施州两说。归州为今湖北秭归,施州为今湖北恩施。张敬修不可能没读过张居正和张四维所作的《行略》和《墓志铭》,然而《行实》未提及凤阳定远,始祖是张福而非张关保,是张福随朱元璋打天下,以军功封湖北。今人为圆其说,提出张居正远祖合肥人,始祖张福,字关保,定远人。如果张敬修认可张居正所说,对家世至少该这样描述,才能讲得清楚:其先庐州合肥人,后徙凤阳定远。始祖福,字关保,国初以军功授施州千户。可见张敬修持否定或放弃定远说,否定始祖张关保说。

可作解释的是,张居正对家世的记载有误。按《行实》,张居正是张氏自安徽迁湖北的第七世,张本人是生于湖北的第五代或第六代。因时间久远,衍派众多,张居正曾祖张诚因非长子,不能世袭官职,方从秭归迁江陵。张文明卒于万历五年(1577),距明初已有二百余年,家族内对先世的情况很可能已经模糊。张文明卒时又值张居正实施改革的重要阶段,张居正本人夺情,并未守制。张居正事务繁忙,作《行略》对家世记载未及详察导致有误实属可能。张敬修作《行实》则是对张居正一生精确细致的记录,更有可能详察考证了先世的情况,恰恰纠正了张居正的错误记载。不管何种论断,张居正祖先为合肥人是没有异议的。故张居正实为庐州合肥人,中徙归州,再迁江陵。

《嘉庆合肥县志》卷三十六《志余》引旧志载:"明神宗朝,张太岳居正以宰相受顾命,为帝者师。人第知其为江陵人,而不知籍于庐之合肥也。顷阅其行状知之,附记于此。"(张敬修《文忠公行实》)

张学颜

张学颜(1523—1598):字子愚,号心斋。庐州合肥人,户贯直隶肥乡县。明世宗嘉靖三十二年(1553)癸丑科三甲第一五六名进士。

按刘元震《赠左都督前兵部尚书张公学颜墓志铭》:"公讳学颜,字子愚,号心斋,先世庐州合肥人,自始祖德山迁肥乡家焉。"张学颜为张德山以下第六世,张德山当为明初迁肥乡。张学颜初授山西曲沃县令,擢工科给事中,出为河南按察司金事,进迁山西布政司参议、按察司副使。因事被诬下狱,得白落职一级,补河南布政司参议,迁山东按察司副使。

隆庆五年(1571),大学士高拱用为右金都御史巡抚辽东。在任招抚流亡,充实军伍,整顿战备,与大将李成梁击败土蛮,进右副都御史。万历中拜户部尚书,为张居正所倚重。撰《会计录》以勾稽出纳。奏列《清丈条例》,厘革溢额、脱漏、诡借诸弊,得官民屯牧湖陂地八十余万顷。万历十一年(1583),改兵部尚书,疏陈内操军士在皇城内披甲执刀,兵部无权管辖之弊,神宗不听。万历十三年,张居正党被劾,张学颜致仕。万历二十六年卒于家。有《抚辽奏议》《司农司马奏议》《会计录》《陈情录》《经史补遗》《日书家训》等。(刘元震《赠左都督前兵部尚书张公学颜墓志铭》)

张人纪

张人纪(1524—1560):字伯修,号肇泉。直隶合肥县人。宋庐州舒城进士张肃裔孙。明世宗嘉靖三十四年(1555)乙卯科举人,嘉靖三十五年(1556)丙辰科二甲第四十八名进士。官至户部主事。

存世的《嘉靖三十五年进士登科录》记载:"张人纪,贯直隶庐州府合肥县军籍。府学生,治《书经》。字伯修,行六,年三十三,正月十七日生。曾祖旭,祖士礼,父辅(恩例冠带),前母解氏,母牛氏,继母杨氏。具庆下。兄洋、澎。弟涣、浩、涌、范、邦纪、民纪。娶韩氏。应天府乡试第七十名,会试第二十八名。"

明杨道亨《嘉靖丙辰同年世讲录》载:"张人纪,字伯修,号肇泉。治《书经》。甲申年二月十七日生。直隶庐州府合肥县人。观大理寺政。……授户部主事。庚申卒。"

蔡悉为其从父张叙作墓志铭,今存残碑,出土于肥西花岗镇。(《万历县志》《万历府志》《索引》、蔡悉《明省相陵峰张公墓志铭》)

徐浚

徐浚（1530—?）：字哲甫。乡贯直隶合肥县，户贯广西柳州卫。明世宗嘉靖三十八年（1559）己未科三甲第一二八名进士。官至南京太常寺卿。

存世的《嘉靖三十八年进士登科录》记载："徐濬，贯广西柳州卫官籍，直隶合肥县人。马平县学生，治《诗经》。字哲甫，行二，年三十，五月二十四日生。曾祖伦，祖钺，父松，母杨氏。具庆下。兄澄。娶戴氏。广西乡试第三十三名，会试第二百五十五名。"（《万历县志》《万历府志》《索引》）

蔡悉

蔡悉（1536—1615）：字士备，一字士皆，号肖谦。直隶合肥县人。成化进士张淳外孙。明世宗嘉靖三十七年（1558）戊午科举人，嘉靖三十八年（1559）己未科三甲第一五六名进士。

存世的《嘉靖三十八年进士登科录》记载："蔡悉，贯直隶庐州府合肥县，匠籍，府学生，治《书经》。字士皆，行四，年二十四，四月初三日生。曾祖清，祖裡，父廷用，母张氏。具庆下。兄懋、广、贵、愈、忠、恩、宪、恕；弟志、惠、思、念、懿、庆。娶孙氏。应天府乡试第二十名，会试第二百六十一名。"

明沈国元《皇明从信录》卷三十二云："嘉靖三十八年己未三月，廷试赐丁士美等三百三十人进士及第，出身有差。按，是科得士魏时亮、蔡一槐、蔡国熙、曾同亨、蔡悉皆理学名流，宦绩甚著；王世懋、张卤、张宪臣诗文典赡，有前古风；石星、朱繻清介自持，至老不衰；衷贞吉、舒化、丁士美、张岳醇德雅操，不妄诡随；霍与瑕刚直忤俗、郭孝恬退高尚、周弘祖建议明剀，皆科目之豪隽云"。

《明史·蔡悉传》："授常德推官。筑郭外六堤以免水患。擢南京吏部主事，累官南京尚宝卿，移署国子监。尝请立东宫，又极论矿税之害。有学行，恬宦情。仕五十年，家食强半。清操亮节，淮西人宗之。"

明沈淮《明南京尚宝司卿从祀乡贤理学拟谥肖谦蔡公墓志铭》载:"万历乙卯,符卿蔡年伯八十考终。"蔡悉逝后,墓葬合肥东郊外十里许,在宋包孝肃公墓之右,相越不过数武。两公刚风毅节,俱高千古,墓亦相接,尤足异云。晚清李鸿章亦归葬于此,三人并称"一里三公"。

蔡悉一生莅政三朝,历官十七任五十载,撰述七十余种,有《孔子年谱》《大学注》《书畴彝训》等存世。蔡悉为政廉明刚正,时人称"包老复出"。为人孝友忠正,一生数次上疏乞归养亲,不恋权禄。敢谏犯颜,为国尽忠,为民尽责,终身无悔。独能钻研六经,为学笃守程朱义理,以"毋自欺"为大学宗旨,影响巨大,人称"淮西夫子"。清李菖《明理学符卿蔡文毅公传》赞许其为"合肥理学鼻祖"。(《万历县志》《万历府志》《索引》)

万振孙

万振孙(1533—?):字性孺,号麘洲。直隶合肥县人。明世宗嘉靖三十七年(1558)戊午科举人,嘉靖四十一年(1562)壬戌科二甲第八十二名进士。

存世的《嘉靖四十一年进士登科录》记载:"万振孙,贯直隶庐州府合肥县民籍,江西南昌府南昌县人。府学生,治《诗经》。字性孺,行一,年三十,七月十八日生。曾祖钺,祖永权,父瑞(府通判),母罗氏。重庆下。兄庚孙。弟器孙、似孙、延孙、述孙。娶梁氏。应天府乡试第一百二十五名,会试第一百九十三名。"

《嘉庆合肥县志》云:"万振孙,字性孺。嘉靖壬戌进士。历刑部主事、员外郎,知襄阳府。服官刚正,属县有虎而冠者,振孙廉其状,白诸上,拟戍,监司为解,弗释也。亡何,中蜚语归。数年,补汀州,升湖广按察使副使。适矿使纵横,振孙捕其爪牙,立毙之,以忤旨削籍。起广东参政,未就,卒。天启初,特赠太仆寺少卿。"万振孙为官刚正,万历皇帝为搜刮民财安排矿使横收矿税,万振孙捕其爪牙立毙之。以忤旨削籍。复起广东参政,未就卒,赠太仆寺少卿。

《康熙合肥县志》卷九《人物传》载:"(万振孙)为人谦和,色若孺子而服官刚正,有包待制风。性嗜学,楷书及八分书妙一时。(《万历县志》《万历府志》《索引》)

彭富

彭富(1530—1593):字中礼,一字仲礼,号绍坪。乡贯直隶合肥县,户贯云南大理卫。明世宗嘉靖三十一年(1552)壬子科举人,嘉靖四十一年(1562)壬戌科三甲第四十二名进士。

《嘉靖四十一年进士登科录》记载:"彭富,贯云南大理卫官籍,直隶庐州府合肥县人。国子生,治《诗经》。字中礼,行三,年二十八,七月初三日生。曾祖英(百户),祖海(百户),父举(百户),母朱氏。具庆下。兄荣(百户)、华,弟魁、冠、宪。娶蒋氏。云南乡试第二名,会试第二百五十一名。"

《钦定古今图书集成·明伦汇编氏族典·彭姓部》卷三百十四:"彭富。按云南通志,富,字仲礼,鹤庆郡人。嘉靖壬戌进士,授昆山令,入为户、兵二部主事,出守绍兴,以廉操荐异等入觐。历黔副使、参政、按察,转四川左、右布政。先后平李富,征十寨,讨建越,均徭役,宽榷税,平出纳,所在以功德著。四年,巡抚贵州,寻致仕归。"

《康熙鹤庆府志》卷十八《人物》:"彭富,字仲礼。嘉靖壬子乡科,登嘉靖壬戌科徐时行(原书如此,当为申时行)榜进士。授昆山令,入为兵、户主事,官至贵州巡抚。历中外三十一年,甚有经济。上慰劳之,赐联曰:'帝近春常在,官清乐有余'。覃恩晋左都御史,祀乡贤。"

彭富始祖彭嵩,字自新,洪武十四年随傅友德三十万大军征云南,后留大理鹤庆屯田。彭富墓2019年出土于云南鹤庆县,出土墓志及其他文物。墓志所载彭富生年与登科录有别,以墓志为准。(《嘉靖四十一年进士登科录》)

许乾

许乾(1530—?):字伯贞。直隶合肥县人,户贯河南河南卫。明世宗嘉靖四十三年(1564)甲子科举人,嘉靖四十四年(1565)乙丑科三甲第一七七名进士。官至御史。合肥城内原有为许乾所立的柱史坊。

存世的《嘉靖四十四年进士登科录》记载:"许乾,贯河南河南卫官籍,直隶庐州府合肥县人。国子生,治《易经》。字伯贞,行一,年三十六,正月十四日生。曾祖通(百户),祖鸾(百户),父尧,母昌氏,继母黄氏。具庆下。弟坤、守和(百户)、守一、守恒、守性。娶阎氏。河南乡试第六十一名,会试第七十一名。"(《万历县志》《万历府志》)

郑继之

郑继之(1535—1623):字伯孝,号鸣岘。直隶合肥县人,户贯湖广襄阳仪卫司旗籍。明世宗嘉靖四十年(1561)辛酉科举人,嘉靖四十四年(1565)乙丑科三甲第一百九十五名进士,官至吏部尚书。

据明周嘉谟《明光禄大夫太子太保吏部尚书郑公墓志铭》:"(郑继之)高祖郑贵,合肥人,正统初以小旗从襄宪王,封于襄,乃占籍仪卫司,因家焉。曾祖郑铺、祖郑玺均不仕,父郑时中领乡荐。"郑继之历余干知县、户部主事、江西监察御史、宁国知府、江西副使、江西右参政。召为太仆少卿,累迁大理卿。为大理卿九年,擢南京户部尚书,就改吏部尚书。

郑继之《明史》有传,《明史》记载其年九十二卒,赠少保。墓志铭言其终年八十九岁,当以墓志为准。郑继之有《四书集说》《毛诗讲义》等。(周嘉谟《明光禄大夫太子太保吏部尚书郑公墓志铭》)

梁子琦

梁子琦(1527—1596):字汝珍,号石渠。直隶合肥县人,户贯直隶寿州。明世宗嘉靖三十七(1558)戊午科举人,嘉靖四十四年(1565)乙丑科三甲第二六九名进士。

《嘉靖四十四年进士登科录》记载："梁子琦，贯直隶凤阳府寿州民籍。州学生，治《诗经》。字汝珍，行三，年三十九，二月初四日生。曾祖得，祖铠，父楑（经历），前母潘氏，母杨氏。慈侍下。兄子瑈、子璧、子琢、子瑷、子璋。弟子瑜、子璠、子璘、子瑰、子瑛。娶姚氏。应天府乡试第九十六名，会试第三百三十八名。"

隆庆元年（1567），梁子琦初官诸暨知县。明余姚进士钱德洪《重修学宫碑记》："隆庆丁卯，石渠梁君以进士出宰暨，其为政以开悟人心为本，洁身藻德，贞志立教，未朞月而政平民熙"。梁子琦在诸暨政绩卓著。明诸暨俞序《梁公子琦德政传》，对梁子琦的德行政绩有详尽记述。诸暨百姓深感梁子琦勤于政事、造福于民，称其捐建之会义桥为"梁公桥"，梁子琦组织修建的浦阳江杨树畈段江堤命之为"梁公堤"。梁子琦离任诸暨后，邑人自发组织兴建生祠以纪其绩。

梁子琦后历户部主事、通政司右参议、左参议。万历十一年（1583）十月，升通政使司右通政，同年十一月以神宗择寿宫之事，降通政使司右参议闲住。万历二十四年（1596），梁子琦卒，享年七十。有《龙渊杨君孝行序》《汤公遗稿序》等文遗存。（《万历府志》）

王恩民

王恩民（1540—1625）：字仁溥，号成宇。乡贯直隶合肥县，户贯云南临安卫。明世宗嘉靖四十三年（1564）甲子科举人，明穆宗隆庆二年（1568）戊辰科三甲第二百六名进士。

存世的《隆庆二年进士登科录》记载："王恩民，贯云南临安卫官籍，直隶合肥县人。国子生，治《诗经》。字仁溥，行五，年二十九，十月初八日生。曾祖鏀，祖缨，父世学，母阮氏。具庆下。兄安民（指挥使）、佑民、养民、治民。弟爱民、正民、济民。娶周氏。云南乡试第二十一名，会试第六十八名。"

王恩民是明初功臣合肥子王德裔孙。《云南通志》卷十五《临安府》："忠臣祠,在府城东,祀鄱阳死节太原侯王胜、合肥子王德。明万历三十年,其孙郡人王恩民白台司奉勅建祠,岁春秋二仲辛日祭。"

《明神宗显皇帝实录》卷六十:"(万历五年三月)癸巳,升贵州佥事王恩民为湖广右参议。"《云南通志》卷二十一《乡贤》载:"王恩民,字成宇,建水人。隆庆戊辰进士,知永川县,有循声。召试御史,转湖广荆西右参议。时崔家坪巨寇啸聚往来,荆门一带无宁日。恩民至,防寇踪迹,除奸无遗,人有再造之感。后值故相张居正以父丧归,一时监司俱屈为趋奉,恩民独投刺迎谒,吊赙如常仪。张意不悦,恩民竟登舟去。张后讽湖广御史论之,调贵州参议,寻迁副使。时有夷寇突至城下挟取在狱罪酋,人情震动。恩民徐取纸笔,分布官兵开城出击,贼遂退。抚按合疏,荐其才器可用之九边。会以忧归,服阕补官,历福建左布政,晋巡抚右副都御史。致仕归,优游林壑,淡泊自甘,年八十六卒。"

谈迁《国榷》卷九十一载:"(崇祯四年)壬戌,前巡抚云南右副都御史王恩民卒。恩民字□□,云南临安卫人,隆庆二年进士。知□□县,拜御史,历今官。年八十六。"王恩民此生卒年说与《登科录》及《云南通志》有异。(《万历县志》《万历府志》《索引》)

王来贤

王来贤(1539—?):字元德,号用吾。乡贯直隶合肥县,户贯云南临安卫旗籍。明穆宗隆庆五年(1571)辛未科二甲第十六名进士。

《康熙建水州志》卷十四《乡贤》载:"(王来贤)髫龄警敏,为郡守章士元所识。"

存世的《隆庆五年进士登科录》记载:"王来贤,贯云南临安卫旗籍,直隶合肥县人。国子生,治《诗经》。字元德,行一,年三十三,九月初五日生。曾祖澄,祖华,父好义(寿官),母沈氏。具庆下。弟来贺、来宾、来聘、来问、来旬。娶任氏。云南乡试第十九名,会试第一百四十七名。"

《明神宗显皇帝实录》记载王来贤颇多仕宦经历:万历四年二月,升南京户部广西司主事王来贤为四川佥事。万历七年二月,升四川佥事王来贤为广东右参议。万历九年二月,升广东右参议王来贤为贵州副使。万历十二年六月,复除原任贵州副使王来贤于山东。万历十五年八月,升山东副使王来贤为河南左参政。万历十七年五月升河南布政使司左参政王来贤为本省按察使。万历十九年十一月,以河南按察使王来贤升四川右布政。万历二十一年十月,四川右布政使王来贤升贵州左布政使。万历二十三年六月,调原任贵州调简左布政使王来贤为山西右布政,驻商州。

《康熙天津卫志》载:"万历十四年城墙浸坏,天津道副使(天津兵备道、山东副使)王来贤重修。"《四川通志》卷三十载:"四川布政使司,王来贤,合肥进士,万历中任。"王来贤任贵州布政使时,倡议捐修贵阳文庙,扩建贡院至1500间号舍,又修《贵州通志》二十四卷。

《康熙建水州志》卷十四《乡贤》载:"(王来贤)治绩流闻,而治河策播为尤著。生平恂恂笃行,戚里金推。"(《索引》)

潘云祥

潘云祥(1544—?):字瑞征。乡贯直隶合肥县,户贯山西宁化。潘高子。明世宗嘉靖四十三年(1564)甲子科山西乡试第一名解元,明穆宗隆庆五年(1571)辛未科二甲第二十二名进士。官至开州知州,兵部员外郎。

存世的《隆庆五年进士登科录》记载:"潘云祥,贯山西宁化守御千户所官籍,直隶合肥县人。太原府学增广生,治《书经》。字瑞征,行一,年二十八,正月初九日生。曾祖璟(正千户,赠署都指挥金事),祖承爵(正千户,赠署都指挥金事),父高(布政司左参议),母王氏(封安人)。慈侍下。弟云程(正千户)、云衢、云路、云阶、云梯、云升、云渐、云鸿。娶张氏,继娶袁氏。山西乡试第一名,会试第三百七十八名。"(《万历县志》《万历府志》《索引》)

黄道年

黄道年(1545—?):字延卿,号味玄,又号淑艾道人。直隶合肥县人。明穆宗隆庆元年(1567)丁卯科举人,隆庆五年(1571)辛未科三甲第二百七名进士。

黄道年为明穆宗隆庆元年(1567)应天府乡试第九十名举人。据存世的《隆庆五年进士登科录》记载:"黄道年,贯直隶庐州府合肥县军籍。国子生,治《诗经》。字延卿,行一,年二十七,三月十九日生。曾祖宾,祖纪,父意(省祭官),母敖氏。具庆下。弟道月、道日、道时、道星。娶李氏。应天府乡试第九十名,会试第二百五十八名。"

黄道年中进士后初官江西南城知县,丁艰,调浙江天台知县。在浙江天台曾创办志学书院,惠及学子。万历八年(1580)调遂安知县。《民国遂安县志·宦绩》载:"黄道年,知县,字延卿,江南合肥人,进士。听断敏决,摘发如神。旧条编法,各柜分投,民不胜扰。又复额外加征司府造船,照丁亩加派,悉罢之。征收总一年之数,为柜一,为限四,每限复分为三,俾缓办而易完。船差自为料理,不费民半缗。在任逾期,道不拾遗。详去思碑。升汉州知府。"

遂安此前推行旧条编法,赋役尤重,里胥勾捕,多方骚扰,百姓深受其困。黄道年上任后,实施张居正的"一条鞭法"。撤销粮长制,废除额外加派。原来司府造船,照丁亩加派,而黄道年悉罢征收,不费民半缗。更重教兴学,修文庙,整学宫,人文蔚起。其良法美意,得以信今传后。在任期中,道不拾遗,民风清纯。离任时,举邑彷徨,如失怙恃,邑民扶老携幼,卧辙攀辕,车不能发,沿途号送者不可计数,更有追送数百里外者,场面感人至深。

明代文人陆可教为黄道年父亲黄意撰《合宜黄公墓志铭》中说黄道年在汉州"至则首发故中丞某奸利事",而"公(黄意)心善之而策其必败。"已而,黄道年果见中归。

黄道年性情耿介,不问生产,所得金钱随手散去。去职后,怡情山水,悠然自得。与普通百姓相交,待以举火者甚众。喜文史经学,著有《中庸正解》《二十一史驳》《浮槎山房诗稿》。

其《登四顶山》云:"振衣高处听鸣榔,烟树苍茫隔水乡。苔蚀断碑丹灶冷,蛛悬残壁白云长。濒湖鱼浪翻晴雪,归路樵斤下夕阳。莫道停车留信宿,风流今始寄山房。"(《万历县志》《万历府志》《索引》)

朱道南

朱道南(1547—1580)：字统文，号正宇。乡贯直隶合肥县，户贯云南临安卫。明神宗万历元年(1573)癸酉科云南乡试第一名解元，万历二年(1574)甲戌科三甲第一五九名进士。万历四年官祥符知县。《雍正河南通志》卷三十三《职官四》误作江西临安人。

据《万历二年进士登科录》记载："朱道南，贯云南临安卫官籍，直隶庐州府合肥县人。临安府学生，治《诗经》。字统文，行一，年二十九，十一月十九日生。曾祖鏀，祖杰，父子皋，母楚氏，继母曾氏。重庆下。娶吴氏。云南乡试第一名，会试第一百九十三名。"

《皇明三元考》记载："朱道南，临安卫籍，直隶合肥人。字统文，号正宇。治《诗》，年二十八。甲戌进士，授祥符知县，卒。"

《祥符县志》卷十三《循吏邑宰》载："朱道南，浙江临安人，万历初筮仕祥邑，老练如夙习，戴星而起，召诸吏次第任事，无敢上下其手。扑责不逾十，然见者股栗。卒于官，囊无余金。"该志在朱道南后载："李天麟，山东武定人，以万历八年绾邑。"则朱道南当卒于万历八年。朱道南早卒，官不显。（《索引》）

张嗣修

张嗣修(1554—？)：字景仁，一字思永，号岱舆。庐州合肥人，中徙归州，再迁湖广江陵。张居正次子。明神宗万历五年(1577)丁丑科进士第二人。官翰林院编修。

《万历五年进士登科录》载："张嗣修，贯锦衣卫官籍，湖广荆州府江陵县人。国子生，治《书经》。字景仁，行三，年二十四，六月初一生。曾祖镇，祖文明，父居正，前母顾氏，母王氏。重庆下。兄嗣文(贡士)，弟嗣允、嗣哲(锦衣卫正千户)、嗣弼、嗣渊、嗣信、嗣惠。娶贺氏。顺天府乡试第二十四名，会试第三十八名。"

史载张嗣修为张居正次子。而按登科录记载，张嗣修是张居正第三子,又只列张嗣文一位兄长。据此,张居正真正的第二子早逝,故张嗣修被误以为次子。张居正第四子张懋修为万历八年状元,而史载为第三子。

《万历八年进士登科录》载:"张懋修,贯锦衣卫官籍,湖广荆州卫人。府学生,治《易经》。字惟时,行四,年二十五,四月十三日生。曾祖镇,祖文明,父居正,前母顾氏,生母何氏。重庆下。兄敬修(同科进士)、嗣修(翰林院编修),弟简修(锦衣卫指挥佥事)、慎修、道修(官生)、允修、静修。娶高氏。湖广乡试第十二名,会试第十三名。"

万历二年,张嗣修会试落第,身为首辅的张居正十分不满,此科遂不选庶吉士。为让儿子顺利登第,张居正欲网罗著名文士临川汤显祖和宣城沈懋学为其子老师,汤显祖婉言谢绝,沈懋学与张嗣修一同攻读,后同科中第且为状元。张居正卒后,明神宗对其兴师问罪。张居正长子张敬修自觉受辱,自缢而死。张嗣修被发配到广东徐闻。(张敬修《文忠公行实》)

张懋修

张懋修(1556—1634):字惟时,号斗枢。庐州合肥人,中徙归州,再迁湖广江陵。张居正三子。明神宗万历八年(1580)庚辰科进士第一人。官翰林院修撰。

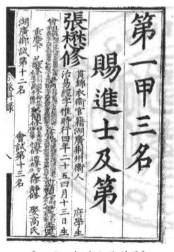

《万历八年进士登科录》

张懋修虽生长首辅之家,却自幼刻苦好学,知识累进。万历八年殿试,张居正请求回避,神宗不允,还有意将张懋修拔置一甲第一名。万历十年,张居正病逝,政局突变,明神宗视"恩相"为仇敌。万历十二年四月,诏令查抄居正家产,司礼太监张诚,刑部右侍郎邱橓,及锦衣卫、给事中等奉命前往。张懋修投井自杀未遂,绝食又不死。与兄长张嗣修一同被削籍为民,发配广东徐闻。当时有:"丁丑无眼(榜眼张嗣修),庚辰无头(状元张懋修)"的说法。

天启二年(1622),张居正冤案得以昭雪,张懋修放还江陵。崇祯七年(1634),张懋修卒于家,年七十九。崇祯十三年(1640),下诏恢复张懋修官职。张懋修编有《张太岳全集》,另有《墨卿谈乘》十四卷。(张敬修《文忠公行实》)

张敬修

张敬修(1552—1584):一说名嗣文,号炎州。庐州合肥人,中徙归州,再迁湖广江陵。张居正长子。明神宗万历八年(1580)庚辰科二甲第十三名进士。官至礼部主事。

张居正去世后,万历皇帝诏令查抄张居正家产,张家子弟被严刑拷打,非要逼出巨额家财。张敬修不堪受辱,写下绝命书愤慨自杀,留有妻子高氏和儿子张重辉。高氏自杀未成,遂毁容抚养孤子成长。崇祯十三年(1640),崇祯帝追复张敬修礼部主事并复武荫,授张敬修孙张同敞为中书舍人。张同敞后为明末著名的民族英雄,为大明王朝殉国。(张敬修《文忠公行实》)

黄道月

黄道月(1552—1590):字德卿,号旨玄。直隶合肥县人。黄道年仲弟。明神宗万历七年(1579)己卯科举人,万历十四年(1586)丙戌科三甲第二名进士。

《万历丙戌科进士同年总录》记载:"黄道月,贯直隶庐州府合肥县民籍。国子生。字德卿，号旨玄。治《书》。行二，丁巳年十二月初四日生。己卯乡试七十名，会试三十一名，廷试三甲二名。礼部观政，授中书舍人。曾祖宾，祖纪，父意（省祭），母敖氏，兄道年（辛未进士，汉州知州），弟道日（监生）、道时、道星（监生）。严侍下。娶王氏，继娶徐氏。"

明陆可教《亡友黄德卿墓志铭》说黄道月生而奇颖，志气迈特不群。幼工举子业，制艺率归轻妙，论者谓如浮云过太虚然。长而习古文词，雅慕司马相如为人，诗效李白，萧逸俊朗，犹如神仙中人。"方嘉、隆间，经生家言，务工蔓词，靡靡若一。德卿矫为奇峭，又好治诗歌。"诗文精妙，绝无尘俗。

黄道月授官中书舍人，不满三载，因为父亲黄意去世，黄道月丁忧归，不久以疾卒，时明神宗万历十八年，寿仅卅九。黄道月死时有三女，无子，以黄道年子黄僧伸为子。黄道月实有一遗腹子，《亡友黄德卿墓志铭》云："殁后得遗孤子某。"

《万历丙戌科进士同年总录》记载黄道月生于丁巳年，即1557年，而《亡友黄德卿墓志铭》记载黄道月生于1552年，当以陆可教记载为准。

黄道月早卒，未能有更大作为。陆可教言其少负气，豪于饮酒，蹴鞠、六博、骑射诸技，无不精绝。黄道月风神俊朗，诗歌水平甚高，精书法。有《德卿诗集》，今不存。其《登浮槎山》云："山云纷应接，驻盖骋雄观。树老青铜蚀，泉枯白练干。风吹萝欲立，雾净石长寒。一著登临屐，千峰色自阑。"《游鲍明远读书处》云："崩台开旷面，残叶集孤清。何事横洲上，而留鲍照名。淡烟依宿莽，疏雨发长荆。槲叶吟风夜，还疑诵读声。"鲍明远即南朝宋时著名诗人鲍照。《乾隆江南通志》记载明远台，在（合肥）城东北七十里，梁县乡，四围皆水。《方舆胜览》载："宋鲍照尝读书于此。"

四顶山原有庆和寺，宋代建，黄道月为其改名朝霞寺。三河镇南岸原有石佛寺，黄道月书"独笑不休"额。见于《嘉庆合肥志》卷十四《古迹志》。

《嘉庆合肥县志》云："黄道月，字德卿。万历丙戌进士，官中书舍人。风神俊朗，好为诗。年三十九卒。有诗集，今不存。"（过庭训《本朝分省人物考》卷三十四《庐州府二》、《索引》、《光绪府志》）

蔡淑逵

蔡淑逵(1555—1618):字子正,号云衢,一作云瞿。直隶合肥县人。蔡悉侄。明神宗万历十年(1582)壬午科举人,万历十四年(1586)丙戌科三甲第六十一名进士。

《万历丙戌科进士同年总录》记载:"蔡淑逵,贯直隶庐州府合肥县匠籍。县学生。字子正,号云衢。治《书》。行一,乙卯年八月二十八日生。壬午乡试六十六名,癸未会试三百十一名,廷试三甲六十一名。大理寺观政,授浙江上虞县知县。曾祖裡,祖廷瑶,父恕(生员),母方氏,弟淑度、淑大、淑向、淑达、淑时。永感下。娶张氏,子照。"

《光绪府志》云:"蔡淑逵,字云衢,合肥人。少与叔父悉究极性命之旨,遭母丧,三年哀慕如一日。万历癸未成进士,丙戌授上虞令。久之调湖广襄阳,摄襄阳府符。迁陕西商南令,竭心抚字,招集流移,多方开垦,兴文厘弊,有循良名。时权珰赵梁以派矿为秦中害,逵请命于上,派税特轻六年。转户部郎,督浦口粮,宿弊一清;督龙江关税,冰清自矢,综理精密。出守广西南宁府,时黎寇窃发,征遣兵所过如扫,乃丰其委积遣之,仍严部处,使不得横,有兵夺商人舟,淑逵置之法。晋滇南按察副使,权布政司事,以清俭先寮案,奉上敕督理粮储、管盐法,以课资灶户,均其徭役,禁有司不得扰,而额课用饶。归以积劳成疾卒。"

蔡淑逵在万历十一年癸未科通过会试,但因为丁忧需要回乡守制,故而没能在当年参加廷试。蔡淑逵于三年后的万历十四年通过廷试。故府志说万历癸未成进士,丙戌授上虞令。

万历二十三年进士、合肥赵元吉为蔡淑逵撰写过《行状》。蔡淑逵著有《易卦飞伏断》,重刊《元帝化书》,另有《龙舒净土文》《尺牍》《杂说》《医方》等书未刻。(《索引》、《光绪府志》、《蔡氏宗谱裡公支谱》卷三)

窦子偁

窦子偁（1561—?）：字燕云，一字可扬，号淮南。直隶合肥县人。明神宗万历十三年（1585）乙酉科举人，万历二十年（1592）壬辰科三甲第一二一名进士。

《万历二十年壬辰科进士履历便览》记载："窦子偁（淮南），书四房。辛酉八月十二日生，合肥人。乙酉乡试。三十二岁（曾祖瓒，祖永隆，父迈）。三甲一百二十一名（仕至福建左布政。甲午贵州主试）。"

《嘉庆合肥县志》云："窦子偁，字燕云。万历壬辰进士。素以风节自持，授大理寺评事，即具疏请建储。董上谷饷，输羡六万余，蒙赐金褒异。守泉州，考满，提调湖广学政，历官至福建布政使。归，修祠置祭租，赞守令修学，助置学田。世称淮南先生，祀乡贤。"

《道光晋江县志》云："窦子偁，字燕云，合肥人。万历壬辰进士。由户部郎出知泉州。才具敏毅，而持以凝重。至则咨询利害，悉意罢行之。约饬胥掾，舆台咸相诫，不敢犯。有宿蠹，立按其罪。事关豪家，据法持衡，虽居间百方，弗为动。听讼期于得情，有遮呼自诉者，令毋壅遏。或剖断立遣，或应诘欵服，庭无留讼。岁旱，斋心虔祷，不逾晨夕辄应。修学宫，清射圃，折节衿髦，时程艺而甲乙之，多士奋兴。又念后来修治计靡所出，诸生贫不能读书者无由赈助。适同安废观有田五百二十五亩为豪民私占，命同安令洪世俊清其漏赋，闻藩伯，归之官。割其半，岁征银一百九十六两八钱七分五厘，贮府学以备修治庙廷、斋舍、祭器及赈助贫生婚丧之用。学官支给，必请于府而后行之。以其半，畀同安学，亦如泉。广文袁士楚、揭乔嵩、王玑、石维盘共请何乔远为文记之。卫卒粮饷，取给于郡。异时胥吏窟穴为奸，故缓其期，加以侵牟。子偁勅主吏按月呈牒，如期给之，寸锱粒米无扣减。卫卒感其德，请尚书黄凤翔为作《泉州卫散饷记》。安平有石井书院，祀朱韦斋及晦翁。诸生以时弦诵其中，岁久垣圮，为豪右牟敚。某子疠居室，削祠前地若干尺，又屋角冲射，为形家所忌。诸生与较，则被其黠奴凌侮莫堪。以闻于郡，会子偁行部，即单车谒二朱先生祠，勒反所侵地，而置奴于法。仍谕某子甲，嘉与更始，亟葺祠以赎愆。子偁复捐俸以佐工乏。士民勒碑纪其事。性高洁，竿牍苞苴不至其门。初至时，从二三庐儿，取足给烹爨而已。蔬粲常供，每浮直于市肆，郡斋扃鐍，阒如也。俸钱外，矢不入官。入觐戒发，行李萧然。擢副使，督学湖广。郡士民相率建祠生祀之，勒碑纪焉。"

《钦定古今图书集成·官常典·藩司部》载："窦子偁。按《明外史本传》，子偁，字可扬，合肥人。万历二十年进士，授大理评事。性鲠直，敦厉名节。时储位未定，中外危疑，抗疏力请早建，不报。屡迁户部郎中，督饷宣府，精心任事，不私一钱。期满，输羡余六万于官，被旨优奖。出为泉州知府，清操大著，吏民畏而爱之。二十九年，擢湖广提学副使，较阅公明，所甄录悉知名士，士类悦服。悯楚宗人冤，驰疏请雪，忤权相弗避，移福建右参政。既去，而士民祠祀之。遭丧归，起官江西。三十八年，举治行卓异，迁浙江按察使，刚断不挠，奸豪敛迹。旋进其地右布政使。一日，门初启，有数人舁巨桶入，子偁诘问之，曰：'此羡余也。京饷输讫，例当分送子。'偁勃然曰：'朝廷方忧乏饷，安得羡余！若辈敢污吾地耶？速去！毋以身试法！'乃命取水涤之，数涤而后已。遭疾去官，归装不能办。起历福建左右布政使。四十二年，税使高寀肆虐，激民变，寀遂拥众作乱，走劫巡抚袁一骥，诸司悉奔救，子偁稍后至，事闻，京师给事中吴亮嗣论他事刺及之，遂坚意乞去，士民追思之。子偁清介绝俗，所至有声，为江北人士之冠。其平居持论，与东林诸人合，故不为异己者所容。"

合肥逍遥津曾为窦子偁所有，俗称窦家池。有《敬由编》传世。(《索引》《光绪府志》)

潘文

潘文：乡贯直隶合肥县，户贯山西宁化。潘高弟。明神宗万历十年(1582)壬午山西乡试第十九名举人，万历二十三年(1595)乙未科三甲第一九一名进士。

《乾隆宁武府志》卷八《人物》:"潘文,高之弟。万历乙未进士,知汉中府。才干明敏,案无尘牍,断狱片言居要,左右不得关说。每月朔日,与诸生讲业,名流多出其门。矿贼俞世乾聚众数载,肆为吞噬,文设策招安,令充牙兵。未一载杀人如故,文以计擒之,一日歼焉,汉中获安。"

《明神宗显皇帝实录》卷五百二载万历四十年闰十一月,调陕西副使潘文为西宁道副使。《明实录熹宗实录》卷五载天启元年正月,升陕西汉中府知府潘文为山东按察司副使,备兵武定。《明实录熹宗实录》卷三十八载天启三年九月,升河南布政司右参政潘文为本省按察使。

天启五年四月,潘文升大理寺少卿。巧合的是,潘文子潘云翼在同一天被推补为大理寺少卿,父子任同一官职。潘文不得不具疏自陈,天启皇帝指示改潘文为大理寺添注右少卿。后任太仆寺少卿、大理寺正卿。(《索引》《光绪府志》)

赵元吉

赵元吉(1566—?):字修之,号慎所。直隶合肥县人。明神宗万历十六年(1588)戊子科举人,万历二十三年(1595)乙未科三甲第二三九名进士。

《万历二十三年乙未科进士履历便览》载:"赵元吉。慎所。《书》。二房。丙寅九月二十一日生。合肥人。戊子一百二十一名。会试二百二十七名。三甲二百三十九名。"

《嘉庆合肥县志》云:"赵元吉,字慎所。万历乙未进士,历工部员外郎,出知建昌府,以严峻忤俗致仕。"

《河南通志》卷三十二《职官三》:"各府推官,怀庆府,赵元吉,江南合肥人,进士。"《明神宗显皇帝实录》卷四百九十九载万历四十年九月,升户部郎中赵元吉为江西建昌府知府。卷五百七十七载万历四十六年十二月,补原任建昌府知府赵元吉为都匀府知府。赵元吉曾纂修《建昌府志》十五卷。(《索引》《光绪府志》)

刘济

刘济（1551—1602）：字未之，号殷築。直隶合肥县人。明神宗万历十九年（1591）辛卯科举人，万历二十六年（1598）戊戌科三甲第一七十名进士。官蠡县知县、清苑知县，卒于官。

《索引》载："刘济，直隶合肥县匠籍。万历二十六年第三甲第一百七十名。"

何庆元《文林郎清苑令殷築刘公墓志铭》记载刘济与合肥黄道月、窦子偁并建旗鼓，三人鳞次捷南宫。《万历二十六年戊戌科进士履历便览》载刘济为会试第二百九十一名。《顺治蠡县志》卷五载："刘济，字未之，号殷築。直隶合肥县人。繇进士，万历二十七年任，洁己爱民，兴学造士，赈恤茕独，作米救荒，必躬亲尝之。（《索引》《光绪府志》）

李文郁

李文郁（1569—？）：字从周。直隶合肥县人。明神宗万历二十二年（1594）甲午科举人，万历三十五年（1607）丁未科三甲第二百四名进士。官新城知县。

《万历三十五年进士登科录》载："李文郁，贯直隶庐州府合肥县民籍。府学生。治书经。字从周。行一。年三十九，十月初六日生。曾祖璋；祖贡；父方膺；母陈氏。慈侍下。娶张氏。应天府乡试第九十一名，会试第二百五十七名。（《索引》《光绪府志》）

袁鸣泰

袁鸣泰（1588—？）：字六阶，号凤南。乡贯直隶合肥县，户贯广西平乐县。明神宗万历三十一年（1603）癸卯科举人，万历三十八年（1610）庚戌科三甲第一九八名进士。

《万历三十八年庚戌科序齿录》记载："袁鸣泰，广西平乐府平乐县籍，直隶合肥人。字六阶,号凤南。治《诗》。行二。戊子正月二十九日生。癸卯乡试十七名,会试四十八名,廷试三甲一百九十八名。通政司观政,授浙江青田县知县。壬子丁忧。乙卯补福建浦城知县。曾祖廷稷(寿官);祖邦相(登仕佐郎);父文修(湖广耒阳知县);母彭氏。具庆下。兄鸣谦(廪生)、光祚(廪生),弟鸣乾(百户)、鸣时、鸣甲、鸣岐、鸣豫、鸣珂。娶刘氏,子启良、启泌。"

袁鸣泰实岁十五即考中举人,是名副其实的少年才子。据《钦定四库全书》之《福建通志》卷二十五《职官六》载明代浦城知县有袁鸣泰,合肥人。《广西通志》记载:"袁鸣泰,平乐人。万历庚戌进士,官青田知县,丁父艰归,居丧以孝闻。起补莆田县(此误,实为浦城),直道与乡绅忤,去官。有《纪行实录》。祀乡贤。"

《光绪处州府志》记载:"袁鸣泰,字六阶,号凤南,平乐人。万历庚戌进士。潇洒敏达,工诗文。建各祠庙及元勋坊,改儒学门向。未期年,以忧去,士民感恩,为立祠于县西百余步,尸祝不绝。旧志无,据《青田新志》补。"《钦定古今图书集成·方舆汇编》之《职方典》卷第一千二十九《处州府部汇考三·处州府风俗考》载:"青田县,关帝庙,在芝田驿之左,明万历四十年知县袁鸣泰建,自为记。"

袁鸣泰曾师从合肥蔡悉,蔡悉著作《书畴彝训》一卷,记载为福建闽县令门人袁鸣泰刊。据考,袁鸣泰历官青田知县、浦城知县、闽县知县。袁鸣泰著有《广韵隽》五卷,旧传由日本江户昌平坂学问所收藏。另辑有《卧雪斋选》四卷。(《索引》《光绪府志》)

潘云翼

潘云翼(? —1626?):乡贯直隶合肥县,户贯山西宁化。潘文子。明神宗万历三十四年(1606)丙午科山西乡试第十九名举人,万历四十一年(1613)癸丑科三甲第六十九名进士。

天启三年(1623)正月,潘云翼任巡按直隶兼管辽东监军御史。后任大理寺少卿、太仆寺少卿。潘云翼与其父潘文同为乡试第十九名举人，同一天被推为大理寺少卿，颇为巧合。潘云翼工书法，大学士福清叶向高所撰护国灵佑宫碑为其所书。潘云翼死于天启六年王恭厂灾。

《乾隆宁武府志》卷七《科目》："潘云翼，万历癸丑，文子，仕至太仆寺卿，居太原。崇祯甲申二月，李自成攻太原，云经画守城事，作《乘城信地录》。后城破，为贼所困，因死狱中。"与潘云翼死于王恭厂灾异之。（《索引》《光绪府志》）

许如兰

许如兰（1583—1634）：字湘畹，号芳谷，又号香雪道人。直隶合肥县人。明神宗万历四十年（1612）壬子科举人，万历四十四年（1616）丙辰科二甲第十五名进士。

按《万历丙辰科进士同年序齿录》，许如兰生于万历丙戌（1586）；按《许氏家谱》，许如兰生于万历壬午年十二月二十五日午时，即1583年1月18日，卒于崇祯甲戌年正月初六酉时。许如兰生卒年依据家谱为准。

许如兰自幼聪慧，虽家贫，然读书奋进，不求他途；笃志好学，终使学问渊博，文章璀璨华丽。许如兰登第后先任翰林院庶吉士、翰林院编修，后知光州知州。许如兰在光州任上，办事公正明决，案无留牍。时有陈尚宝等七人入狱待死，许如兰通过大量内外调查，确信此系重大冤案，豁免释放陈尚宝等人。许如兰被地方称为神人。许如兰重视教育，每月立二会，手为评阅，拔其佳者，集之曰《浮光会业》。

天启二年，迁工部员外郎。天启三年，署屯田司郎中，升营缮司郎中。因不附阉臣魏忠贤，天启六年，许如兰出任绍兴知府。《乾隆绍兴府志》卷四十三《人物志·名宦》载："许如兰，号芳谷，庐州合肥人。万历丙辰进士。初知光州，疏豁奇冤陈尚宝等七人，治狱称神。入为工部郎，多平反，时誉大起。简守绍兴，始下车，周咨民隐，清课额，崇学校，省刑出滞，不数月间，士民兴颂。时上虞有皂李湖，为一方水利，岁溉民田若干亩，乃其远于湖而黠者辄思引水他注，讼不已。乃为勘断立石，濒湖者利赖无穷，尝立祠祀之。"

东汉名臣马臻曾任会稽太守，筑镜湖，举水利，遗惠于越。绍兴曾有马太守庙在绍兴府城南二里。唐开元中，刺史张楚始立祠湖傍。元和九年，观察使孟简复恢之。自后废修俱不可考。许如兰到任后与郡中乡衮修葺，状元余煌作文记之。

绍兴境内会稽、山阴、萧山三县之水，均汇集至三江口入海。由于潮汐长期涨落，带动泥沙堆积如丘。遇大雨内灌，则内水被泥沙阻隔不能骤泄于外，致使良田淹没，水涝成灾。嘉靖十六年（1537），时任绍兴知府汤绍恩（四川安岳人）曾主持修建三江闸，形成外控潮汐，内扼储泄的三江水系，使得绍兴地区灌溉方便、旱涝不虞。

许如兰在任时距当初修建三江闸已有九十年，三江闸主渠道淤塞严重，水流极为不畅。为保障绍兴百姓安危，许如兰带头捐献禄银，率受益三县官民重修水闸，疏理河道，并订立渠道永久疏通章法。越东百姓依赖此水系畅通，确保农业生产。

天启七年，许如兰因叙功，加升二级浙江按察司按察使。崇祯元年（1628）正月，许如兰被评选为天下卓异官二十四人之一，并赐宴礼部，同年升河南按察使。十一月，改河南按察使管密云道。崇祯三年正月，以政绩卓异升密云兵备道、右布政，转蒲州道。密云百姓请留任未赴任蒲州。旋擢升为右佥都御史、巡抚顺天，六月仍以右佥都御史改巡抚广西，七月叙恢复四城功加升一级，赉银二十两纻丝一表里。

许如兰巡抚广西曾折悍藩，平普、莫二贼。悍藩或指大明靖江王。广西任未满，崇祯六年，以德陵事诏返北京回奏。德陵是天启皇帝的陵墓。次年正月，卒于京邸。同年五月，仍因德陵雨坏事遭追责，褫职、追告身。

《雍正合肥县志》卷十四《人物一·乡贤》载有许如兰小传："许如兰，字湘畹。丙辰进士。知光州，迁工部郎，不附阉官。出知绍兴府，有惠政，举卓异。备兵密云，转山西蒲州道。旋奉命抚蓟，以病归。再出，巡抚广西，折悍藩，平剧贼，进副都御史。生平慕苏长公为人，守越时，梦长公授片石曰天然砚。偶掘地得之，与梦符。所著《奏议》十卷、《香雪庵诗文》十二卷、《天然砚谱》一卷。祀乡贤。"

许如兰仰慕苏东坡为人，梦见苏东坡授砚的故事还见于明末大臣绍兴倪元璐的《倪文贞集》，其卷十七记载："庐州许芳谷太守治越，三年夜梦苏文忠公，晤论周旋。旦起童子援锄叩墝得石，乃砚也，题曰：'天然'，而其阴有文忠小像，宛然梦中须眉云。"上海陈继儒《白石樵真稿》卷十五有《许芳谷天然砚铭》："会稽太守，夜梦坡仙。旦日钁土，有石出焉。洗而视之，不雕不琢，丘壑天然。覆而视之，不言不笑，须眉宛然。"

清初宣城施闰章有《思砚斋记》："君子之论人也，生视其所好；其事亲也，殁视其所不忘。尚书户部郎中许君生洲，负颖力学，尝为翰林院庶吉士，肆力于文辞。余见其《思砚斋诗》，异而问之，则喟然曰：'先大父中丞公，天启间守绍兴，梦东坡先生手授一砚。翌日，使童子种竹卧龙山麓，掘地果得砚。玉质金声，背有东坡小像。中丞摩挲拂拭，宝之数十年不离寝处。明末兵乱失去，时先中丞既殁，家大人追念手泽，为之出涕，颜所居曰'思砚斋'。君为我记之。'"

许君生洲即许如兰孙许孙荃，清代进士。

许如兰因梦砚得砚，又作《天然砚谱》一书，甚为有趣。《天然砚谱》或又名《美人镜》，书未分卷，但分为论砚、评砚、洗砚、塚砚、砚诗赋、砚铭赞六部分，现存有明天启刻本，明朝诗人、书画家，许如兰同年进士谢士章作序，曾为著名藏书家杭州汪宪、九江李盛铎、诸城张宗可等递藏。

《雍正合肥县志》介绍的许如兰的著作外，许如兰还有《游衢纪略》一书，《奏议》全名为《抚广奏议》。清代著名学者杭世骏在校补清初藏书家黄虞稷《千顷堂书目》时，著录有："许如兰，《香雪斋诗文》十二卷。字□□，合肥人。巡抚广西，都御史。"据近代版本目录学家孙殿起《清代禁书知见录》记载，《香雪庵集》约天启间刊，乾隆间重刊。清乾隆四十年（1775）六月，安徽巡抚宗锡将《香雪庵集》列入应毁书目而查禁，致使许如兰诗文多散佚。

仅知有民国十九年铅印本《香雪庵诗集》一卷。

《密云县志》载许如兰《龙潭》诗一首:"驱车来访到龙潭,石上青苔砌小庵。爽气绕筵犹带露,危旌隐日自生岚。人依玉树妖尘远,魄濯冰壶酒正酣。仿佛龙光归杖履,骊珠应许共君探。"《嵊县志》有许如兰诗:"从来称名胜,况复是清秋。地古墟烟少,天晶日色浮。树光连野合,溪响傍山幽,黄叶飞何急,雪轻淡欲流。"《登四顶山望湖作》:"嵯峨直上极层椒,绝顶峰烟四望遥。山色西来连霍麓,涛声东去逐江潮。天边贾舶千帆远,水底鱼龙万象骄。况是仙灵多窟宅,伯阳丹鼎霭晴霄。"《咏女将秦良玉援辽》:"铁骑红妆照汉城,蛾眉高髻拥长旌。军称娘子香成阵,队出佳人翠作营。花衬锦袍宜有绿,光寒宝剑逼钗明。提戈直夺胭脂塞,共道封侯属女英。"

宋代大画家赵伯骕存世的《湖山春晓图》,曾为许如兰鉴藏。(《索引》《光绪府志》《合肥许氏宗谱》)

龚萃肃

龚萃肃(1581—1632):字雍壏,号敬宣。直隶合肥县人。明神宗万历四十三年(1615)乙卯科顺天乡试第二十六名举人,万历四十四年(1616)丙辰科会试第二百二十七名,殿试三甲第二五二名进士。

按《万历丙辰科进士同年序齿录》,龚萃肃生于万历辛卯(1591),龚的生年依据家谱为准。

《嘉庆合肥县志》云:"龚萃肃,丙辰进士。授吉安推官,擢御史。论边督张我续贪冒之罪,白知州汪心渊守徐之功,纠袁崇焕之坏疆事,举方震孺之有才品,悉称言职。差长芦巡盐,升太仆寺少卿。"

龚萃肃任吉安推官,部注清官第一。天启中官至太仆寺少卿署浙江道御史,巡按真定。天启七年七月,任长芦巡盐御史。崇祯元年三月,任山西按察使、太原道。

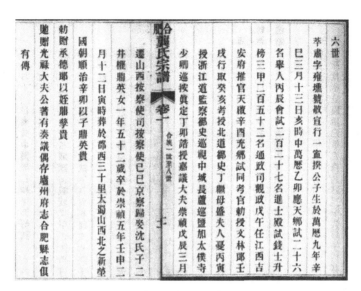

《合肥龚氏宗谱》

晚清合肥四大家龚张李段之龚家,其发迹自龚萃肃始。(《索引》《光绪府志》《合肥龚氏宗谱》)

程楷

程楷(? —1642):字公式,号畸人。乡贯直隶休宁县,户贯直隶合肥县。明熹宗天启元年(1621)辛酉科举人,天启五年(1625)乙丑科三甲第五十八名进士。

清汪有典《史外》卷十六载:"程大参,讳楷,字畸人,合肥人,万历己丑进士。令平湖,擢南礼曹,出守东昌,迁滇之布政司参政。之任,见界石大书'万里云南'四字,念母老,凄然泣下曰:'吾不得为王尊矣。'欲投劾归。会滇寇陆昌文等叛,喟然曰:'王事多难,吾不得为王阳矣。'星驰抵住,设方略讨平之,遂解组归养。

"壬午,张献忠寇庐州,太守郑公履祥知公饶方略,以城守属公,公毅然曰:'吾事也。'率众堵御甚力,贼屡攻不能克,解围去。

"是时,寇盗蜂起,中原大乱,户口八九流亡,天子犹勤文事,督学使者四出校士,冀得人,而庐当贼围。既解之后,督学御史适校士至郡,献忠诇知之，则令贼数百人为挟书囊笔，袭儒衣冠以入。漏三下，卷甲而趋之城上，举火以应，四面环攻，城遂陷。道臣蔡如蘅、合肥令汤登贵、督学徐之坦缒城遁，郑公死之。公奋勇巷战，贼众大至，遂遇害。夫人高氏闻变，自缢死。史公可法疏闻，赠光禄寺卿。"

《新纂云南通志》云："程楷，合肥人。进士。崇祯三年，任云南右参政，性惠爱，御寇，增城垣，复修学宫。去后，人思之。"

《康熙合肥县志》卷十《忠节传》载："程楷，字畸人，合肥人。品貌丰伟，举动端凝，读书于蜀之雪霁山房，诸子百家无不淹贯，尤酷嗜南华，为文奇肆亦如之。"

《嘉庆合肥县志》云："程楷，字畸人。天启乙丑进士，知平湖县，以治行擢南礼部郎，出守东昌。吏有以金馈者，峻拒之。历云南参政，未久归养。崇祯壬午，流贼围城，同经历郑元寿协守南薰门。城陷，不屈死。越数日，家人具殓，面色如生。妻高氏闻楷殉难，亦投缳死。漕抚史可法为文祭之。状闻，追赠光禄卿，荫一子入监读书。祀乡贤。"（《索引》《光绪府志》）

胡志藩

胡志藩：字屏王。乡贯江西南昌县，户贯直隶合肥县。明熹宗天启元年（1621）辛酉科举人，天启五年（1625）乙丑科三甲第一七一名进士。官至中书舍人，御史台北道御史，直隶巡按，为官尽职尽责，卒于官。

《嘉庆府志》云："胡志藩，字屏玉，合肥人。天启乙丑进士，授中书舍人。先是，郡中马驿系肥、舒、庐、无、六州县协济，后独累肥，民为重困，志藩具疏言：州县苦乐不均。奉旨下部议者再，卒见俞允。自是，金点雇募，五属俱得其平。其为德于乡者甚大。入御史台，按宣大，骄将悍卒靡不慑服，卒于官。"《崇祯长编》卷五十八载："崇祯五年四月，直隶巡按胡志藩疏报捐助银数。帝命其移会宣大督抚监视，即在本处缮备犒兵，不必解部。今后边镇地方俱一体遵行。"《康熙合肥县志》载胡志藩字屏王，嘉庆府志当误。

《崇祯长编》卷六十四载："崇祯五年十月，直隶巡按胡志藩上言：'臣遍阅宣镇情形,见山川之险要,壁垒之坚瑕,与兵马之强弱,将吏之能否,举全镇之局势,实与蓟辽大异。乃悟宣之所以为宣者,边不足守,城不足恃,惟战之一字可图,则言乎宣镇之急务,舍修战之外,别无良法矣。盖可以战,则可以守,亦可以长哨远探,出奇捣虚,便则扼险邀击;不便则坚壁清野,此万全之策也。然战固非易,言战必有战之人。骁骑锐兵,搴旗执馘之徒是也;战必有战之具,精骑、坚甲、良弓、利剑、火炮、铅药之类是也。一有不足,则不可以战。今宣镇兵多菜色,鲜骁壮之人。马皆骨立,乏腾骧之势。盔甲之修造无资,弓矢之积存无几。镇城而外,大炮寥落,见者寒心。且额军八万有奇,今止六万。马骡三万余匹,今不满万。因循日久,废弛已极。臣推其故,盖自节省之说行而边臣之肘愈掣。司兵者惟患其兵少,主计者惟恐其兵多。食不足而兵亦因之不足也。苟不破胶拘之习,必大悮封强之计。因条奏发双粮以招壮士,加额粮以鼓炮手,支本色以救战马,给空月以免军累四事。'"

《山西通志》卷七十九《职官七》载:"胡志藩,进士,崇祯时任巡按宣大,御史。"(《索引》《光绪府志》)

金光辰

金光辰:字天枢。直隶合肥县人,户贯南京龙骧卫全椒屯所。明思宗崇祯元年(1628)戊辰科三甲第八十三名进士。官至左佥都御史。有《金双岩中丞集》等。

明清季大儒余姚黄宗羲《思旧录》载:"金光辰,字天枢,合肥人。余至北京,寓万驸马之园,在城之极西。公时为金院,相去几二十里,特来相访。谥典久稽,余欲上疏催之。以稿呈公,公即袖之而去。其写本及投通政司,皆不烦余也。公弟光房,字天驷;当己卯,余试南都,方病疟,天驷以其天界寺私室寓余。"

考《明史》,金光辰作全椒人。再考《索引》,金光辰籍贯为南京龙骧卫全椒屯所,附注官籍。黄宗羲与金光辰直接交往过,应当是金光辰本人对黄宗羲说他是合肥人的。金光辰祖先当为明初派驻全椒屯所世袭的官员。金光辰虽然生长在全椒，但他仍自认为是合肥人。(黄宗羲《思旧录》)

吴士讲

吴士讲(1593—1662)：字心启。直隶合肥县人。明思宗崇祯三年(1630)庚午科举人，崇祯四年(1631)辛未科二甲第六十七名进士。

《崇祯四年辛未科进士履历便览》载："吴士讲，□□。《书》。一房。癸巳六月初五生。合肥人。庚午一百二十。会二百九十六。二甲六十七名。户部政。授南兵部司主事。乙亥，职方员外。丙子，升大名府知府。"

《嘉庆府志》云："吴士讲，字心启，合肥人。崇祯辛未进士，授南兵部车驾司，以员外郎出知大名府，复补开封府，有惠政，汴人德之。李自成攻围岁余，城中食尽，府署有石榴一株，诸生请太守锯屑分散食之。饥困如此，尚从周藩协力死守，城得暂完。河决后，乘桴以出，叙功升下川南道。"

《嘉庆合肥县志》云："吴士讲，字心启。崇祯辛未进士，授南兵部车驾司，迁本部员外郎，出知大名府，复补开封。闯贼攻破开封，士讲归，后论功升川南道。中途病发，具疏告归，年七十卒。"

清合肥郑达《野史无文》称："开封知府吴士讲，合肥人。乘筏去，回乡。后论功升川南道，恳辞不仕，隐于田野终身。"吴士讲入清不仕，有一定气节。(《索引》《光绪府志》)

孙辚

孙辚：字伯驭。庐州合肥人，户贯湖广钟祥县。孙交裔孙。明思宗崇祯四年(1631)辛未科三甲第四十七名进士。官绍兴知县，崇祯八年知广东清远知县，崇祯十一年为兵部车驾清吏司郎中。奉祖遗训力学晚成，所至有政声。(《同治钟祥县志》卷八《选举表》)

龚鼎孳

龚鼎孳(1616—1673)：字孝升，号芝麓。乡贯江西临川县，户贯直隶合肥县。龚萃肃侄。明思宗崇祯六年(1633)癸酉科顺天乡试第七十四名举人，崇祯七年(1634)甲戌科会试七十一名，殿试三甲第九十八名进士。

入清官至都察院左都御史，历刑部尚书、兵部尚书、礼部尚书。卒，谥端毅。龚鼎孳是明末清初文坛领袖，与常熟钱谦益、太仓吴伟业并称"江左三大家"，有《定山堂集》《奏疏全集》。按龚鼎孳明万历四十三年十一月十七日(1616年1月5日)生于浙江桐庐县署。(《索引》《光绪府志》《合肥龚氏宗谱》《崇祯七年甲戌科进士履历便览》)

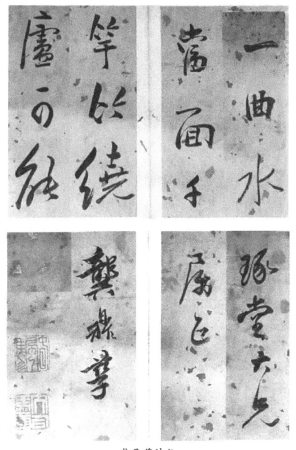

龚鼎孳诗札

朱国昌

朱国昌（1602—？）：字慎斾，一作号慎瞻。乡贯直隶合肥县，户贯云南临安卫。明熹宗天启四年（1624）甲子科云南乡试第五名举人，明思宗崇祯七年（1634）甲戌科会试第二百十一名，殿试三甲第一三二名进士。以知县迁南京四川道御史。

《明季南略》载："甲申（即崇祯十七年，1644）四月初一，南京兵部尚书史可法……四川道御史朱国昌，誓告天地，号召天下臣民起义勤王，捐赀急事。"佚名著《偏安排日事迹》载："崇祯十七年九月，升御史陈良弼、周元泰、朱国昌太仆寺少卿；予实俸，管差如故。以定策功也。"《崇祯记闻录》卷三："弘光改元，乙酉岁正月初八日立春，初九、初十大雪盈尺，新正大约多雨。宗师朱国昌，亦以太仆少卿兼督学御史。"《明季南略》亦载乙酉年是春，江南督学朱国昌驻江阴岁试诸生。明亡，朱国昌隐居居卒。（《索引》、《崇祯七年甲戌科进士履历便览》、钱海岳《南明史·朱国昌传》）

朱家仕

朱家仕（？—1644）：字翼明，号昆海。乡贯直隶合肥县，户贯陕西河州卫。朱绅五世孙。明思宗崇祯十年（1637）丁丑科二甲第三十七名进士。

初任户部主事，升兵部车驾司、职方司员外郎，转武选司员外郎，政绩卓然，升山西朔州道转大同兵备道加分巡副使。适逢李自成进攻大同，其与中丞卫景瑗、总兵姜瓖歃血盟誓，协力守城。后总兵姜镶开城迎降，其斩杀劝降来使四人后，更换朝服，怀抱敕印，尽驱妻妾子女入井，已而从之，投井而死，被后世称之为"满门忠烈"。著有《书经主意》《八先生录约》《破尘草》《商订录》《净业合编》《范士讲铎》《祗承录》《朔风咏》《北岳游》《诗记》《守城议》《积善款语》等。（《索引》）

王寔大

王寔大（1609—1679）：字幼章，一作号幼章。直隶合肥县人。宋进士王弼后裔。明熹宗天启七年（1627）丁卯科副榜举人，明思宗崇祯三年（1630）庚午科举人，崇祯十年（1637）丁丑科三甲第一八五名进士。

《崇祯十年丁丑科进士履历便览》载："王寔大，曾祖銮，祖逐，父建极。幼章。《书》。三房。戊申十二月十三日生（1609年1月）。合肥县人。庚午一百五名。会七十四名。三甲一百八十五名。吏部观政。戊寅授顺德知县、本省同考。"按《肥西县志》作王寔大生于1598年，卒于1669年，《肥西县志》或来源于《王氏宗谱》，故王寔大生卒年有两说。

王寔大父亲王建极，字中宇。年轻时曾力学强记，应补博士弟子员，主者竟易之。去为吏，则益不乐，时时谢病家居。凡三年，而竟焚吏牒弃去，曰："我不能龌蹉案牍，趋贵人之前也。"以故力田起家，而严敕子弟以进学，不少息。盖公（指王建极）固好行其德，却金焚券，负闾里义声。然笃天伦，亲九族，尤兢兢云。

在王建极的教导下，长子王寔大举进士，余下五子王寔宁、王寔远、王寔伟、王寔亨、王寔化俱诸生，兄之子王幼清、王幼宁亦相继补邑诸生。

王寔大少年丧母，后事继母解氏，抚异母弟五人。与异母弟同居六十余年，内外无间言。王寔大为诸生时，博极群书。与海内文士娄东张溥、张采为友。明末著名文人、爱国英雄陈子龙与王寔大同举于乡，后又中同科进士，相处融洽，故能邀得陈子龙为其父母作《合肥王中宇暨配胡氏墓志铭》《合肥中宇王公墓志铭》。

崇祯三年，王寔大中举。明末农民军攻打合肥，王寔大分守合肥北门，亲冒矢石捍御。守者复集，城赖以存。皖抚史可法重其人，一时机务悉咨以行。

王寔大初官顺德知县，《咸丰顺德县志》载崇祯十二年知县为王寔大。历新会知县、即墨知县，至河南道御史，以廉能卓异报最。王寔大自奉甚俭而喜施予。崇祯十五年，合肥三遇旱灾和蝗灾。王浸大捐资助赈，规画甚善，具有干略。《嘉庆合肥县志》卷三十五《集文第五》录王浸大《劝赈文》一篇，当涉此事。

明末，王浸大条议当变革者十余事。南明弘光时擢南京吏部侍郎。时局动荡，马士英、阮大铖等奸佞掌权。王浸大这样的正直之臣在朝中无法存身，旋告归。清初隐于家，晚年居鹊渚，卒年七十二。

王浸大晚年乡居期间，手不释卷，二十五年无论寒暑没有间断。身着布袍芒鞋，与农人樵牧为伍，怡然自适。王浸大其学尤长于史，尝谓："史为古今第一要义，而《春秋》史法之祖，《通鉴纲目》群史之会"，故二书为其一生精力所萃。著有《春秋说史纲目全书》《掷杯阁文全集》《性理评断》。《江南通志》载王浸大有《史纲钞》，或即《春秋说史纲目全书》。上海图书馆藏有王寝大《新刻经史类编》二十六卷，为明崇祯十四年刻本。

王浸大子王克健、王克敏、王克淑、王克璁同食同住，均有文名。王克健、王克淑、王克璁是清代贡生。王浸大玄孙王裕铨，字继高，以资授浙江宁波府通判，历任广西梧州府、思恩府同知。到任，裁土官陋规数万两。调顺天北路同知，署天津府事。总督议开海河，废通竿井。王裕铨力陈不可，建言："河开遇涨，则府治淹没；井废，则田亩不能灌溉。"王裕铨反复坚持正确意见，使得当地避免水旱灾害。民人感激，作歌颂之。(《索引》、《光绪府志》、《王晜乡试硃卷》、方希孟《王五峰先生传》)

六、清代可考者71人

赵函乙

赵函乙:字授若。江南合肥人。清世祖顺治二年(1645)乙酉科举人,顺治四年(1647)丁亥科二甲第四十一名进士。

《嘉庆合肥县志》卷二十四《人物传四》载:"赵观乙,弟函乙,顺治二年乙酉同年举人。赵函乙授户部郎,榷崇文门税,输羡千金于公。朝廷嘉之,迁江西督学。试竣,入都过庐,见邑多弊政,抗议曰:'吾当吁请,以抒民累。'中途被刺死。榇归,白衣冠哭者万余人。观乙隐居读书,终其身。"

赵函乙曾修江西进贤宋末忠臣合肥人密佑祠。(《索引》《光绪府志》)

程汝璞

程汝璞:字素人,号蕉鹿。江南合肥人。清世祖顺治二年(1645)丁亥乙酉科举人,顺治四年(1647)丁亥科三甲第一三九名进士。

《嘉庆合肥县志》卷二十四《人物传四》载:"程尊孔,字师北,中州夫子裔。祖客合肥,因家焉。明末岁饥,闾党赖其赈贷,全活甚众。卒祀乡贤。以子汝璞贵,赠户部郎。汝璞,字素人,顺治丁亥进士,历官至浙江提学道。事父母饮食,不亲视不以进。父殁,事母抚弟,孝友愈笃。母丧,呕血死。"

《嘉庆府志》卷三十一《孝义传》载:"程汝璞,合肥人,顺治丁亥进士。归,侍父,每有言必跪受。历知咸宁、上饶二县,擢户曹。父殁后,事母抚弟。年六十余,以浙省提学罢归。丧母,号恸呕血,寻以病终。子本节,康熙丁丑进士,河南虞城令,行取礼部主客司主事。"(《索引》《光绪府志》)

萧嗣奇

萧嗣奇:字子云。江南合肥人。清世祖顺治五年(1648)戊子科举人,顺治六年(1649)己丑科二甲第六十四名进士。

《嘉庆合肥县志》卷二十四《人物传四》载:"萧嗣奇,字子云。顺治六年己丑进士,授行人。甲午科为顺天同考官。居乡清慎,不事干牍。至事关利害者,不惮力持之。与人交,重所谊。有诗集行世。"

萧嗣奇诗集名为《秋水吟》。(《索引》《光绪府志》)

徐惺

徐惺:字即山,号子星。江南合肥人,寄籍江南江宁。清世祖顺治二年(1645)丁亥乙酉科举人,顺治六年(1649)己丑科三甲第一六三名进士。

徐惺典中书,为世祖皇帝侍从。康熙六年(1667)任兖东道,作有《艾山纪事》一文,载入《乾隆沂州府志》卷三十三《艺文》。《清实录康熙朝实录》卷四十四载:"(康熙十二年十一月),升湖广武昌道徐惺为河南按察使司按察使。"徐惺官至湖广布政使。徐惺为清初著名词人,有《横江词》传世。(《康熙合肥县志》卷七《选举》、《光绪府志》)

王纲

王纲:字燕友。江南合肥人。明进士王宪后裔,崇祯进士王寖大族弟。清世祖顺治五年(1648)戊子科举人,顺治九年(1652)壬辰科二甲第十名进士。

据王纲家族后裔、道光举人王晑的乡试硃卷记载,王纲为该科会魁。会魁即五经魁。明清科举制度,考生于五经试题里各认考一经,录取时,取各经之第一名合为前五名,称五经魁。会试中之五经魁称"会魁",乡试则称"乡魁"。王纲会试时位列前五名,是清代合肥第一位会魁,也是清代合肥可考证的三名会魁之一,是合肥清代会试名次最高者。

授刑部主事,迁郎中,改兵部督捕。振滞狱,释株连。冬天,以各种缘由流徙关外者,王纲施衣物汤粥。选授巡仓御史,终通政司参议。晚年笃志理学,康熙年间卒。著有《觊鹤亭全集》。

按清末合肥王尚辰《道旁散人集序》，"太史（指李孚青）为余家泳思观察婿，二子皆王出。太史之姑又为通政公（指王纲）子妇，两姓亲情倡酬最密。"则王纲儿子娶康熙时合肥名臣、武英殿大学士李天馥的妹妹。李天馥长子李孚青娶王泳思女儿，则王纲应为王泳思同族叔伯长辈。王泳思即王舟，清顺治十八年进士。(《索引》、《光绪府志》、《王勖乡试硃卷》、方希孟《王五峰先生传》)

杨霖

杨霖（1816—?）：字苏生。江南合肥人，正黄旗顺天籍。清世祖顺治十一年（1654）甲午科顺天乡试举人，顺治十二年（1655）乙未科二甲第二十名进士。曾任湖广兴国知州，康熙元年任叙州知府，至长芦盐运使。

按杨霖《索引》误作杨森。上海图书馆藏《顺治十二年乙未科会试进士三代履历便览》："杨霖，曾祖天相，祖真，父一龙。甲午（乡试）二百四十八名，会试六十三名。"(《康熙合肥县志》卷七《选举》、《光绪府志》)

倪衷复

倪衷复：字来子。江南合肥人。清世祖顺治八年（1651）辛卯科举人，顺治十二年（1655）乙未科三甲第一一二名进士。

《嘉庆合肥县志》卷二十四《人物传四》载："倪衷复，字来子。壬辰进士（此误），为安远县知县。莅任即革火耗，行户供，亿民德之。粤东寇发，练勇敢御之，贼不敢入境。海民内徙，捐俸赈恤。详安远志中，有诗行世。"(《索引》《光绪府志》)

李天馥

李天馥（1635—1699）：字湘北，号容斋。河南永城籍，江南合肥人。清世祖顺治十四年（1657）丁酉科河南乡试举人，顺治十五年（1658）戊戌科三甲一五九名进士。

选庶吉士,授检讨,迁国子监司业。康熙十五年(1676),迁詹事府少詹事,次年擢内阁学士。十八年,充武会试正考官。二十七年,擢工部尚书,转刑、兵、吏诸部,拜武英殿大学士。卒,谥文定。李天馥是清代合肥第一位翰林。

李天馥在刑部任职期间,秉公执法,恤刑爱民。对于被无辜株连入狱的百姓,李天馥能一一予以甄别,使许多人幸免于难。李天馥任职工部时,对水利建设也有过卓越贡献。

李天馥为官清正,处世清介,履职勤慎,深受康熙信任。李天馥重视选拔人才,尤其留心拔擢寒门士子,韩菼《光禄大夫武英殿大学士兼吏部尚书李文定公天馥墓志铭》载:"单门寒畯,闻声相思,惟恐其不登用。有名章迥句,辄留连叹咏不置"。经他拔擢或引荐的官吏,皆能克尽厥职。

李天馥能诗,常和王士禛、陈廷敬、叶方蔼等相唱和,诗成而好事者争传诵。李天馥以武英殿大学士的身份渐成文坛领袖,因其礼贤下士,文人从游者甚众。有《容斋千首诗》传世。(《清史稿·李天馥传》《光绪府志》)

金光房

金光房:字天驷,号桑严。江南合肥人,江南全椒籍。明崇祯元年进士金光辰弟。清世祖顺治十六年(1659)己亥科会魁,登二甲第七十一名进士。授九江推官,以廉明著称,补琼山知县,平定当地镇兵骚乱。寻卒于官。子金作鼎,康熙三年甲辰科进士。

金光房是金光辰弟,黄宗羲《思旧录》已提及。由于清代不像明代实施双重户籍制度,且清初南直隶省改为江南省,金光房在《索引》里籍贯载为江南全椒。(黄宗羲《思旧录》、《民国全椒县志》卷十)

方舟

方舟:复姓王,字泳思。江南合肥人。顺治九年进士王纲族侄。清世祖顺治十四年(1657)丁酉科举人,顺治十八年(1661)辛丑科二甲第三十四名进士。官四川太平（今四川万源）知县。

太平县经过明末清初多次兵火，久已荒残，无人居住。王舟招抚流民，开垦荒地，振兴教育，使民众安居乐业。升清军督粮道。因遭遇三藩之乱，间关归里。人怀其德，立祠祀焉。政绩载《蜀名宦志》《太平县志》。著有《巴吟泌园集》《鹿柴诗钞》等。

王舟女王氏与合肥历史上最年轻的进士李孚青的婚姻故事颇具一番传奇。李孚青与王氏幼年定亲，王氏后随其父王舟宦迹四川。李孚青、王氏两人渐渐长大，将要成婚之时，吴三桂等人发动的三藩之乱爆发。因平叛战事的激烈，李孚青突然失去了王舟父女的音讯，后来又传来王舟父女死去的噩耗。经过一段时间的平息，李孚青娶了父亲同僚、大学士宋德宜之女。然而王氏幸运地没死，某一天又活生生地出现。李孚青与王氏就这样默默相对，无法相守。

李孚青虽与宋德宜之女恩爱，但宋女身体不算很好，过了几年竟然病故，也没有生育。可能是上天怜惜，李孚青与王氏最终走到了一起，相伴终身，谱写了一段琴瑟和谐的佳话。（《索引》《光绪府志》）

昂绍善

昂绍善：字元长。江南合肥人。清世祖顺治十一年（1654）甲午科顺天榜举人，清圣祖康熙六年（1667）丁未科三甲第一百八名进士。

《嘉庆合肥县志》卷二十四《人物传四》载："昂绍善，字元长。博通五经。顺治辛卯成《五经监临》。上官铉其才，疏荐于朝，以恩贡生领甲午北闱乡荐，丁未成进士。"

昂绍善官内阁中书。今肥东西山驿有昂氏宗祠，传为昂绍善及子昂天翮建。（《索引》《光绪府志》）

合肥昂氏祠堂

许孙荃

许孙荃(1640—1688)：字四山，又字生洲，号荪友。江南合肥人。明进士许如兰孙。清圣祖康熙八年(1669)已酉科举人，康熙九年(1670)庚戌科二甲第五十六名进士。

许孙荃选翰林院庶吉士，授翰林院侍讲，一时馆阁中称著作手。授刑部主事，曾平反因滇黔之变被牵连者，全活达数百余人之多。康熙十八年，以刑部四川司员外郎举博学鸿词，不遇。康熙二十三年，以户部郎中，转陕西按察使司金事、提调学政，勤于课士，遇圣贤名迹，均力为修复，曾捐馆俸修陕西学宫。

许孙荃幼笃学，尤肆力诗古文词，时人评其诗"激昂悲壮，多燕秦之声"。许孙荃有《慎墨堂诗集》《华岳堂集》《使晋集》等多部，《天下名家诗观》三集载其诗三十首，《嘉庆合肥县志》录诗一首。(《索引》《光绪府志》)

李孚青

李孚青(1664—1719)：字丹壑。江南合肥人。李天馥长子，方舟婿。清圣祖康熙十七年(1678)戊午科顺天乡试举人，康熙十八年(1679)已未科二甲第三十一名进士。

李孚青幼受父教,有神童之称。十五周岁中进士,与姚铉同为合肥人中有记载的进士最年轻者。官翰林院庶吉士,改编修。明代成化五年进士、江西吉安王臣,清代道光十三年进士、福建侯官林延禧也都是十五周岁考中进士,李孚青与王臣、林延禧同为目前可考的明清两代最年轻进士,李孚青更是明清两代最年轻的翰林。

自父亲李天馥去世后,李孚青辞官还乡,庐墓不归,终日结伴郊游,似闲云逸鹤,常邀毛奇龄、洪升等人赋诗酬唱。著有《野香亭诗集》十三卷、《盘隐山樵诗草》、《道旁散人集》等。(《光绪府志》)

昂天翮

昂天翮:字扶上,江南合肥人。昂绍善子。清圣祖康熙十七年(1678)戊午科举人,康熙二十四年(1685)乙丑科三甲第五十名进士。官平原知县。

昂天翮自幼随父亲学习,成年后曾师从名儒萧山毛奇龄。昂天翮曾为毛奇龄所作奇书《四书改错》稿本做过校正,时约在康熙五十一年前后。(《索引》《光绪府志》)

王襄

王襄:字石仓,号两溟,室号冰翠堂。江南合肥人。顺治九年进士王纲侄孙。清圣祖康熙二十九年(1690)庚午科乡试经元,康熙三十年(1691)连捷南宫,登辛未科三甲第六十九名进士。

康熙三十八年,王襄任山东商河知县。邑故多盗,王襄持法严恕,四境肃然。以终养归里,事母至情至孝。王襄性嗜古,居尝诵读不辍,诗文清丽脱俗,有《冰翠堂诗集》行于世。

今人考证出王襄收藏过顾炎武《日知录》抄本。该抄本民国时为国民党元老张继所有,著名学者章太炎、黄侃曾目验此书。

《嘉庆合肥县志》卷三十一《集文第一》开篇所收第一篇文章即是王襄所作《朝霞山赋》。朝霞山即四顶山,在巢湖边。

王襄后裔王世溥与晚清定远名士方浚颐父亲互为姻娅,交最笃。方浚颐少壮时曾屡过肥上谒先生(王世溥),辱先生以国士相待,期许倍至,款之冰翠堂。

王世溥即晚清合肥三怪之一王尚辰的父亲,字济周,号育泉。道光贡生。方浚颐《二知轩文存》卷三十有《王育泉先生家传》,记王世溥事迹。王世溥咸丰元年举孝廉方正,以军功,官至候选知州。同治初,从征捻军,积劳卒军次,赠知府衔,赐祭葬。

王世溥道光时曾营小辋川别墅于逍遥津,讲学其间,后毁于兵燹。陈诗《皖雅初集》言:"王世溥为诗学杜工部,得其遒丽。著《小辋川诗集》《周易论语同异辨》《青箱余论》。"(《索引》《光绪府志》)

程本节

程本节:字信臣,号介亭。江南合肥人。程汝璞子。清圣祖康熙二十九年(1690)庚午科顺天榜举人,康熙三十六年(1697)丁丑科二甲第十五名进士。

《嘉庆合肥县志》卷二十四《人物传四》载:"程本节,字信臣,号介亭。诗才清绮,考功司员外郎刘体仁奇之,妻以女。成康熙丁丑进士,为虞城县知县。政尚宽简,闲吟自适,而四境晏然。行取礼部主政,终其身。"(《索引》《光绪府志》)

李昉棫

李昉棫:江南合肥人。李天馥孙,李孚青长子。清圣祖康熙四十七年(1708)戊子科河南乡试举人,康熙四十八年(1709)己丑科三甲第八十七名进士。官山东汶上知县。(《光绪府志》)

田实发

田实发(1671—1736):字梅屿,号玉禾山人。江南合肥人。康熙进士许孙荃外甥。清世宗雍正七年(1729)己酉科举人,雍正八年(1730)庚戌科三甲第九十六名进士。

《嘉庆合肥县志》卷二十四《人物传四》载:“田实发,字玉禾,号梅屿。雍正己酉、庚戌联捷进士。赋异才,倜傥不羁。工书,善诗古文词。困于诸生者数十载,获第已六旬矣。任徐州府教授。有《玉禾山人诗集》。子涣芳,孙逢甲以诗世其家。”

田实发曾师事李天馥,与嘉兴王概兄弟游。其诗颇事雕琢,词尚能纤不伤雅。康熙四十四年,玄烨南巡,田实发曾迎銮献诗。中第后授知县,历充山东、湖北乡试同考官。乾隆初,以颓老改徐州府学教授。除《玉禾山人诗集》,尚有《绿杨亭诗余》,纂《乾隆铜山县志》《雍正合肥县志》。(《索引》《光绪府志》)

苏国榘

苏国榘:江南合肥人。清世宗雍正元年(1723)癸卯科举人,清高宗乾隆元年(1736))丙辰科三甲第六十六名进士。

按《光绪府志》卷三十《选举表一》:“乾隆元年,苏国榘亦举孝廉方正。”(《索引》《光绪府志》)

王嵩诞

王嵩诞:江南合肥人。康熙进士王褎家族人物,王褎孙辈。清高宗乾隆九年(1744)甲子科举人,乾隆十九年(1754)甲戌科二甲第四十五名进士。官古浪知县。

根据道光合肥举人王勗乡试硃卷的记载,王褎孙辈有王嵩李、王嵩厚、王嵩扬等。宋末至清初,合肥王弼家族自王弼开始,可考的有王国、王宪、王寖大、王纲、王舟、王基(武进士)、王褎、王嵩诞等九名进士,内含一名武状元,另有举人不下于十几名。该王氏不仅是世系有序的合肥旺族,也是合肥科举文化的优异代表,更是合肥地域传统耕读文化的突出典范,值得颂扬。(《索引》《光绪府志》)

褚启宗

褚启宗：字亮侪，号望亭。江南合肥人。清高宗乾隆二十四年（1759）己卯科举人，乾隆二十五年联捷南宫，登庚辰科三甲第六十七名进士。

褚启宗于乾隆二十七年至乾隆三十二年官松江府青浦知县，乾隆三十二年后或曾短暂担任华亭知县。青浦田号低洼，松江久淤不治。每夏秋水泛，田地往往淹没。褚启宗度江势迁曲，则水流不畅，易以停沙，乃从白鳝湾直接抵许家村凡四里，疏为新河，以畅其流。又新建千秋桥于其上，人以为利。

褚启宗在青浦修筑城垣，居财赋之地无苛索，民怀其惠。褚启宗为官公正廉洁，对待士子彬彬有礼。青浦有叔侄争夺家产，侄子嘱托巨绅为其说情，褚严然拒之。姜兆翀《松江诗钞》载："启宗任青浦令，浚吴淞江，最著劳绩。以丁艰归，服阕病卒。"褚启宗守丧期满即病卒，令人惋惜。

褚启宗在青浦期间，与清代文学家、金石学家王昶、僧人德源等有交往。王昶《青浦诗传》卷一褚启宗的小传详细记载了乾隆二十五年，褚启宗主持疏浚吴淞江水利的具体细节，诸如挖掘河段的长宽及土方，用工用银多少，挖废民田赔钱几何等施工情形均记录无遗。王昶称赞道："迄今二十余年，吾邑无水淹之患，皆其力也。后儒有留心于郏亶之学者，不可不知，故琐屑记之如此。"

德源为青浦朱家角圆津寺僧人。《光绪圆津禅院小志》载褚启宗为德源《墨花禅印谱》作序，赞叹德源之艺"自古名僧都能妙悟，今兹普众谁解雕锼？乃青溪释德源者，禅印因心，墨花应手。……人巧天工，当是三生之悟到。"

乾隆时期文字狱频起，褚启宗作为一位良吏，曾冒险帮助涉狱之人。《清稗类钞·狱讼类》记载了一个"蔡显以诗句论斩"的史实："蔡显，华亭举人也，著有《闲渔闲闲录》，以论祀乡贤祠节孝一条，为郡绅所嫉，郡守锺某亦恶之。乾隆丁亥，摘其所作诗有'风雨从所好，南北杏难分'句，又《题友袈裟小照》诗有'莫教行化乌肠国，风雨龙王行怒嗔'句，谓为隐约怨诽，情罪甚重,刑部拟以凌迟,改斩决。其门下士遣戍者闻人卓之俶、刘素庵朝栋等二十四人,并其妾朱氏。显有子三人,长曰必昭,隽才也,年十七,亦与书贾吴秋渔同遣戍。青浦胡吟鸥,名鸣玉,殚见洽闻,工词赋。乾隆丙辰,与叶荣梓同举博学宏词科,十月,召试太和殿,不第。归隐三十年矣。显被仇家讦发,其序为胡作,因以被逮,时年八十有奇。邑宰褚启宗力慰之,至省入狱,见蔡曰:'尊集序文刊名为胡某,察笔意,似出先生手。'蔡悟曰:'然。'褚曰:'如此,当不必累胡。'蔡颔之。褚即嘱胡坚辞不承。及案狱,蔡矢口自认,胡遂得释归。是狱也,又有陆时三名珩者,仅十五龄,褚讯其年未及冠,详请释之。褚启宗知此狱之冤,尽最大努力进行帮衬,史称'多所全活'。"

褚启宗能诗,已知有《次韵和杨敬斋新开小池》诗二首,其一:"使君清似水,余润掬新池。竹近含秋早,花深得月迟。垂青峰弄髻,摇碧荇抽丝。枕漱风流在,须眉只自知。"其二:"偃仰成丘壑,森如物外游。遥倾三泖碧,别贮五湖秋。径滑苔侵屐,檐低花拂头。夜来才小睡,清梦到罗浮。"(《索引》《光绪府志》)

萧际韶

萧际韶:字玉亭。江南合肥人。清高宗乾隆三十年(1765)乙酉科顺天举人,乾隆三十四年(1769)己丑科二甲第四名进士,该科第七人。

萧际韶是清代合肥殿试名次最高者,曾为《四库全书》馆纂修。选翰林院庶吉士,散馆授编修,庚子会试同考官。后官山东河南道监察御史,至礼科给事中。以母丧扶梓南归,哀痛成疾,至扬州卒。有《山海经集解》《兰石轩诗抄》《崇德堂诗文集》《昭明文选补笺》《三礼补注》《周易指讹》《馆课赋存》,今皆不存,惜哉!(《索引》《光绪府志》)

龚朝聘

龚朝聘:字献丹,号澄庵。龚鼎孳族裔。江南合肥人。清高宗乾隆二十七年(1762)壬午科举人,乾隆三十六年(1771)辛卯科三甲第五十五名进士。

官甘肃成县知县。在任简科条,务与民休息。当收谷期,乃一概量,不求羡余,人皆感悦。在任仅四个月,即得罪上司而被免官,士民哭送之。辞官归里,教授后进,多有成就。(《索引》《光绪府志》)

张至斡

张至斡(1759—1799):字琴六,号静成,一号兰沙。江南合肥人。清高宗乾隆四十八年(1783)癸卯科经魁,乾隆四十九年(1784)甲辰科三甲第三十九名进士。

初授户部贵州司主事,以善折狱,擢广西司员外郎,迁陕西司郎中。乾隆六十年,授夔州知州。嘉庆初,川楚白莲教起事,张至斡参与征讨。嘉庆四年,以积劳卒,年四十一。(《索引》《光绪府志》)

赵洛

赵洛:字渭西。江南合肥人。清高宗乾隆四十四年(1779)己亥科举人,清高宗乾隆四十九年(1784)甲辰科三甲第五十三名进士。

《光绪府志》卷三十四《宦绩传二》载:"(赵洛)需次都中,孝廉褚文倡殁于邸,贫无以殓。洛经济其丧,为位以哭,同乡之人皆感动。初令祁阳,有循声。继官左云,为边外苦寒之地,俗悍民贫,洛一意抚绥。居官二十年不改儒素。弟湘,乾隆癸卯举人,山东阳信知县,亦有政声。"(《索引》《光绪府志》)

完智

完智:江南合肥人。清高宗乾隆五十九年(1794)甲寅科举人,乾隆六十年(1795)乙卯科三甲第四十三名进士。以知县即用。

初授福建古田知县。古田赌博之风兴盛,有所谓花会者,先数日示期揭通衢,古田民众百里外蚁集,胜负累千百,百姓颇受其坏。完智制定规章严厉查处,风竟绝。调任光泽、南平知县,皆有善政。卒于官,梓归,士民哭送之。(《索引》《光绪府志》)

黄鸣杰

黄鸣杰(? —1841):字冠英,号季侯。安徽合肥人。清高宗乾隆五十七年(1792)壬子科举人,清仁宗嘉庆四年(1799)己未科二甲第三十六名进士。

《光绪府志》卷三十四《宦绩传二》载:"(黄鸣杰)由庶常改礼部主事,迁员外郎中。甲戌分校礼闱,得士最盛。擢台谏,巡漕淮安。苞苴断绝,风采肃然。"嘉庆二十二年以后,黄鸣杰历任大名知府、保定知府、霸昌道、广东按察使、湖北按察使。道光三年(1823)任浙江布政使。道光四年至道光五年署理浙江巡抚、加兵部侍郎衔。归官仅箧中书数万卷而已。居里中十余年,主讲书院,提携后进,成就尤多。(《索引》《光绪府志》)

张建瓴

张建瓴:安徽合肥人。清仁宗嘉庆三年(1798)戊午科经魁,嘉庆六年(1801)辛酉科三甲第七十四名进士。官宣化知县。(《索引》《光绪府志》)

洪运开

洪运开:字芰塘。安徽合肥人。清仁宗嘉庆五年(1800)庚申科举人,嘉庆七年(1802)壬戌科二甲第六十四名进士。

洪运开登第后历官雷波、通江、合江、南充、阆中、蓬安等地知县、蓬州知州、眉州知州。洪运开勤政爱民,官声卓著。道光十年(1830),洪运开在蓬州任上,修有《蓬州志略》,全书设有学校、祀典、职官、人物、艺文等门类,共十卷。(《索引》《光绪府志》)

朱楙

朱楙（1766—？）：字际春，号生洲。安徽合肥人。清仁宗嘉庆三年（1798）戊午科举人，嘉庆十六年（1811）辛未科三甲第十九名进士。即用知县。（《索引》《光绪府志》《合肥朱氏宗谱》）

唐服膺

唐服膺：安徽合肥人。清仁宗嘉庆十八年（1813）癸酉科举人，嘉庆十九年（1814）甲戌科三甲第二十六名进士。官咸安宫教习。

咸安宫教习是咸安宫官学的老师，多数由翰林出身的官员担任。《清文献通考·学校二》载："雍正七年（1729），设立咸安宫官学。……于景山官学生佐领管领下，自十三岁以上二十三岁以下之俊秀幼童可以学习者选得九十名，于咸安宫酌量修理读书房屋三所，每所各分给三十名，令其读书。其教习着翰林院于翰林内拣选九人，每所分派三人，令其勤加督课。"

咸安宫官学原址在寿康宫后长庚门内，乾隆十六年（1751）改建咸安宫为寿安宫，咸安宫官学移至西华门内旧尚衣监。乾隆二十五年（1760）复移于器皿库之西，共有房二十七楹，东向。同治年间曾借官学学舍开馆修书，现建筑无存。咸安宫官学所招学生均为官宦子弟，这些子弟在此学习满语、满文、汉语、汉文，是专门培养国家重要干部的学校。乾隆年间的和珅、和琳兄弟皆出于此官学。（《索引》《光绪府志》）

沈迺菘

沈迺菘：号秋畦。安徽合肥人。清仁宗嘉庆十二年（1807）丁卯科举人，嘉庆二十二年（1817）丁丑科三甲第七十九名进士。

《光绪府志》卷三十四《宦绩传二》载："沉潜笃学，孝友性成。嘉庆丁丑进士，任江宁府学教授二十余年。常以士先器识，后而文艺为诸生勖，出门下者多端。"选《道光元墨正宗续本》，署平梁沈秋畦。年六十五卒于官。（《索引》《光绪府志》）

胡效曾

胡效曾:字谨斋。安徽合肥人。清仁宗嘉庆三年(1798)戊午科举人,嘉庆二十二年(1817)丁丑科三甲第一一一名进士。

官莆田知县、晋江知县。当地人俗好械斗,愍不畏死。胡效曾开诚劝论,民多感悟,去任为立生祠。以老改补颍州教谕,旋乞归。(《索引》《光绪府志》)

王星榆

王星榆:字损斋。安徽合肥人。清仁宗嘉庆十五年(1810)庚午科举人,嘉庆二十四年(1819)己卯科二甲第八名进士。

《光绪府志》卷三十四《宦绩传二》载:"王星榆,字损斋,合肥人。年少力学,务本袪华。嘉庆己卯进士,令利川。"王星榆任内仁恕清廉,勤于听政。公余集诸生讲学课文,多所成就;修补城垣,保障有寄。莅任三年,以艰去,父老泣送。有《损斋文稿》。(《索引》《光绪府志》)

龚善思

龚善思:字意舲。龚鼎孳族裔,乾隆进士龚朝聘族孙。安徽合肥人。清仁宗嘉庆十八年(1813)戊寅科举人,嘉庆二十四年(1819)己卯科三甲第四十名进士。

《光绪府志》卷三十四《宦绩传二》载:"龚善思,字意舲,合肥人,嘉庆己卯进士。壬辰选江苏兴化知县。次年秋大水,河督欲杀水势,开昭关坝。善思为民田力争,迟开十日,民得刈获。创建文正书院,躬自督课,文教振兴。调补上元,擢海州直牧。海故产盐,多私贩。缉私者辄以大夥私枭,报例得迁。善思愀然曰:'地瘠民贫,藉小利谋生耳,何忍置之死。'获担负者辄矜释之。以擒海盗李佩章功升知府,旋以失察属县去官。"(《索引》《光绪府志》)

梁恩照

梁恩照:字昼三,一作字曙亭。安徽合肥人。清仁宗嘉庆二十四年(1819)己卯科顺天榜举人,清宣宗道光二年(1822)壬午恩科二甲第七十九名进士。其参加会试的《会试第十七房同门硃卷》存世。

梁恩照科举未第时,在嘉庆十八年(1813)癸酉科拔贡考试中朝考第一,以小京官分发刑部。《大清仁宗睿皇帝实录》卷三百十七载嘉庆二十一年三月,梁恩照为刑部七品京官。《那文毅公奏议》卷五十三载道光元年,梁恩照为刑部直隶司汉主稿主事。

梁恩照在担任汉主稿主事时,曾秉公直言,使一震惊御座、涉及朝廷二品大员的惊世大案得以昭告天下。

顺天府宛平县富户傅大曾托村民李大为其照看祖坟,许给地五亩、房三间。道光元年二月十八日,傅大与伙计武三在村口与李大相遇,李大称要再加地五亩才去看坟。双方产生争执,傅大怒不可遏,指使武三殴打李大,李大站立不稳,狠狠跌倒在地,当场死亡。

傅大恐遭重罪,找李大妻子李刘氏行贿说和,为李刘氏所拒。傅大先是买通宛平县公差、刑收、仵作等,说李大"内损身死"。李氏不服,再上告到都察院。都察院发还至大兴县重审。傅大又买通大兴县差役,使案件迟迟得不到审理。李刘氏再次到都察院呈控,都察院遂提请国家最高司法机构刑部来审理。

傅大知悉案子已移交刑部,就找人请托,最终此案牵涉到刑部云南司主事兴贵、刑部直隶司掌印郎中舒通阿、兵部侍郎哈丰阿、兵部郎中庆恩、兵部员外郎庆志等官员。这些人中除了兴贵受贿,其他官员多碍于人情,并未收受贿赂。

傅大到案后与武三等人串供,表示李大系为武三殴打致死,傅大当时并不在现场,傅与李大之死没有关系。主管此事的舒通阿向刑部汉尚书韩崶表示,直隶司已经案子审查清楚,村民刘王氏可以作证。尽管李刘氏不服审判结果,但刑部仍可行文通知顺天府转饬宛平县,强令李刘氏到县衙领取棺材,将死者李大下葬。

韩崶为官多年,判案经验极为丰富,仔细一琢磨就心生疑虑。按照刑部日常做法,命案必须审结以后才能安葬死者,而此时案子还未完全结束,就要求安葬死者,且直隶司有满汉官员多人,事关人命,不该只舒通阿一人汇报!此时,梁恩照仗义执言,向韩崶面禀,指出舒通阿办理此案独断专行,不认真审查,也不听取其他官员意见,恐有营私舞弊。

韩崶不敢大意,马上会同管部大学士戴均元、刑部满尚书那彦成商议,改由刑部贵州司审理此案。最终真相大白,傅大作为主犯被判绞监候,秋后处决;武三为从犯,拟杖一百,流三千里。

对于涉案人中职位最高的兵部侍郎、二品大员哈丰阿,道光帝对其与平民有盘根错节的关系憎恨至极,下旨命将哈丰阿及其子兴贵一同发往乌鲁木齐效力赎罪。舒通阿等人也受到严惩。一场惊动御座的大案就这样尘埃落定。

《大清宣宗成皇帝实录》卷三十三载道光二年,梁恩照以刑部额外主事的在职官员身份,参加进士考试,中第后著以六部主事即行选用,授予刑部主事。《光绪府志》卷三十四《宦绩传二》载:"迁员外郎中,总办秋审处律例馆提调公事就理,入军机处行走。枢务谙练,京察以道府用,授山东曹州知府,调济南,所至有能声,擢湖南岳常澧道。"

《大清宣宗成皇帝实录》卷二百零七、卷二百十五、卷二百九十载道光十二年三月,梁恩照任湖南岳常澧道,参与平定江华县瑶族民众聚众滋事。时师旅云集,梁恩照负责筹措调运粮饷,保证供给,出力实多,叙功赏戴花翎。道光十二年七月,以剿平湖南逆猺出力。赏布政使恩特亨额、按察使杨簧、道员梁恩照花翎。道光十二年后,梁恩照曾任湖南盐法长宝道、署湖南按察使。道光十六年六月,升广东盐运使。

梁恩照才冠一时,嗣因事降二级,以病告归故里。梁恩照能诗。与梁恩照同时期的王俦,字晓堂,直隶大名人,寄居山东历城,著有《历下偶谈》,

曾载："梁曙亭观察,安徽名进士,由济南特擢湖南岳常澧道,诗才清妙,专写性灵,友人诵其《长沙旅馆遇北风感赋》一绝,极似少游,诗云云。至《咏卖花声》一联'晴色一肩新雨后,画楼乍听晓妆初',尤艳腻可佳。《长沙旅馆遇北风感赋》诗云:'入耳尖酸声太粗,荒寒一夜黯篝炉。北方倘有人相思,试问风来捎梦无?'"

梁恩照子梁悦馨,字小曙。道光癸卯(1843)举人。曾任崇明知县、通州知州,主持编修《通州直隶州志》。梁悦馨还曾受前任署通州知州孙云锦之托,代为照料当时尚未成名的清末状元、近代大实业家张謇,帮助张謇解决冒籍如皋之事,从如皋归籍通州。(《索引》《光绪府志》)

李式圃

李式圃:字果亭。安徽合肥人。清仁宗嘉庆十三年(1808)戊辰科举人,清宣宗道光二年(1822)壬午科三甲第六名进士。历官太平、武康、嵊县、慈溪知县。所至有政声,士民爱戴。尤体恤寒儒,振兴文教。纂《嵊县志》。(《索引》《光绪府志》)

郭道生

郭道生:字问刍。安徽合肥人。清仁宗嘉庆十二年(1807)丁卯科举人,清宣宗道光三年(1823)癸未科二甲第四十一名进士。

《光绪府志》卷五十八《世族表》载:"合肥郭氏世居店埠镇,明初即以武功显,今多义行,科名因之日隆。"郭道生先祖是明初开国将领郭德,从朱元璋渡江,屡立战功,授广洋卫指挥佥事。郭德子郭昌,袭父职,任神策卫。明成祖时,从征交趾,曾随郑和两下西洋。升都指挥同知。郭昌孙郭震,镇大同,充总兵挂征西将军印。郭震子郭铉,成化中以功升左都督同知。

入清以后,郭氏仍为望族。郭道生先辈郭树屏,官四川茂州知州。《光绪府志》卷三十四《宦绩传二》载郭道生官广西平南知县,历署西林、桂平、迁江、来宾知县。广西多民族杂居,侗族瑶族等少数民族平日有冤难申。

郭道生有效处理，以恩济威，政声卓著。充戊子科广西乡试同考官，时称得士。生平工制艺，有《贻清堂稿》。

郭道生《初夏偶成》诗云："短舸轻如叶，闲踪逐棹鸥。一官游子泪，多病老亲愁。渺渺云遮树，盈盈月冷洲。寸心付流水，乡愁隔南楼。"断句《立春前接家书》："饱尝霜菊无余味，梦忆园梅又隔年。"郭道生仕途不顺，感受到官场的复杂，且久疏迎养，故其诗多悲鸣望云之感，尽诉思乡之情。（《索引》《光绪府志》）

范公辅

范公辅：安徽庐州府人。清仁宗嘉庆二十一年（1816）丙子科举人，清宣宗道光三年（1823）癸未科二甲第六十三名进士。官诸暨知县。（《索引》《光绪府志》）

完遒仁

完遒仁：安徽合肥人。乾隆六十年进士完智子。清宣宗道光五年（1825）乙酉科举人，道光六年丙戌科（1826）连捷南宫，登三甲第十四名进士。完智、完遒仁父子进士时人羡之，府志称"以科名显"。

《大清宣宗成皇帝实录》卷九十八载："道光六年五月，引见新科进士。得旨，一甲三名。朱昌颐、贾桢、帅方蔚业经授职外。麟魁、许前轸……殷增、仇效忠，俱著改为翰林院庶吉士。王汝霖、王藩……程庭桂、吴文鼎……宗室伊克唐阿、方木生，俱著分部学习。李秀发、汪南培……完遒仁、马樾……赵桐、蕴秀，俱著交吏部掣签。分发各省，以知县即用。余著归班铨选。"完遒仁授广东鹤山知县。

根据《三山叶氏祠录》的记载，完遒仁与清代大臣、户部右侍郎、苏州人程庭桂是乡试、殿试的同年友，乡试同出自福州人叶申霭门下，时称得士。（《索引》《光绪府志》）

卢先骆

卢先骆：字杰三，号半溪。安徽合肥人。清宣宗道光五年乙酉科（1825）举人，道光十二年（1832）壬辰科二甲第七十四名进士。

《光绪府志》卷三十《选举表一》载卢先骆为会魁，与顺治进士王纲同是清代可考合肥会试名次最高者。

卢先骆少失怙，家贫力学。中进士后授官广东龙川知县，有廉名。旋丁艰罢官，遂卒。卢先骆生平喜为诗，不加雕琢，所得俸金仅仅供刊诗之费，归槖萧然，士庶送者皆泣下。著有《循兰馆诗存》，同邑赵席珍为之序，江苏常州陆祁孙有题词。

民国时王揖唐所著《今传是楼诗话》载："同邑（指合肥）张渔村先生丙，一字娱存，工书能诗，久负宿望。先君子（王揖唐父亲）晚出先生门下，每为述行谊甚详。先生幼慧，十三岁赋《明远台怀古歌》，操笔立就，同邑耆硕蔡石瓢（家瑜）以神童目之。与赵响泉（席珍）、王二石（埒）、卢半溪（先骆）、吴菊坡（克俊）、蔡篆卿（邦甸）、戴叠峰（鸿恩）诸先生，酬唱无虚日，号为'城东七子'。"

城东指合肥东乡，今肥东境内。蔡家瑜为蔡悉后裔，亦东乡人。"城东七子"皆嘉庆道光间人。时天下承平已久，合肥文风渐盛，故涌现了以卢先骆、二知道人蔡家琬、赵席珍、戴鸿恩等为代表的文人群体，且以东乡人为主。

卢先骆《斋中晓起》云："朝阳照积雪，晴光动书幌。披衣坐前轩，檐楹豁以敞。林雀冻不飞，游鱼戏冰上。弥望墟落间，寒烟散丛莽。古木带流泉，遥山剧昭朗。俯仰洽幽情，聊以息尘鞅。"《晓行北山口》："凉露洗秋星，碧天媚清晓。水萤湿不飞，余辉隐乱草。云起远山微，径僻行人少。纡回陟危巅，俯视层峦小。村树郁寒烟，苍茫下飞鸟。"《家书》云："乡园一别似天涯，三度楼头见月华。书畏亲忧常讳疾，室无妇叹倍思家。行间泪共灯花落，梦里心随斗柄斜。菽水教儿勤问视，高堂餐饭劝多加。"

鲜为人知的是，卢先骆是早期红学研究者，所著《红楼梦竹枝词》一百首被誉为红学研究开山之作，对后世红学研究有极大影响。

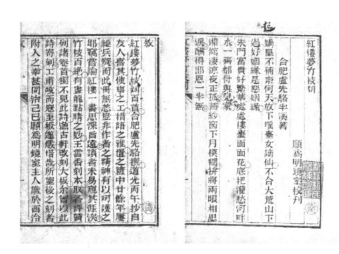

《红楼梦竹枝词》

清末皖明光人吴克歧著《忏玉楼丛书提要》卷三载："《红楼梦竹枝词百首》一卷；合肥卢先骆著。按卢字半溪，是卷有三刻本，一愿为明镜室本，一上海石头记评赞重刻本，一红藕花盫本，余依红藕花盫本录出，而以他二本改订其同异。至其诗冷嘲热讽，洞中幽微，洵属竹枝绝唱，无怪脍炙人口也。"

吴克歧又引明镜室主人叙及丁嘉琳序。愿为明镜室主人叙曰："《红楼梦竹枝词》百首，合肥卢先骆撰。道光丙午（1846）抄自友人，喜其使事之工，措语之雅，置之箧中廿余年。屡经兵焚而此册无恙，岂非作者之精神有以呵护之耶？窃尝论红楼一书思深旨远，读者未易窥其涯涘，竹枝百绝有画龙点睛之妙。王雪香刻本取各评赞列诸卷首，独不见此诗。渔古轩改刻大板，余曾以此诗寄刻，工甫竣而寇至，板遂毁。惜哉！所望之后刻者附入之，幸甚。同治己巳，愿为明镜室主人识于西泠旅次。"

明镜室主人即清末旌德人江顺怡，字秋珊，同治年间在世。官浙江候补县丞。居杭州时，所在东平巷，有花坞、夕阳楼之胜。有《愿为明镜室词》《词学集成》及《读红楼梦杂记》等书行于世。

丁嘉琳序曰："藕华盫主人有红楼本事诗之刻属予校正，适于姚渔衫大使处见红楼梦竹枝词百首，藻采缤纷，笔思隐括。盖端庄流丽，刚健婀娜，兼擅其长者。惟不著姓名,令人有江上丈人水边渔父之慨。岂红楼书隐其事,先生遂亦隐其名耶? 爰急录之以付剞劂,当可与本事诗并传不巧云。同治九年(1870)九月下澣潞河,二斋丁嘉琳谨识。"

卢先骆《红楼梦竹枝词》成作不晚于道光丙午,此后二十多年该作一直未显名(江氏作序在同治己巳即1869年,丁氏作序在同治九年即1870年)。卢氏竹枝词逐渐盛行的同治、光绪时期,卢氏本人早已经不在人间了。

《今传是楼诗话》又载:"先生(指张丙)有《岁暮怀里门诸子》诗:⋯⋯《卢同学半溪(先骆)》云:'循陔思养志,岁入定如何。春恨忘情少,秋怀积泪多。谭诗伤语苦,说梦见心婆。(新谱《红楼竹枝百首》。应有闲题咏,归来为我歌'。"张丙作为卢先骆的同乡兼诗友,应该知道且读过卢先骆的《红楼梦竹枝百首》。

《今传是楼诗话》又载:"洪杨之乱,前辈遗著多付劫灰。先生(指张丙)《延青堂集》,从玄孙庚叔于民国乙卯岁始克在申印行。响泉先生手书之《绿天红雪诗册》,余以旧存孤本覆印。其《寥天一斋诗集》四卷,暨哲嗣云持之《云无心轩诗集》,犹待续觅。菊坡先生晚号蔗翁,又号晚遂老人,所有著《罗雀山房诗集》,闻仅存残帙。余最爱其《东葛城道中》一绝云:'衰柳残蝉夕照间,蹇驴得得客心闲。行过东葛复西葛,看尽环滁四面山。'简括有唐人意。城东七子,末学小生殆无能举其姓字,亦可概矣。"

城东七子诸多遗著,都已湮没于太平天国的劫难中。卢先骆《红楼梦竹枝词》外的诗集,与王揖唐言及的张丙、赵席珍、王埻、吴克俊四家诗文集,除张丙的《延青堂集》,其他多是散佚了。(《索引》《光绪府志》)

戴鸿恩

戴鸿恩:原名宏恩,字禹卿,号叠峰,自署平梁戴鸿恩。安徽合肥人。清仁宗嘉庆二十三年(1818)戊寅科举人,清宣宗道光十三年(1833)癸巳科三甲第四十六名进士。

官湖北京山知县、湖南城步知县、兴宁知县,曾充丁酉科湖南乡试同考官,以军功加知州衔,诰授奉直大夫。因禁嚣粟,忤权贵,罗织成狱,遣戍军台,赐还归里,主讲庐阳书院,奖诱后进,学者景从。

戴鸿恩是嘉庆道光间合肥诗人群体"城东七子"之一,著有《云卧山房诗草》《漱芳园诗集》《栖云楼制艺》等。其《德安城外》云:"千家绕郭条桑绿,十里平畴大麦黄。耰耡声中喧笑语,德安风景似庐阳。"《八月初十日由彰义门外起程旋里》:"不踏长安路,于今又几时。青山仍似黛,碧草尚如丝。旧梦豁然醒,新愁只自知。鲈鱼乡味好,竟夕切归思。"

《小商桥谒杨将军再兴庙》:"曾于珂里拜威仪,谪宦重瞻郾上祠。长水英雄埋战垒,小商风日惨灵旗。青燐碧血前朝恨,白草黄沙过客思。仆仆征尘经两度,心香一瓣鬓千丝。"《小酌》云:"自斟还自斟,难少亦难多。每到微醺候,长吟止酒歌。尽教愁抱释,何必醉颜酡。识得此中趣,陶然养太和。"

戴鸿恩如何遭受冤狱,现有资料没能得到确切说明。然其戍万里路,所作诗犹敦厚冲和,无失意不平之气,戴鸿恩的修养与气度令人赞叹。

戴鸿恩在湖南城步任职时,看到当地有种牛痘之法治疗天花。戴鸿恩考虑庐州因天花死亡孩童较多,于是在道光十五年,戴鸿恩就请湘人谭服思至合肥,设立医局治疗天花。合肥、寿州、六安、临淮、三河等周边婴孩颇受其惠。这一事迹被记录在同治二年(1863),戴鸿恩侄子戴昌祚重订的《引种牛痘新书》中,该书中国中医科学院图书馆有藏。

戴鸿恩另著有《近事纪闻》,纪洪杨佚事颇多。

戴鸿恩长女戴恭谨,字婉湘,嫁同里李文安五子李凤章。李凤章是晚清重臣李鸿章弟。戴恭谨工诗,名列《庐州府志才媛传》,有《望云楼诗集》,肥东王尚辰为之序。后散佚,今不存。(《索引》《光绪府志》)

张而琪

张而琪(1807—?):字采田。安徽合肥人。清宣宗道光十二年(1832)壬辰科举人,道光十八年(1838)戊戌科三甲第三十七名进士。官金华知县。(《索引》《光绪府志》)

李文安

李文安(1801—1855):榜名文玕,字式和,号玉泉,别号愚荃。李鸿章父亲。安徽合肥人。清宣宗道光十四年(1834)甲午科举人,道光十八年(1838)戊戌科三甲第五十五名进士。官刑部郎中,记名御史。李文安居官忠厚正直,以孝友为政,明治狱,尽心职事。太平天国乱起,李文安回乡兴办团练,因积劳成疾,卒于任。有《愚荃敝稿》。(《索引》《光绪府志》)

沈熙麟

沈熙麟(1793—?):号石斋。安徽合肥人。嘉庆十二年进士沈迺菘侄曾孙。清宣宗道光十五年(1835)乙未恩科江南乡试,沈熙麟以庐州府合肥县增生身份考中第一百十四名举人。该科乡试共录取一百十七名举人,庐州府共有六名,除沈熙麟外,尚有第三十六名舒城黄先缙、第四十一名舒城李振质、第九十八名合肥徐子苓、第九十九名舒城王静涌、第一百五名合肥王福永。徐子苓为晚清合肥名士。

沈熙麟后登道光二十四年(1844)甲辰科三甲第六十五名进士。《光绪府志》卷三十四《宦绩传二》载:"(沈熙麟)幼嗜学,有文名,早冠府试,道光乙未举人,甲辰成进士,分发湖北,历任京山、应山、黄冈、汉阳等县,署理汉阳府知府,丙午湖北同考官。"

据湖北地方志记载,沈熙麟任应山知县时间是在道光二十九年至咸丰二年间。胡林翼《胡文忠公遗集》卷十四载:"黄冈县系请调繁缺,咸丰元年本任沈熙麟失守开缺。"则沈熙麟因太平军攻占黄冈,而失去黄冈知县一职,时间上与担任应山知县的时间略有差异。(《索引》《光绪府志》)

李鸿章

李鸿章(1823—1901):本名章铜,字渐甫、子黻,号少荃,晚年自号仪叟,别号省心。安徽合肥人。李文安子。清宣宗道光二十四年(1844),以庐州府合肥县优贡生中甲辰科顺天乡试第八十四名举人,道光二十七年（1847）丁未科中二甲第三十六名进士。

李鸿章为晚清重臣,洋务运动领袖,身前身后毁誉参半。官至直隶总督兼北洋通商大臣、湖广总督、两广总督,文华殿大学士。卒,谥文忠,封世袭一等侯。有《李文忠公全集》。(《索引》《光绪府志》《道光甲辰恩科直省同年录》）

黄先瑜

黄先瑜:字韫之。安徽合肥人。初为邑廪生,中清宣宗道光二十三年（1843）癸卯科举人,清文宗咸丰二年（1852）壬子科二甲第十九名进士。选翰林院庶吉士,散馆授礼部主事。

以在合肥组织团练抵御太平军的功劳赏加赞善衔,并戴花翎。"邑有浪波塘,岁久湮塞,环塘数百顷田恒苦",黄先瑜独力修濬,乡里至今利赖之。晚年主讲庐阳书院,博洽群书,于后学多有成就。

黄先瑜以文继承家学,著有《带草堂诗文集》《匣剑集稿》。李家孚《合肥诗话》云另有《覆瓿集》,诗宗杜少陵。

其《过石梁河》云:"曲折河流绕,人烟聚四围。岸蝉秋更急,江鸟雨还飞。地僻兵戈阻,年荒豆谷稀。客程知渐远,何日故乡归?"石梁河指巢县石梁河,即柘皋河,今巢湖市西,近肥东。断句《舟行》云:"橹声惊宿鸟,灯影聚飞萤。"《徐州》云:"青山盘紫塞,白日走黄河。"《冬夜偶成》云:"风寒乌选屋,灯暗鼠窥人。"均能逼肖。

同治七年（1868）,黄先瑜曾主持编纂三修《黄氏宗谱》。黄先瑜与庐江吴长庆家有亲,是吴长庆子吴保初太外舅。

黄先瑜子黄天麟,字石卿。优廪生。性豪爽,有奇气。幼年随父治乡兵御贼,临事必身先士卒,因此家乡百姓乐为效命。事定后,力举其任保甲。所居石塘桥,数十里内奸匪屏息。又修复南冈集(今巢湖市栏杆集镇)义渡,方便行人。(《索引》《光绪府志》)

缪冠瀛

缪冠瀛：安徽合肥人，寄籍顺天大兴。清宣宗道光二十三年(1843)癸卯科顺天举人，清文宗咸丰六年(1856)丙辰科二甲第三十五名进士。

官吏部主事，因事革职。光绪十年(1884)冬十月，以慈禧皇太后五十寿诞，著照原官降二等赏给职衔。(《光绪府志》)

吴毓芳

吴毓芳：号润六。安徽合肥人。清宣宗道光二十九年(1849)己酉科举人，文宗咸丰六年(1856)丙辰科三甲第七十三名进士。吴毓芳是淮军名将吴毓兰弟。

《光绪府志》卷四十五《文苑传》载：″吴毓芳，号润六，合肥人。性端谨简默，读书颖异。年十三即尽熟群经，喜经世之学。为文下笔千言不加点窜，若宿成。道光己科举人，咸丰丙辰进士，甘肃即用知县，以军功升同知，年三十二遽卒，士论惜之。″(《索引》《光绪府志》)

刘秉璋

刘秉璋(1826—1906)：字仲良。安徽庐江籍，安徽合肥人。清文宗咸丰元年(1851)辛亥科顺天举人，咸丰十年(1860)庚申恩科二甲第八名进士。清末淮系重要人物，官至四川总督，卒谥文庄。

按清俞樾《原任四川总督刘公碑铭》："光绪三十二年秋七月壬戌，故四川总督刘公薨于家，两江总督、安徽巡抚合词以闻。天子悯焉，以公学问优长，战功卓著，任事勇直，持躬廉介。命复公故官，视总督例赐恤，生平功绩，宣付史馆。呜呼！公以罢归林下之人，饰终恩礼优渥至此，其所以上契圣心者，必有在矣。余固不足以知公，然故部民也，又以同馆之谊，相交者三十余年。于其葬也，诸子具状请铭，余奚辞焉。公讳秉璋，字仲良。刘氏，明初自江西迁安徽庐江，遂为庐江人，明季又避寇乱,迁居三河镇。曾祖光祖,大德本生;祖大綵;父世家,并以公贵,赠如其官……"

清王靖涵《诰封荣禄大夫刘公传》载:"公讳世家,字经畲,姓刘氏,庐江人,世居合肥三河镇。祖父以上皆俊雄,公生而沉毅……"。刘秉璋子刘声木引《刘氏家谱》录《经畲公遗事》:"公讳世家,字经畲,号艺圃……自其高祖朝斗公徒居合肥三河镇,世有隐德。其祖父秀山公补博士弟子员,以儒兼商……"。刘世家字经畲,为刘秉璋父。

刘秉璋原籍庐江县砖桥镇(今属矾山),但祖先明末即迁居合肥南乡三河镇,至刘秉璋已不低于五至六代,刘秉璋实为合肥人。(俞樾《原任四川总督刘公碑铭》)

郭怀仁

郭怀仁:字乐山。安徽合肥人。清文宗咸丰九年(1859)己未科举人,清穆宗同治二年(1863)年癸亥恩科二甲第二十一名进士。

《光绪府志》卷四十五《文苑传》载:"(郭怀仁)幼禀母教,聪颖异常。弱冠习经史,下笔千言,讲求用世学。咸丰戊午(1858),巢县办城防,县令邵毓人延请襄助,事定为请奖,力却之。己未中乡榜,避乱至扬州,适提督冯子材驻军镇江,礼聘入幕,机宜皆预裁决,镇江一隅保全者,怀仁之力居多,三次保荐皆不就。同治癸亥成进士,改庶吉士,授编修,己巳(同治八年,1869)充贵州正考官,得人称盛。癸酉(同治九年,1870)督学广西,所选拔者皆名士。任满以目疾告归,侨寓金陵,与诸名士诗酒往还,未几卒。著有乐山诗文专集,藏于家,诗赋书法尤为后进楷则焉。"

《大清穆宗毅皇帝实录》卷二百八十八亦记载同治九年八月,郭怀仁以翰林院编修提督广西学政。

郭怀仁与晚清抗法名将冯子材有交往。咸丰年间,郭怀仁为避战乱躲在镇江句容,以教读为生。《光绪续纂句容县志》卷十二上《人物·流寓》载:"郭怀仁,字乐山,合肥人,咸丰间避乱居句容郭庄庙,课徒花茂吴氏。"同治元年（1862），冯子材授补广西提督，仍督镇江军务。此时流寓句容的郭怀仁与冯子材相遇，郭被冯委任为"某营司书"。平定太平天国运动之后，冯子材部被裁撤，冯亦告假回广西钦州家乡。冯子材十分赏识郭的才学，虽然郭怀仁愿与之偕行，但冯子材考虑广西文化落后，读书与赴考皆不方便，恐怕耽误郭怀仁前程，乃"强之解职，赀其修学"。郭怀仁考中进士为官广西后，还拜会过冯子材。（《索引》《光绪府志》）

沈绩熙

沈绩熙：字湘农。安徽合肥人。清宣宗道光二十九年（1849）己酉拔贡，清穆宗同治三年（1864）甲子科举人，同治十年（1871）辛未科二甲第七十八名进士。沈绩熙官刑部主事。不乐仕进，辞官归，主持庐阳书院，一时学者景从。光绪年间卒，寿九十三，与其兄同享高寿。

沈绩熙仲兄沈用熙，号石坪居士，道光贡生，官宁国府训导。沈用熙从清代著名书法家泾县包世臣学书，称入室弟子。其作书之法，笔笔顿挫，宁迟毋速，而精力弥满，有怒猊抉石之概。光绪年间卒，寿近九十。沈用熙是晚清合肥最著名书法家，传载《清史稿》。

沈绩熙擅诗，有《第七泉山房诗集》。第七泉即指浮槎山泉。其《教弩台》诗："高台临雉堞，魏武此凭栏。何处寻遗镞，松荫一径寒。"其《重馆小栖斋有感》："流水依然抱一村，当时父老几人存？伤怀满目烽烟里，来认飞鸿旧爪痕。"《题金山图》："浮玉山前昔舣舟，今朝画里豁吟眸。一枝塔影随云去，缥缈青连北固楼。"诗亦飘逸。断句《书怀柬高晚樵》云："万顷澄波钦叔度，一声流水遇钟期。"运用工整。其《晚泊湖口县》："系缆月初堕，敲诗人未眠。"出句虽截取渔洋，对句工力悉敌。（《索引》《光绪府志》）

黄灿

黄灿：安徽合肥人。清穆宗同治六年（1867）丁卯科举人，同治十三年（1874）甲戌科三甲第一一二名进士。官江苏昭文知县。（《索引》《光绪府志》）

李经世

李经世（1852—1891）：字伟卿，号丹崖。安徽合肥人。李鸿章侄，李蕴章子。清德宗光绪二年（1876）丙子科江南举人，光绪六年（1880）庚辰科二甲第三十六名进士。官翰林院编修。

李经世受家风熏陶，待人谦和，持躬俭约，不因聪慧骄人，不恃家势傲世。喜善举，平日凡鳏寡孤独有求，都尽力资助，寒时舍衣散米，热时制药舍茶。直隶、山西、河南三省大灾，李经世捐助巨款而不让人知。光绪十四年，庐州旱蝗两灾，捐巨金并广为劝募，源源散赈。有《醉芸馆诗集》，参与修纂《光绪庐州府志》。（《索引》《光绪府志》）

李经世乡试硃卷

王恩光

王恩光：字延叔。安徽合肥人。清德宗光绪二年（1876）丙子科顺天举人，光绪六年（1880）庚辰科二甲第八十九名进士。

《光绪府志》卷四十五《文苑传》载："王恩光，字延叔，合肥人。谦谨诚朴，力学不已。由拔贡生中光绪丙子顺天举人，庚辰成进士，以知县即用分发陕西。恩光家本寒素,藉讲授自给,然笃于内行。妻卒遗子女幼,乞嫂氏鞠养之,矢不复娶。及得官即挈一仆,行甫抵省,旅居客肆,囊资不充,猝病一日死。仆人以告陕省,大吏嘱同官助以敛之。为文根极理要义蕴深厚,存稿多散佚。"(《索引》《光绪府志》)

阚綗

阚綗(1828—1898):幼名功昌,改名凤池,字尚之,号心源,又号星若,晚号退叟。安徽合肥人。清德宗光绪五年(1879)己卯科举人,连捷南宫,于光绪六年(1880)中庚辰科三甲第一百五十二名进士。

阚綗与从兄凤楼、凤藻并称"阚氏三凤"。清文宗咸丰三年(1853),阚綗在乡兴办团练,筑圩结寨,抵御太平军。阚綗考中进士年已过五旬,是个老进士。所以在官直隶长垣知县、邯郸知县两任并短暂担任直隶总督署理文案后即致仕,举家定居于巢县柘皋镇。阚綗曾主持光绪时第三次修纂《合肥阚氏宗谱》。(《索引》《光绪府志》)

蒯光典

蒯光典(1857—1911):字礼卿,号季述,又自号金粟道人、斤竹山民。安徽合肥人。李鸿章侄婿。清德宗光绪八年(1882)壬午科江南乡试第五名举人,光绪九年(1883)癸未科会试第一百一十九名,殿试三甲第二十九名进士。选庶吉士,散馆授翰林院检讨。

蒯光典生卒年有二说。综合冯煦《蒯礼卿京卿传》、陈三立《候补四品京堂蒯公神道碑》、马其昶《候补四品京堂蒯君墓志铭》,蒯光典生于咸丰七年五月十五日,即1857年6月6日,卒于宣统二年十二月九日,即1911年1月9日,年五十四。《蒯光典朝考卷》言其光绪九年中进士时年二十四,则蒯生于1860年,即咸丰十年。若据此,蒯光典算是个少年进士,比合肥相国李鸿章中进士还小一岁。

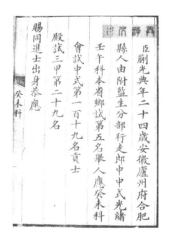

蒯光典朝考卷

　　蒯光典是晚清学者、教育家、政治思想家,也是清流派、革新派重要人物。蒯光典本可走清代官员的老路,循旧守成,利用李鸿章、张之洞这样优势的资源,逐步升迁。然而晚清中国处于一个巨大的变局之中,李鸿章等洋务派倡导的变革及之后康有为推行的变法都试图挽救摇摇欲坠的大清王朝,实际却无成功。在这股变法潮流中,蒯光典是一位极富现实感的人物。他本可成为李鸿章淮系军政集团中的一位后起之秀,他又师事张之洞,隶属清流,与李鸿章政见不同,后期又主动投身宪政改革洪流中,试图寻求真理,从而探索出在中西方思想文化调和共处下的一种近代中国自强振兴之路,蒯光典身上实是兼具新旧知识阶层的双重色彩。

　　宣统二年,蒯光典赴南洋提调劝业会,卒于江宁。蒯光典卒后次年,即宣统三年八月归葬于合肥双墩镇。蒯光典通训诂,精目录学。著有《文学蒙求广义》四卷,《金粟斋遗集》八卷。(《索引》《光绪府志》)

张华奎

　　张华奎(1848—1897):字蔼卿。安徽合肥人。清德宗光绪八年(1882)壬午科顺天乡试举人,光绪十五年(1889)己丑科三甲第一零六名进士。

光绪十五年,张华奎发四川以道员补用。四川总督刘秉璋檄办滇黔边引盐务,悉心厘剔,颇有成效。十七年,署理川东道。《民国巴县志》载:光绪十七年正月二十一日,张华奎报重庆海关开关,旋与税务司勘定南岸王家沱为商埠地址。张华奎与重庆首任海关税务司、英国人霍伯森签订《重庆新关试办章程》和《重庆新关船只来往宜昌重庆通商试办章程》,标志着重庆正式开埠,署川东道时,张华奎参与办理大足教案。十八年补建昌道。次年调署按察使,旋改署成绵龙茂道。二十一年再署川东道,参与处理成都教案。又与日本领事交涉重庆通商事宜,使日方未能尽如其愿。事后奉旨补川东道。张华奎因操劳过度,于光绪二十三年在重庆咯血而死。

张华奎父张树声为淮军名将,官至两广总督、署直隶总督,闻名遐迩的"合肥四姐妹"是张华奎孙女。(《索引》)

李经畲

李经畲(1858—1935):字伯雄,号新吾,别号谲洲。李鸿章侄,李瀚章子。安徽合肥人。清德宗光绪八年(1882)壬午科江南乡试举人,光绪十六年(1890)庚寅科会试第一百三十九名,殿试二甲第二十名进士。

官翰林院侍讲、实录观提调、兵部武选司员外郎。民国后居北京,以书画自娱,亦识音律,懂戏曲,曾任当时北京最大的票友组织春阳友社的董事长,促成梅兰芳与余叔岩组班合作,有益于京剧文化推广和南北戏派交流。李经畲晚年正值日本帝国主义势力深入华北,其深明大义,拒绝与日伪合作,保持晚节。(《光绪庚寅恩科会试题名录》《索引》)

江云龙

江云龙(1858—1904):谱名盛诚,字静斋,又字潜之,号润生,又号石琴。安徽合肥人。清德宗光绪十四年,江云龙以庐州府优廪生的身份,中戊子科(1888)江南乡试第十名举人,后登光绪十六年(1890)庚寅恩科会试第六名,殿试二甲第二十五名进士。

据桐城马其昶《清授中宪大夫翰林院编修署徐州知府合肥江君墓志铭》,江氏明代由句容迁居合肥县东浮槎山麓。江云龙在家排行第三,长兄、次兄都参加淮军,官至都司、副将。江云龙少失父母,风颖标彻,洪迈不羁,读书并不很用功。偶缀学,长兄挞之而泣,由是感悟,立志"达则为孔明,穷则为渊明",大恣于学。年十八,应督学试,冠其曹员,才自喜,有些骄傲。寿州孙振沆,是个有才学的文士,精习王阳明经世之学说。江云龙通过与孙振沆的交谈,大惊,即师事之。江云龙尚理学,工文辞,又与同郡张子开同出于合肥知县杭州名儒谭献门下,称一时二妙。除谭献外,江云龙还师从肥东王尚辰、荣成孙葆田(合肥知县)等名师,学问大进。

江云龙中第后,选翰林院庶吉士。光绪十八年五月,散馆,授翰林院编修充国史馆协修。

江云龙颇能洁身自好。其官居京师,不愿造访权贵以求提携。因兄嫂自小抚养,江云龙终身事兄嫂如父母。长兄已逝,所以一大家子生活的重担压在江云龙身上。八国联军侵入北京,好友翰林寿富、主事铁珊的殉难,之前妻子刘氏的病逝,给了江云龙更多的伤感。

辛丑之后,江云龙以家贫请求外任。先在南通担任厘税官员,再署徐州府知府。在徐州未到一年,以病乞休归乡。可能是身体有病难医,也可能是长期生活压力过大,江云龙归乡数月后即卒,年仅四十七。正所谓"凄然身世之际,湮郁无俚,遂陨天年。吁其伤矣!"

江云龙有干济大略,且待友诚恳。曾帮助直隶临榆县令湖北人曹某解困。南通有朱孝广,有才能而去世早,江云龙资助银五百两,抚养朱的遗孤。

近人郑逸梅《艺林散叶》云:"合肥诗人有龚心镕、周龙光、江云龙,有'三龙'之称。"江云龙能诗,曾刊行《师二明斋诗文集》。徐世昌《晚晴簃诗汇》收其诗作五首。王揖唐《今传是楼诗话》、李家孚《合肥诗话》、陈诗《皖雅初集》均载其事迹。江云龙还善画山水,与李鸿章侄李经达、吴长庆子吴保初友善,相互唱和。

其《送吴彦复刑部归里》:"一疏辞天阙,群言吾道非。从容理归棹,黯淡典朝衣。瓠落樽无济,秋深蕨正肥。愿持圣明晶,岁岁报春晖。"吴彦复即吴保初。《喜张子开至京赋赠》:"小隐金门独瘄歌,早应心地不风波。天机自走盘珠活,世事空将砖镜磨。静嗅瓶梅知味少,不除窗草得春多。柴门寂寂无车马,难得先生杖履过。"《题李树人栖竹图》:"歌声朗朗出金石,快读人间有用书。我愿化身万杆竹,画中日伴君居。"

七绝《题蒋咏卿运判西山待隐图》:"无多蛇蚹兼蜩翼,造物于人待者机。独向西山拄朝笏,一天爽气触眉飞。"蒋咏卿即蒋志沂,江西铅山人,清文学家蒋士铨曾孙,与江云龙在南通同为官。《为陆敬溪画蕉扇》:"蕉是天然扇,风来自怯热,何事王右丞,多著数点血。"其诗豪放不羁,诗如其人。

江云龙初娶刘氏,继娶大学士仪征阮元的曾孙女。阮氏能诗,今不传。江云龙子江彝藻,字孝潜,诸生,官候选训导。江彝藻笃学儒雅,诗宗韩愈,自具气魄,能绍其家学。清宣统初年,泗县杨士骧任直隶总督,延江彝藻入幕府。民国后家成奉母,集徒讲学。

江彝藻子江球,字伯瑟,亦能诗,为名诗人陈三立赏识。江伯瑟1950年代去世,据说其诗文功力高过其祖其父。其《春日登安庆城南楼》:"异地凭高孰所亲,吟篇斟酌意难陈。戍楼过雁寒呼客,江渡晴沙晚趁人。我欲挂怀无俗物,天教沾袂有劳尘。填城台阁知何限,满染残阳却当春。"《舟次巢湖西口感赋》云:"十月西湖涸复冰,行程艰苦此频仍。牛拖地上船三板,人看堤南雁一绳。乱劫翻腾天不厌,薄游牢落意难称。悬知残郭留霜晓,入眼明朝恐未能。"(《光绪庚寅恩科会试题名录》《索引》)

黄汉清

黄汉清(1853—?):字静波,号穆如。安徽合肥人。清德宗光绪十一年(1885)乙酉科江南乡试第一百零三名举人,光绪十六年(1890)庚寅科会试二百八十七名,殿试三甲第六十三名进士。官知县。参与纂修《光绪府

志》,时为举人。(《光绪乙酉科江南乡试题名录》《光绪庚寅恩科会试题名录》《光绪庚寅恩科会试同年全录》《索引》)

万国均

万国均(1852—?):安徽合肥人。清德宗光绪十六年(1890)庚寅科会试第一百一十二名。该科会试中选贡士三百二十八名,殿试只三百二十六名。万国均未能参加殿试,可能是会试后病故。明清会试中选后,殿试并不黜落,故万国均的贡士身份应视同于进士。(《光绪庚寅恩科会试题名录》《光绪庚寅恩科会试同年全录》)

龚心铭

龚心铭(1865—1938):字景张,号渠生,一字复新。龚鼎孳族裔,乾隆进士龚朝聘侄孙,嘉庆进士龚善思族弟。安徽合肥人。清德宗光绪十五年(1889)己丑科顺天乡试第八十名举人,光绪十八年(1892)壬辰科会试第一百五十六名,殿试二甲第九十二名进士。官翰林院编修。

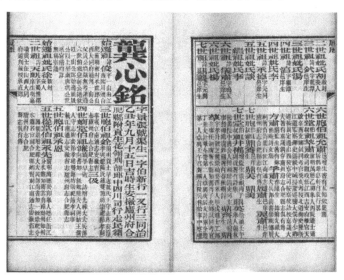

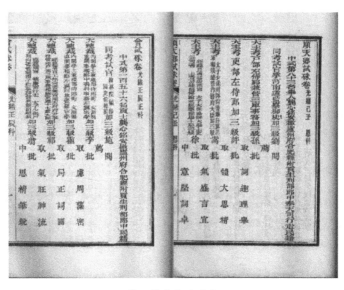

龚心铭乡会试硃卷

龚心铭是著名实业家、文物收藏家、鉴赏家,其最出名的藏品为商鞅方升,是秦国商鞅变法时统一度量所规定的标准量具,有极高的史料价值,现藏上海博物馆。辑有《浦口汤泉小志》。(《龚心铭乡会试硃卷》《索引》)

龚心鉴

龚心鉴:安徽合肥人。龚鼎孳族裔,龚心铭族兄。清德宗光绪五年(1879)己卯科举人,光绪十八年(1892)壬辰科三甲第一三六名进士。

龚心鉴乡会试硃卷存世,中第后以知县即用。龚心鉴曾参与编修光绪十六年的《合肥龚氏宗谱》。龚心鉴弟龚心镕,光绪戊子顺天举人,与江云龙、光绪二十四年进士周维藩号称晚清合肥诗人"三龙。"(《索引》)

单溥元

单溥元:字士惠,号惠宇。安徽合肥人。清德宗光绪十九年(1893)癸巳恩科以廪生中江南乡试第二十三名举人,光绪二十年(1894)甲午恩科联捷成进士,会试第二百六十名,殿试二甲第一二九名。官内阁中书,江苏候补同知。辛亥革命后卒,年六十余。其乡试硃卷存世。

单溥元少时曾入合肥著名塾师王锡元门下读书，与王锡元子王揖唐友善。单溥元能诗，擅制艺，工骈文，晚年崇信佛典，诗多悟语。著有《旧读不厌斋己未诗稿》。民国陈诗《皖雅初集》、李家孚《合肥诗话》、当代钱仲联《清诗纪事》均选单溥元诗。

其《扬州杂诗》云："逃禅久已涤情尘，客里寻春不算春。我是净名老居士，天花来去不沾身。"《读书一首示濂孙》云："读书备行文，书实文之祖。第为掠剩记，读书事已苦。经精与子奥，不拒万里睹。撰述贻后来，古人骨已腐。其鬼既不灵，何由诉肺腑？缘何日胝沫，各自矜汲古。冠服肆扯挦，衣绣供拆补。试观养人物，至宝首禾黍。嘉穀缘土产，食穀不食土。买珠羡空椟，笑倒居奇贾。含英而咀华，后生慎吐茹。"(《光绪癸巳恩科江南乡试题名录》《光绪甲午恩科会试题名录》《索引》)

龚心钊

龚心钊(1870—1949)：字仲勉，又字怀西，号怀熙，又号瞻麓、勉斋。安徽合肥人。龚鼎孳族裔，龚朝聘族孙，龚心铭弟。清德宗光绪十七年(1891)辛卯科江南乡试第十九名举人，光绪二十一年(1895)乙未科二甲第四十九名进士。

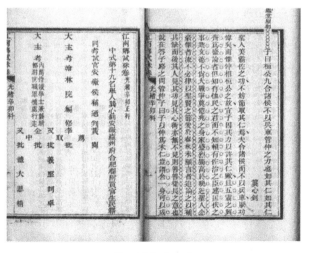

龚心钊乡试硃卷

官翰林院编修,曾任最后一科科举即光绪三十年会试同考官,清末出任加拿大总领事,有《瞻簏斋古印徵》。龚心钊与其兄同为著名文物收藏家、鉴赏家,平生笃好文物,潜心研究,收藏的文物精品颇多、种类也多。如秦商鞅方升,战国越王剑,宋代米芾、马远、夏圭等名家书画,宋汝窑盘,以及时大彬、徐友泉、陈鸣远、陈曼生等制紫砂壶。龚心钊所藏印章,既丰且精,有自战国至六朝的铜、玉、石的官、私印章2000余方。合肥逍遥津清末民国初年曾为龚心钊所有,龚在其中建蘧庄,为名园林,藏有大量的珍贵文物,包括碑刻王羲之的《兰亭集序》、颜真卿的《多宝塔法帖》、汉白玉仕女图等。今多不存。(《龚心铭乡会试硃卷》《索引》)

周维藩

周维藩:字南屏,号介人,一作字介臣或误,又号龙光。安徽合肥人。清德宗光绪二十四年(1898)戊戌科二甲第一三八名进士。曾任翰林院编修、商部会计司行走。后以翰林游学日本,多交际旅日革命党人,曾与吴禄贞、徐绍祯、赵声等交往最密。归国后,任吴淞统领。宣统二年(1910),任山西归绥道后路巡防统领。辛亥革命后,于宣统三年十一月率部起义,后与山西民军联合作战。民国元年任山西太原镇守总兵,同年十二月授陆军少将。民国七年任安福国会众议院议员。

周维藩是晚清合肥名诗人,合肥三龙之一。有《四书杂说》。(《索引》、朱汝珍《词林辑略》卷九)

龚元凯

龚元凯(1870—1942后):字黻屏,又字福屏,号佛平,又号君黼。安徽合肥人。清德宗光绪二十九年(1903)癸卯科会试第一百四十九名,殿试二甲第八十六名进士。官翰林院庶吉士,改编修。龚元凯是合肥最后一位翰林。

民国四年,署理甘肃甘凉道尹;民国十一年,任渭川道尹。擅书法。有《鸥影词稿》五卷、《蜕龛诗集》八卷。(《大清德宗景皇帝实录》卷六十九、《光

绪辛丑壬寅恩正并科会试题名录》、《索引》、朱汝珍《词林辑略》
卷九）

龚庆云

龚庆云：安徽合肥人。清德宗光绪二十九年（1903）癸卯科会试第一百
零八名，殿试二甲第一二七名进士。官主事，后进士馆法政毕业。宣统时
曾任山西宪政调查局法制科法制股股官。民国三年任歙县知事，民国四年
任财政部检查委员会调查员。（《光绪辛丑壬寅恩正并科会试题名录》
《索引》）

王赓

王赓（1878—1948）：初名志祥，又作志洋，字慎吾，又名什公，改名赓，
又字一堂，号揖唐、逸塘、逸堂，晚年号今传是楼主人。安徽合肥人。清德
宗光绪二十九年（1903）癸卯科江南乡试第三十七名举人，光绪三十年甲辰
科会试第二十一名，殿试二甲第五名进士，末科进士第八人。

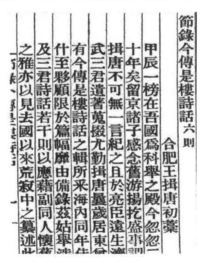

今传是楼诗话

官兵部主事。后入日本学习军事。民国时曾官密云都督、参政院参

合肥历代文进士（219人）

157

政、总统府咨议、吉林巡按使、内务总长、临时参议院议长、众议院院长、北方议和总代表、安徽省省长等要职，授陆军中将加上将衔。抗战后堕落成大汉奸，后被处决。有《东游记略》《上海租界问题》《逸唐诗存》《世界最新之宪法》《今传是楼诗话》，补辑《童蒙养正诗选》等。（《光绪甲辰会试题名录》《索引》《今传是楼主人年谱》）

郭钟美

郭钟美（1872—？）：安徽合肥人。清德宗光绪二十八年（1902）以合肥县优廪生中壬寅补庚子辛丑江南乡试第六十三名举人，光绪三十年（1904）甲辰科会试第一百二十六名，殿试三甲第十一名进士，末科进士。

宣统初任四川署江北厅，至泸州知府。辛亥革命时，任川南军政府民政部长。（《光绪壬寅补庚子辛丑恩正两科江南乡试题名录》《光绪甲辰会试题名录》《光绪甲辰会试同年录》《索引》）

合肥历代武进士（95人）

一、宋代可考者54人

董正佐

董正佐:庐州合肥县人。宋理宗宝庆二年(1226)丙戌科武举进士。

按《正德志》卷十九《武举》列董正佐为宝庆二年武举进士,而《万历府志》之后历代合肥志均将董正佐列为宋仁宗庆历二年(1042)壬午科武举进士,当抄录正德志时有误。(《正德志》《万历府志》)

朱良辅

朱良辅:庐州合肥县人。宋理宗宝庆二年(1226)丙戌科武举进士。

按《正德志》卷十九《武举》列朱良辅为宝庆二年武举进士,而《万历府志》之后历代合肥志均将朱良辅列为宋仁宗庆历二年(1042)壬午科武举进士,当抄录正德志时有误。(《正德志》《万历府志》)

张应拱

张应拱:庐州合肥县人。宋理宗绍定二年(1229)己丑科武举进士。

按《正德志》卷十九《武举》列张应拱为宋理宗绍定三年(1230)武举进士,然绍定三年未开科,此处有误。张应拱为绍定二年进士方妥,绍定三年为绍定二年之误。(《正德志》《万历府志》)

范有声

范有声:庐州合肥县人。宋理宗绍定五年(1232)壬辰科武举进士。

按《正德志》卷十九《武举》列范有声为宋高宗绍兴五年(1135)武举进士,又列范有声名于绍定二年武进士张应拱之后,再云范有声为宋理宗淳祐十年(1250)庚戌科武举进士范有功兄。范有声为绍定五年进士方妥,绍兴五年当为绍定五年,正德志刊印错误。(《正德志》《万历府志》)

范良臣

范良臣:庐州合肥县人。范有声弟。宋理宗绍定五年(1232)壬辰科武举进士。

按《正德志》卷十九《武举》列范良臣为宋高宗绍兴五年(1135)武举进士,又列范良臣名于绍定二年武进士张应拱之后,再云范良臣为同科武进士范有声弟,范良臣又为宋理宗景定三年(1262)壬戌科武举进士范塓父。范良臣为绍定五年进士方妥,绍兴五年当为绍定五年,正德志刊印错误。范有声、范良臣兄弟同科进士。(《正德志》《万历府志》)

徐应子

徐应子:庐州合肥县人。宋理宗端平二年(1235)乙未科武举进士。(《正德志》《万历府志》)

徐仁杰

徐仁杰:庐州合肥县人。宋理宗端平二年(1235)乙未科武举进士。(《正德志》《万历府志》)

褚应虎

褚应虎:庐州合肥县人。宋理宗嘉熙二年(1238)戊戌科武举进士。(《正德志》《万历府志》)

周悫

周悫:庐州合肥县人。宋理宗淳祐元年(1241)辛丑科武举进士。《正德志》《万历府志》)

许琦

许琦:庐州合肥县人。宋理宗淳祐元年(1241)辛丑科武举进士。(《正德志》《万历府志》)

娄应元

娄应元:庐州合肥县人。宋理宗淳祐元年(1241)辛丑科武举进士。

按南宋淳祐十年有浙江嘉兴人娄应元中文科进士,当同名。(《正德志》《万历府志》)

张梦雷

张梦雷:庐州合肥县人。宋理宗淳祐四年(1244)甲辰科武举进士。(《正德志》《万历府志》)

束元矗

束元矗(? —1300后):庐州合肥县人,晚年居平江(今苏州)。一作束元嘉,当后世抄误。宋理宗淳祐四年(1244)甲辰科武举进士。

束元矗曾从贾似道游。《宋人轶事汇编》卷十八载:"大仁寺山顶,咸淳三年,贾似道题名:'九月二十八日,贾似道领客束元矗、史有之、廖莹中、黄公绍、王庭来游。子德生孙蕃世侍。'又显庆寺小麦岭:'咸淳三年九月二十四日,贾似道因展先墓为泉石一来,客束元矗、廖莹中、俞昕、黄公绍、王庭,子德生诸孙蕃世,僧法照、智印、祖印、文珣。'又龙泓洞题名:'咸淳丁卯七月十八日,贾似道以岁事祷上竺回憩于此。客束元矗、俞昕、张濡、黄公绍、王庭从。子德生侍。期而不至者,廖莹中。'又下天竺题名:'贾似道比以岁事祷灵隐因过此山。吴子聪、束元矗、丘复亨、俞昕、廖莹中、张濡、黄公绍、王庭从焉。子德生诸孙蕃世侍。僧法照、德宁、时举、妙宁俱。咸淳丁卯十月望。'"

束元矗官通城簿,毁淫祠,正风俗。摄县令,以政最闻。后知泰州,值岁饥,赈济有法,全活甚众。累官枢密都承旨。德祐元年(1275),元军南侵,奉命与阮思聪代贾似道前往元营议和。后引老归,年九十,犹课诸孙读书,至夜分不倦。周密《癸辛杂识》载束元嘉知海陵(今泰州),禁醋甚严,有大书于郡门曰:"束手无措。"成语"束手无措"或由此来。

据元代《庙学典礼》卷六载元成宗大德二年(1298)十月,束元嘉仍在世。因籍定儒户免役等事项,江南浙江道肃政廉访司备奉江南诸道行御史台札,付该为临江路主管李侗不公事内一项,将本管儒户差充各都里正……束元嘉为平江路儒户,此时已定居苏州。束元嘉有女嫁南宋末重臣吕文德侄吕师孟。方回为吕师孟作《故宣慰嘉议吕公墓志铭》载:"娶束氏,大宁郡夫人,都承、宝章元嘉女。"吕师孟与束氏有三个女儿,次女嫁宋末大将夏贵之孙夏赟孙,三女嫁驸马都尉杨镇子杨浩之。按宝章即宝章阁,宋理宗宝庆二年(1226)置,以藏宁宗御制。置学士、直学士、待制为贴职。这些入馆阁的贴职原则上是文进士出身的官员才能担任,束元嘉实际可能是文进士。因资料缺乏,仍暂定为武进士。

南宋末合肥束氏有三人中武举,入元后有束从大、束从周、束遂庵等名人,束从大与书画巨匠赵孟頫友善且为儿女亲家,束氏实是一个鲜为人知的合肥名人家族!鉴于束氏墓志虽然出土但未有公开,现存下落不明,故而对于束元嘉本人及其家族的考证还有待继续。(《正德志》《万历府志》《尚友录》卷二十)

朱虎臣

朱虎臣:庐州合肥县人。宋理宗淳祐四年(1244)甲辰科武举进士。(《正德志》《万历府志》)

许天定

许天定:庐州合肥县人。宋理宗淳祐四年(1244)甲辰科武举进士。(《正德志》《万历府志》)

陈谟

陈谟：庐州合肥县人。宋理宗淳祐七年（1247）丁未科武举进士。（《正德志》《万历府志》）

严武

严武：庐州合肥县人。宋理宗淳祐七年（1247）丁未科武举进士。（《正德志》《万历府志》）

汪雷显

汪雷显：庐州合肥县人。宋理宗淳祐十年（1250）庚戌科武举进士。（《正德志》《万历府志》）

余应中

余应中：庐州合肥县人。宋理宗淳祐十年（1250）庚戌科武举进士。

按浙江衢州开化淳祐十年有文进士余应中，两人同名登同一科文武进士，亦奇事也！（《正德志》《万历府志》）

范有功

范有功：庐州合肥县人。绍定五年武举进士范有声、范良臣弟。宋理宗淳祐十年（1250）庚戌科武举进士。范有声兄弟三人进士。（《正德志》《万历府志》）

潘鹏

潘鹏：庐州合肥县人。宋理宗淳祐十年（1250）庚戌科武举进士。（《正德志》《万历府志》）

李端

李端:庐州合肥县人。宋理宗淳祐十年(1250)庚戌科武举进士。(《正德志》《万历府志》)

钟大鸣

钟大鸣:庐州合肥县人。宋理宗淳祐十年(1250)庚戌科武举进士。(《正德志》《万历府志》)

梅用和

梅用和:庐州合肥县人。宋理宗宝祐元年(1253)癸丑科武举进士。(《正德志》《万历府志》)

薛文虎

薛文虎:庐州合肥县人。宋理宗宝祐元年(1253)癸丑科武举进士。

明代《正德崇明县志》载元世祖至元十四年(1277),横州知州薛文虎奉调来崇。薛以崇明为边陲要地,奏请朝廷将崇明升场为州。朝廷准请,以薛为崇明首任知州。薛文虎带领当地民众建造崇明州城,修建公署,兴办学校,申明礼义,制定纲纪,崇明遂成文明之乡。薛文虎还撰修了《至元崇明州志》,惜今不存。时代相符,疑为同一人。(《正德志》《万历府志》)

钟大吕

钟大吕:庐州合肥县人。宋理宗宝祐元年(1253)癸丑科武举进士。按姓名,与淳祐十年武举进士钟大鸣或为兄弟(《正德志》《万历府志》)

蔡淮英

蔡淮英:庐州合肥县人。宋理宗宝祐四年(1256)丙辰科武举进士。(《正德志》《万历府志》)

褚武子

褚武子：庐州合肥县人。宋理宗宝祐四年(1256)丙辰科武举进士。
(《正德志》《万历府志》)

宋应隆

宋应隆：庐州合肥县人。宋理宗宝祐四年(1256)丙辰科武举进士。

《光绪重修安徽通志》卷一五五《选举表五》作宋应龙。按《宋史·忠义
传》有："宋应龙，儒生。通兵，出入行陈三十余年，为谘议官，寓泰州。德祐
二年六月甲寅，大兵至泰州，裨校孙贵、胡惟孝、尹端甫、李遇春开门迎降，
应龙与其妻自缢于圃中。"两人时代相符。(《正德志》《万历府志》)

邓应泰

邓应泰：庐州合肥县人。宋理宗宝祐四年(1256)丙辰科武举进士。
(《正德志》《万历府志》)

朱应午

朱应午：庐州合肥县人。宋理宗宝祐四年(1256)丙辰科武举进士。
(《正德志》《万历府志》)

陈梦魁

陈梦魁：庐州合肥县人。宋理宗开庆元年(1259)己未科武举进士。
(《正德志》《万历府志》)

李应时

李应时：庐州合肥县人。宋理宗开庆元年(1259)己未科武举进士。

按李应时，《万历府志》之后历代合肥志均作朱应时。(《正德志》《万历
府志》)

束南金

束南金:庐州合肥县人。淳祐四年武举进士束元矗侄。宋理宗开庆元年(1259)己未科武举进士。(《正德志》《万历府志》)

丁学古

丁学古:庐州合肥县人。宋理宗开庆元年(1259)己未科武举进士。(《正德志》《万历府志》)

陈炎酉

陈炎酉:庐州合肥县人。宋理宗开庆元年(1259)己未科武举进士。按《新元史·循吏传》有:"陈炎酉,至元中为南康路总管。修白鹿书院。岁荒赈饥,给牛具子种,招集流亡四万余户,有麦秀两岐之瑞。民立生祠祀之。"时代相符,疑为同一人。

据《正德志》卷十九《武举》,陈炎酉为同科武举进士陈梦魁从弟,兄弟同科进士。(《正德志》《万历府志》)

范埙

范埙:庐州合肥县人。绍定五年武举进士范良臣子。宋理宗景定三年(1262)壬戌科武举进士。(《正德志》《万历府志》)

唐应酉

唐应酉:庐州合肥县人。宋理宗景定三年(1262)壬戌科武举进士。(《正德志》《万历府志》)

范友谅

范友谅:庐州合肥县人。宋理宗景定三年(1262)壬戌科武举进士。

据《正德志》卷十九《武举》,范友谅为绍定五年武举进士范有声侄,则

与同科武举进士范埙为从兄弟，兄弟同科进士。南宋合肥范氏三十年间可考文进士一人、武进士五人。(《正德志》《万历府志》)

王国

王国：庐州合肥县人。淳祐七年文进士王弼弟。宋度宗咸淳元年(1265)乙丑科武举状元。王国是合肥历史上唯一的武状元。(《正德志》、《万历府志》、吴自牧《梦粱录》卷十七《武举状元》)

王武英

王武英：庐州合肥县人。宋度宗咸淳元年(1265)乙丑科武举进士。(《正德志》《万历府志》)

葛应洪

葛应洪：庐州合肥县人。宋度宗咸淳元年(1265)乙丑科武举进士。(《正德志》《万历府志》)

刁起龙

刁起龙：庐州合肥县人。淳祐十年文进士刁应南侄。宋度宗咸淳元年(1265)乙丑科武举进士。(《正德志》《万历府志》)

王国亨

王国亨：庐州合肥县人。宋度宗咸淳元年(1265)乙丑科武举进士。(《正德志》《万历府志》)

鲍应龙

鲍应龙：庐州合肥县人。宋度宗咸淳四年(1268)戊辰科武举进士。(《正德志》《万历府志》)

何王孙

何王孙:庐州合肥县人。宋度宗咸淳四年(1268)戊辰科武举进士。按何王孙,《万历府志》之后历代合肥志均作何玉孙。(《正德志》《万历府志》)

朱云龙

朱云龙:庐州合肥县人。宋度宗咸淳四年(1268)戊辰科武举进士。(《正德志》《万历府志》)

饶嘉

饶嘉:庐州合肥县人。宋度宗咸淳七年(1271)辛未科武举进士。(《正德志》《万历府志》)

束从龙

束从龙:庐州合肥县人。淳祐四年武举进士束元矗侄孙。宋度宗咸淳七年(1271)辛未科武举进士。(《正德志》《万历府志》)

余大中

余大中:庐州合肥县人。宋度宗咸淳七年(1271)辛未科武举进士。(《正德志》《万历府志》)

沈文祥

沈文祥:庐州合肥县人。宋度宗咸淳七年(1271)辛未科武举进士。按沈文祥,《万历府志》之后历代合肥志均作范文祥。(《正德志》《万历府志》)

胡振

胡振:庐州合肥县人。宋度宗咸淳七年(1271)辛未科武举进士。(《正德志》《万历府志》)

于应翔

于应翔：庐州合肥县人。宋度宗咸淳七年（1271）辛未科武举进士。咸淳年间任庐州州学学录。（《正德志》《万历府志》）

褚一正

褚一正（？—1276）：字粹翁。庐州人。约宋理宗时武举进士。《宋史·忠义传》载："褚一正，字粹翁，庐州人，武举进士。督战高沙被创，竟没于水。"《宋史本纪四七·瀛国公二王附》载："德祐元年（1275）六月，加知高邮军褚一正阁门宣赞舍人。"（《宋史·忠义传》）

《正德志》《万历府志》未记载褚一正，则合肥武举进士如文进士一样，必有遗漏。自宋理宗宝庆二年（1226）至宋度宗咸淳七年（1271），四十五年连续十六科武举，合肥每科必有登第，且可考者五十四人均在此十六科中，平均每科不低于3人得中，宝庆二年前，合肥无武举登科者。宋代武科据记载自宋仁宗天圣八年（1030）始，至宝庆二年，接近二百年，按正常推断，宝庆二年之前及南宋末科的咸淳十年也应有合肥武进士。

可考宋代合肥武进士数量列全国第四，居温州平阳、杭州、福州之后。浙江仙居有说宋代武进士55名（见陶绍清《浙江科举文化史》，浙江大学出版社2017年版），据《康熙仙居县志》，仙居宋代武进士有107名。《康熙仙居县志》存在较多明显错误，故之后成书的《乾隆浙江通志》仅录仙居宋代武进士35名。整个宋代安徽可考武进士80名，合肥一地占了将近七成。南宋合肥武进士数量之多恰好印证了合肥先贤余阙在《送范立中赴襄阳诗序》中所云："宋高宗南迁，合淝遂为边地，守臣多以武臣为之。故民之豪杰者，皆去而为将校，累功多至节制。"

二、明代可考者11人

郭铉

郭铉(1441—1509)：字彦和。直隶合肥县人，世袭彭城卫指挥使。成化六年(1470)庚寅科武举进士第三人，即武探花。

《明宪宗纯皇帝实录》卷七十九载："(成化六年五月)辛丑，会昌侯孙继宗、兵部尚书白圭等言：'会试武举正千户刘良、指挥佥事鲁广，骑射、步射俱中原拟之数，而二策智识优长，文理通畅，例加署职二级。刘良署指挥同知，鲁广署指挥使，月支米三石。都指挥佥事郭铉、指挥佥事孙安、指挥同知张钦、白珍骑射、步射亦中原拟之数，而二策亦知故实，文理未纯，例加署职一级。郭铉署都指挥同知，孙安署都指挥同知，张钦、白珍均署都指挥使，月支米二石。其都指挥贺荣、舍人李夔射数合而策泛冗，难以任用，例还原卫。'"

明代武进士殿试自崇祯四年王来聘榜始，故此前会试中选即相当于中了进士。成化六年仅录武进士六人，刘良、鲁广、郭铉分别为状元、榜眼、探花。除郭铉传载《明史》有事迹外，其他五人字、号、籍贯、生年均不详。

《明史》载郭铉沉着果毅，有将略。镇广西充副总兵，后擢为漕运总督，凡军民利病多数陈奏于朝，故总督漕运十三年不易。正德初卒，官终后军都督府都督同知。

《大明武宗毅皇帝实录》卷五十四载："正德四年九月，后军都督府都督同知郭铉卒。铉，字彦和，其先庐之合肥人。初嗣指挥使，成化乙酉以广西荔浦功，进都指挥佥事，己丑中武举，进都指挥同知。按成化己丑即成化五年(1469)，是年有文科，文状元为江西南城张升。(《明史·郭铉传》)

高嵩

高嵩：直隶合肥县人。明世宗嘉靖十七年(1538)戊戌科第六名武举进士。

该科知武举官为光禄大夫、太子太保、兵部尚书张瓒、兵部左侍郎樊继祖。主考官为右春坊、右谕德张治，翰林院侍读屠应埈。监试官为江西道监察御史曾守约，云南道监察御史周道。科考第一场试马上箭，以中四箭以上为中式。第二场试步下箭，以中二箭以上为中式。第三场试策二道，论一道。该科参加兵部会试的武举人共七百九十人，取士六十五人，高嵩为第六人，时为庐州卫前所百户。(《嘉靖十七年会试武举录》《万历府志》)

曹恩

曹恩：直隶合肥县人。明世宗嘉靖时武举进士。时任庐州卫百户，至庐州卫指挥使。(《万历府志》《光绪府志》)

陈懋功

陈懋功：直隶合肥县人。明神宗万历时武举进士。时任庐州卫舍人，后任吴淞指挥。(《光绪府志》)

李可传

李可传：直隶合肥县人。明神宗万历十一年(1583)癸未科武举进士。官游击。(《光绪府志》)

张懋忠

张懋忠：字圣标，一字念堂。庐州合肥人，户贯直隶肥乡县。进士张学颜孙。明神宗万历十七年(1589)己丑科武举进士第三人，即武探花。

《雍正肥乡县志》卷三载："张懋忠，字圣标，大司马公张学颜之孙。少习举子业，屡试不第，以门荫袭锦衣卫千户。己丑武闱会试，竟以探花及第,加升本卫指挥,同知南镇扶金书。丙戌乾清宫灾,神庙谋再建,委公秋朴采矿税得银七万两有奇。大功竣,推补南堂。戊午(万历四十六年)从台臣官应震等疏,荐公团练京班军,制双轮战车,皆称旨拟,不次用公。会魏忠贤党祸起,为同官田尔耕所拘陷,谓公与杨连、左光斗、万璟皆东林羽翼,下公狱锻炼两岁,无指实。熹庙(宗)薨,怀(思)宗即位,乃释公,补原官。戊辰(崇祯元年),督修昭、定、庆三陵,进宫保,封三代,皆一品,进上柱国,以本卫带堂南司印务。年老予告杜门谢客,享寿七十有六,以疾卒于京邸。公虽起家世荫,而文名大著三朝。生平手不释卷,所交友尽海内钜儒,著述可专车。晚年,手订诗凡三十卷,名曰《客乘内集》,文集廿六卷,名曰《客乘外集》,行于世。"(刘元震《赠左都督前兵部尚书张公学颜墓志铭》、《雍正肥乡县志》卷三)

戴皇恩

戴皇恩:直隶合肥县人。明神宗万历三十五年(1607)丁未科武举进士。官守备。(《光绪府志》)

潘龙鳞

潘龙鳞:直隶合肥人,户贯山西宁化守御千户所。嘉靖十一年进士潘高孙。明万历四十一年(1613)辛丑科武进士。

《嘉靖十一年同年序齿录》载:"参议,山西潘高。辛卯乡试四十三名,会试二百二十七名,廷试三甲三名。……子云祥(甲子解元,辛未进士,兵部员外)、云程(陕西副总兵)。孙龙鳞(辛丑武进士)……"

按潘龙鳞从叔潘云翼(潘龙鳞叔祖潘文子)登万历辛丑科文进士,叔侄登同科文武进士,亦一盛事也。(《嘉靖十一年同年序齿录》)

金玉度

金玉度(？—1642):字冲若。直隶合肥县人。明思宗崇祯七年(1634)

甲戌科武举进士。官崇明守备。明末张献忠破合肥,力屈死之。

清汪有典《史外》卷十六载:"金公玉度,字冲若,合肥人,崇祯甲戌武进士。体貌雍雍,不类武人。守崇明回里。寇至,协守时雍门,率家僮数十人巷战,力屈死之。"(《光绪府志》)

黄克嘉

黄克嘉(? —1644):直隶合肥县人。文进士黄道年子。明思宗崇祯三年(1630)庚午科武举人,崇祯十年(1637)丁丑科武举进士。官江西湖东守备。崇祯十七年,在福建征讨农民军时不屈死。

清汪有典《史外》卷十六载:"黄守备,讳克嘉,合肥人,武榜,任湖东守备。山贼聚长塘,公两次讨平之。福建阎、罗、朱三家贼乌合万众,宪檄广建诸营会剿。公临阵先登,马蹶遇害。将死,掀髯语贼曰:'无令血染我须。'时甲申七月十九日也。"

《光绪庐州府志》卷三十五载:"黄克嘉,合肥武进士,道年子。娴韬略,善骑射。崇祯末任湖东守备。……国朝乾隆四十一年赐谥烈愍(通志)。"(《光绪府志》)

徐淳

徐淳:直隶合肥县人。明思宗崇祯十三年(1640)庚辰科武举进士。官狼山守备。(《光绪府志》)

三、清代可考者30人

薛藻

薛藻：江南合肥人。清世祖顺治六年（1649）己丑科武进士。

薛藻中举年份不详。清代自顺治二年开科取士，合肥清代武举人名录由顺治五年蔡屏藩、吴之申等四人始，无薛藻。薛藻或为明代武举人。《康熙合肥县志》及之后的旧志均列薛藻为该科探花。

解放军出版社《中国历代武状元》言依据《大清历代皇帝实录》，该科探花应为浙江山阴人茹罴，因为实录的记载更为可信。然翻阅《大清世祖章皇帝实录》，在该书卷四十六查得："顺治六年己丑九月。壬午，宴武进士于兵部。赐一甲一名（金）抱一甲胄、带靴、腰刀、弓箭等物。其一、二甲银各十两，三甲银各八两，着为例。"实录并未提及该站榜眼、探花姓名。清朱彭寿《旧典备征》以茹罴为该科武探花，也有说法嘉定人马翼是该科武探花。薛藻或为该科会试第三。（《光绪府志》）

蔡屏藩

蔡屏藩：江南合肥人。明进士蔡悉族裔。清世祖顺治五年（1648）戊子科武举人，顺治九年（1652）壬辰科武进士。官东昌府平山卫守备。（《康熙合肥县志》卷七《选举》、《光绪府志》）

徐超

徐超：江南合肥人。清世祖顺治九年（1652）壬辰科武进士。官游击。（《光绪府志》）

吴裔商

吴裔商:江南合肥人。清世祖顺治十五年(1658)戊戌科武进士。官守备。(《光绪府志》)

吴堂

吴堂:江南合肥人。清世祖顺治十五年(1658)戊戌科武进士。官云贵游击。(《光绪府志》)

吴世昌

吴世昌:江南合肥人。清世祖顺治十七年(1660)庚子科武进士。官守备。(《光绪府志》)

胡首琏

胡首琏:江南合肥人。清世祖顺治十八年(1661)辛丑科武进士。官平鲁卫守备。(《光绪府志》)

杨云旌

杨云旌:江南合肥人。清圣祖康熙九年(1670)庚戌科武进士。官福建营守备。(《光绪府志》)

冀之璧

冀之璧:江南合肥人。清圣祖康熙十二年(1673)癸丑科武进士。官侍卫,河南游击。

《钦定古今图书集成·方舆汇编·职方典》卷六百四十一载《建昌五卫学校考》:"(四川建昌卫)宁蕃卫儒学,在治西北,流寇拆毁,片瓦不存。皇清康熙二十三年,卫守备冀之璧同绅衿捐资重修。"(《光绪府志》)

王基

王基:字维则。江南合肥人。明崇祯进士王寝大及清顺治进士王纲族侄。清圣祖康熙五年(1666)丙午科武举人,康熙十五年(1676)丙辰科武进士。

据《嘉庆合肥县志》卷二十四《人物传第四》:"(王基)胆力过人,康熙丙午武科举人。入都,梁大司马清标异之,擢令随部。丙辰成进士,廷试技勇,上亲注第一。以父艰归。起大嵩卫守备,晋阶都司。抑权贵,辑民兵,屯政具举,士民戴之。"

王基著有《率真堂集》。(《光绪府志》《王晸乡试硃卷》)

倪崇俭

倪崇俭:江南合肥人。文进士倪衷复子。清圣祖康熙十一年(1672)壬子科武举人,康熙二十四年(1685)乙丑科武进士。官宜兴右军都司。

《广东通志》卷三十《职官志五》载:"倪崇俭,江南人,武进士,康熙三十年任雷州协左营都司。"(《光绪府志》)

刘显谟

刘显谟:江南合肥人。清圣祖康熙二十九年(1690)庚午科武举人,三十九年(1700)庚辰科武进士。

《嘉庆合肥县志》卷二十四《人物传第四》:"(刘维垣)子显谟,康熙三十九年庚辰武科进士。以亲老侍养,累辟不就。"(《光绪府志》)

吴纯姬

吴纯姬:江南合肥人。清圣祖康熙二十六年(1687)丁卯科武举人,康熙四十五年(1706)丙戌科武进士。著有《武经句解》。(《光绪府志》)

龚羽稷

龚羽稷:江南合肥人。龚鼎孳族侄。武庠生。清圣祖康熙三十二年（1693）癸酉科武举人,康熙四十八年（1709）己丑科武进士。(《光绪府志》《龚心铭乡会试硃卷》)

郑天朝

郑天朝:江南合肥人。清圣祖康熙三十五年（1696）丙子科武举人,康熙四十八年（1709）己丑科武进士。官候选道标中军。(《光绪府志》卷末《补遗》)

赵燮

赵燮:江南合肥人。清圣祖康熙五十六年（1717）丁酉科武举人,清世宗雍正元年（1723）癸卯科武进士。

赵燮伯祖父赵之璞,字连臣。世袭庐州卫指挥同知。明末寇乱,分守小东门,贼攻之甚力,之璞率军士鲁大汉等以石击之,死亡颇众。贼惧退。五月七日,贼复至,城溃战死。弟赵之炎于贼围中寻获其尸,归葬之。后世居合肥东乡。赵之炎,字昆白,卫守备。

赵之炎子赵植,字岐蔚,府学廪生。世敦孝友。子四人,正昌、正烈、正登、燮。赵正昌宽宏严重,年至八十与诸弟白首相依,不忍析家。诸弟侄亦雍和肃穆,乡里美之。乾隆乙亥,知府举乡饮,礼赵燮为大宾,士庶诵得人焉。(《光绪府志》)

吴尚礼

吴尚礼:字履中。江南合肥人。清高宗乾隆十二年（1747）丁卯科武举人,乾隆十六年（1751）辛未科武进士。

《嘉庆合肥县志》卷十八《选举表下》:"(乾隆)十六年辛未,吴尚礼,台湾参将。"《嘉庆府志》卷三十三《仕宦》:"吴尚礼,字履中,合肥人。乾隆辛未科武进士,任湖北守备。累官至福建福州城守副将,以疾归。居家恪谨,乡间推重焉。"(《光绪府志》)

董金凤

董金凤:字向桐。江南合肥人。清高宗乾隆四十二年(1777)丁酉科武举人,乾隆四十三年(1778)戊戌科武进士第三人。

《嘉庆合肥县志》卷二十四《人物传四》:"董金凤,字向桐。乾隆戊戌武科一甲第三名进士,授乾清宫侍卫。甲辰,授河南归德营参将。值柘城县饥民行劫,聚众数千,金凤以五十骑平之。丁未,署河北怀庆镇总兵。辛亥,升福建兴化参将,招抚洋匪翁泉等之骚扰者。历署建宁、福宁两营总兵。福宁有南澳,地方幽邃,居民数百家为洋匪售脏。金凤俟匪船进澳,领兵断其归路,得贼首林亚生等数十人。焚其树木,由是匪无匿船处,南澳遂为善地。调台湾北路副将。有陈锡宗者,纠党谋逆,杀害巡检。总兵往剿,误中贼伏。金凤领兵冲杀,围始解,锡宗旋亦就歼。奉旨议叙,着来京引见。适赴淡水捕舰匪,冒风寒,死。荫一子承恩。"

合肥城内原有探花第,当为董氏故宅。(《光绪府志》)

白朝栋

白朝栋:江南合肥人。清高宗乾隆五十一年(1786)丙午科武举人,乾隆五十五年(1790)庚戌科武进士。官直隶督标后营守备。(《光绪府志》)

李亮

李亮:安徽合肥人。清仁宗嘉庆三年(1798)戊午科武举人,嘉庆六年(1801)辛酉科三甲第二十二名武进士。官营守备。(《嘉庆朝起居注》《光绪府志》)

沙殿元

沙殿元(1782—?):安徽合肥人。清仁宗嘉庆六年(1801)辛酉科武举人,嘉庆七年(1802)壬戌科三甲第三十五名武进士。官卫守备。"台湾中央研究院"藏有其殿试卷残卷。

合肥沙氏尚武,雍正至乾隆时期沙氏有武举人六名,至沙殿元于嘉庆时中举并成进士。(《嘉庆七年壬戌科武殿试金榜》《光绪府志》)

孙文勇

孙文勇:安徽合肥人。清仁宗嘉庆十年(1805)乙丑科三甲武进士。官太仓卫守备加都司衔。《光绪府志》卷三二《选举表三》作孙文湧,嘉庆二十二年(1817)丁丑科武进士乃误。(《光绪府志》)

霍朝泰

霍朝泰(? —1852):安徽合肥人。清仁宗嘉庆十六年(1811)辛未科武举人,清宣宗道光二十一年(1841)辛丑科第四十六名武进士。官江淮卫守备。

咸丰二年,霍朝泰奉差前往苏州未归。三月,太平军破金陵,霍朝泰母李氏、妻郭氏,子五岁名鹤年,侄大年、万年,堂侄春斌,俱骂贼而亡。霍朝泰闻信驰奔而回,亦死于难。(《道光二十一年辛丑恩科武殿试金榜》《光绪府志》)

张文宣

张文宣(1851—1895),字子雅,号德三。李鸿章妹婿张绍棠侄。安徽合肥人。清穆宗同治十二年(1873)癸酉科武经魁,同治十三年甲戌科三甲第五十八名武进士。

《光绪府志》卷五十八《世族表》载:"合肥张氏,其先自青阳迁居肥东北乡之中兴里,其五世有名必元者,为太学生,有隐德。至曾孙纯,补邑庠生,举咸丰元年孝廉方正制科,其他擢武科第者不可概举,而今提督绍棠尤以行义、武功称著于时,遂为合肥望族。"

张文宣是李鸿章妹婿张绍棠弟张绍兰第四子。李鸿章家族兴起之前,李氏兄弟读书、婚姻受到张家颇多资助,故张文宣的仕途必与李鸿章紧密地联系在一起,因为不愿辜负李鸿章信任与重托,最终张文宣以身殉国。

张家世代以武科显,张文宣祖辈及父辈有六七位武举人。张文宣幼有大志,读书聪慧过人。读书之余,勤学苦练,精娴弓马,熟习韬略,文武兼备。

张文宣中进士后,初以守备派往两江听用。光绪六年冬,旅顺设防,李鸿章任命张文宣管带亲军副营,驻防旅顺修筑黄金山炮台。在李鸿章建议下,清廷制定了重点固守海口的防守战略及战术原则,即"守定不动之法"。淮军重点在旅顺和威海修建海军基地,又在各设防的海岸逐步修筑坚固的炮台,并装备守卫巨炮,以阻挡由海路乘坐军舰来犯之敌。张文宣治军严格,爱护士兵,如古代良将一般与将士同甘共苦,故部下无不愿为之效命。因练兵守土有功,北洋营务处奏保张文宣升都司。

光绪十三年,张文宣被调防至威海,率亲军正、副两营驻刘公岛。光绪十四年,中国第一支近代海军——北洋水师于威海卫刘公岛正式成立。

张文宣在威海先后修筑东泓、南岛、迎门洞、旗顶山、黄岛等多座炮台,又于麻井子修筑地阱炮一座。威海卫海边大多属沙砾岩,且有花岗岩地质,当时没有现代化工程机械,施工技术条件极其落后,多数只能依靠人力,施工难度非今人所能想象。张文宣不畏艰辛,终将诸炮台逐一完工,构成一道拱卫威海卫的防守金链。时谓之"创建炮台,累岁经营,已成重镇",北洋水师有了舰船驻泊保障之所。在修筑炮台之暇,张文宣督率士兵加练新式陆操,"且操且防",历次叙功获得擢升,授副将。

张文宣关注军民关系,严防官兵对驻地百姓的惊扰。刘公岛淡水资源匮乏,由于来岛人员骤升,解决饮水问题迫在眉睫。张文宣在刘公岛码头东北打了一口深井,百姓可以直接到此打水,且井水从不枯竭,百姓受惠于此,称此井为统领井。光绪十六年夏,威海卫百姓以刘公岛绅商的名义,为治军严明、待人宽厚、深得民心的张文宣,专门树立了"治军爱民"和"军肃民安"两通功德碑。"治军爱民"碑历经百余年得以保存,至今仍陈列在刘公岛龙王庙内,供世人凭吊。

光绪十八年,张文宣因剿灭辽宁朝阳匪乱,因功授记名总兵,赏技勇巴图鲁号,担任北洋护军统领。张文宣以其治军有方,能力出众,能守能战,与聂士成、章高元等一同成为淮军的后起之秀。

光绪二十年,日本挑起甲午战争,将战火燃至中国境内。日本海军多次到刘公岛外扰袭,均被张文宣指挥各炮台击退。由于清廷落后,海战、陆战不断失利,至光绪二十一年正月初五日(1895年1月30日)至正月初八日,日军占领威海卫城及南北两帮炮台,刘公岛成为孤岛。

张文宣战前已抱必死之心。张文宣致电同属淮系的登莱青道刘含芳谓:"刘公岛孤悬海中,文宣誓同队勇先用力,后用命"。此后,日本海陆两路猛轰刘公岛,先后发起八次进攻。张文宣率部配合北洋水师发炮进行抗击,使日军无法登陆刘公岛。由于部分洋教员的鼓动,北洋水师内部主降派渐占上风,水师提督丁汝昌宁死不屈,于正月十七日仰药自杀。

张文宣在救援无望,粮弹告竭之下,仍然顽强作战,誓与炮台共存亡。正月十七日上午,日舰又两次炮击刘公岛,张文宣率领将士依托刘公岛炮台发炮还击,日舰"葛城""天龙""大和"均被击中,日军伤亡不少。张文宣作战身先士卒,不避艰险,身上多处受伤,但已无法挽回北洋海军全军覆灭的命运。其知时局已不可挽回,决定以死殉国,遗书李鸿章:"此次战事有守一月而不支者,有守数月而不支者,有守半年不支而至死不屈者。相座当付泰西各国观战武员评其得失勇怯,不能以成败论"。遂自杀以殉。时为正月十八日(1895年2月12日)。

甲午战争中死事最为惨烈者,海军要属邓世昌,陆军要属张文宣,世人对张文宣却知之甚少。张文宣殉国后,李鸿章上奏清廷,对张文宣从优议恤,按提督阵亡例赐恤,特谥"武毅",赐白银八百两,给予世袭骑都尉加云骑尉世职。张文宣葬合肥,今墓地不知所踪。(《同治十三年甲戌科武殿试金榜》)

姜锡恩

姜锡恩:安徽合肥人。清穆宗同治十二年(1873)癸酉科武举人,清德宗光绪二年(1876)丙子科三甲第二十三名武进士。官营守备。(《光绪二年丙子恩科武殿试金榜》《光绪府志》)

童棽芳

童棽芳:安徽合肥人。清穆宗同治九年(1870)庚午科武举人,清德宗光绪二年(1876)丙子科三甲第五十五名武进士。官卫守备。(《光绪二年丙子恩科武殿试金榜》《光绪府志》)

张文椿

张文椿(1845—1905):字年亭。安徽合肥人。清穆宗同治十二年(1873)癸酉科武举人,清德宗光绪二年(1876)丙子科会试大挑一等,兵部差官。光绪三年(1877)丁丑科三甲第七十二名武进士。初授营守备。

张文椿在家中排行第六,与张文宣为族兄弟,同举乡试。因为与李鸿章同乡里且有远亲的原因,张文椿同治初年即以武庠生身份,与家中兄弟一同参加淮军,参与镇压太平军,因功加保蓝翎守备衔,尽先千总。张文椿长兄张受亭任李鸿章亲兵营哨官,在作战中阵亡。五兄张品亭以久历戎行,积劳成疾,病卒于军营。

张文椿受李鸿章任命,管军械粮饷各要务,积功保花翎都司。后李鸿章总督直隶,留其随身左右以助,升游击加副将衔、迁两江守备,诰授振威将军。(《光绪三年丁丑科武殿试金榜》《光绪府志》)

姜尚忠

姜尚忠:安徽合肥人。清德宗光绪二年(1876)丙子科武举人,光绪三年(1877)丁丑科三甲第八十七名武进士。官卫守备。(《光绪三年丁丑科武殿试金榜》《光绪府志》)

任安国

任安国:安徽合肥人。清德宗光绪十八年(1892)壬辰科三甲第一百二十一名武进士。(《光绪十八年壬辰科武殿试金榜》)

周荣骏

周荣骏:安徽合肥人。清德宗光绪二十四年(1898)戊戌科二甲第六名武进士。中国末科武进士。(《光绪二十四年戊戌科武殿试金榜》)

附

录

附录一:纳入合肥市域的进士

1.区域调整后划入合肥市域内的进士(3人)

孙序贤

孙序贤:安徽舒城人,世居三河。清仁宗嘉庆二十五年(1820)二甲八十三名进士。官刑部云南司员外郎。按龙舒孙氏始迁祖孙正仁,清雍正间自休宁迁舒城东乡三河镇南岸,民国时三河镇南已划入合肥县境内。本文统计的合肥籍进士是以实行科举制时合肥县境内考量的,故孙序贤且列于此,暂不直接归类为合肥籍进士。孙序贤是抗日名将孙立人高祖父。

孙观

孙观(? —1889):字国宾,号省斋。安徽舒城人,世居三河。孙序贤五子。清宣宗道光二十七年(1847)二甲二名进士。淮系人物,散馆授翰林院编修,官至直隶布政使。

孙浤泽

孙浤泽:安徽舒城人,世居三河。孙序贤曾孙。清德宗光绪六年(1880)三甲十四名进士。广西即用知县。孙浤泽是抗日名将孙立人伯父。

2.巢湖历代可考进士(36人)

(文进士:宋代1人,元代1人,明代19人,清代8人;武进士:清代7人)

双渐

双渐:无为军(今属巢湖)人。宋仁宗庆历二年(1042)壬午科进士。历官至职方郎中,曾巩撰其墓志。按巢湖宋代属无为军,双渐墓出土于今巢湖市境内。《明一统志》卷十四《庐州府·人物》载双渐为庐江人。(《万历府志》卷七《选举》)

晁显

晁显:字显卿。庐州路巢县人。其先山东郓城。元代登进士,官至平江路总管。(《康熙巢县志》卷十五《名臣》)

叶清

叶清:直隶巢县人,寄籍河南信阳州。明宣宗宣德二年(1427)进士。官御史。(《康熙巢县志》卷十三《选举志》、《嘉庆府志》卷十三《选举表上》)

薛远

薛远(1414—1495):字继远。直隶巢县人,寄籍直隶无为州,出生于今海南。明英宗正统七年(1442)壬戌科进士。官至兵部尚书。(《康熙巢县志》卷十三《选举志》)

张舜

张舜:字行敏。直隶巢县人。明代宗景泰二年(1451)辛未科进士。官至南昌知府。(《康熙巢县志》卷十三《选举志》、《嘉庆府志》卷十三《选举表上》、《索引》)

聊让

聊让:直隶巢县人,户贯陕西仪卫司。明代宗景泰五年(1454)甲戌科进士。《明史》卷一百六十四有聊让传,作兰州人,言其未第前于景泰元年上书言事,帝颇嘉纳之。后四年,让登进士。官知县卒。(《索引》)

张文

张文:直隶巢县人,户贯河南卫右所。明宪宗成化十七年(1481)辛丑科三甲第一百六十二名进士。(《索引》)

王缜

王缜(1462—1523):字文哲。直隶巢县人,户贯广州府东莞县,军籍。明孝宗弘治六年(1493)癸丑三甲第二十四名进士。

按王缜有《柘皋祖茔与王鳌王玘宗族夜酌在巢县三十里地名九冲屯》诗云:"正德庚辰腊,大雪风号号。我从燕京来,三旬到柘皋。柘皋复何去,九冲是体毛。分井百余年,一气本同胞。入门老稚喜,撚烛扫蓬蒿。酌酒不成醉,怀我祖宗劳。驾言各努力,南北共山高。"表明王缜祖籍今巢湖柘皋,明洪武至永乐年间以军籍分派至东莞。

王缜父王恪,字克敬,号淡轩,明代宗景泰七年举人,官至宝庆知府。王缜《明史》有传,为一时名臣。嘉靖二年擢户部尚书,卒于官。(王缜《梧山集》)

曹琥

曹琥(1478—1517):字瑞卿,号秀山。直隶巢县人。明孝宗弘治十八年(1505)乙丑科进士。官知府,赠光禄寺卿。《明史》有曹琥传。(《万历府志》卷七《选举》、《康熙巢县志》卷十三《选举志》、《索引》)

李绍贤

李绍贤:字崇德。直隶巢县人,户贯直隶泗州。明武宗正德十二年(1517)丁丑科进士。官行人。《明史》有李绍贤传。(《康熙巢县志》卷十三《选举志》、《索引》)

何栋

何栋:直隶巢县人,户贯陕西长安。明武宗正德十六年(1521)辛巳科

二甲第五十名进士。任都御史。(《康熙巢县志》卷十三《选举志》、《嘉庆府志》卷十三《选举表上》)

李棠

李棠(1500—?):字叔思。直隶巢县人,户贯湖广长沙府长沙县。明世宗嘉靖十七年(1538)戊戌科进士。官至吏部左侍郎。(《康熙巢县志》卷十三《选举志》、《嘉庆府志》卷十三《选举表上》)

王询

王询:字可庸,号东皋。直隶巢县人,户贯四川成都右卫。明世宗嘉靖二十三年(1544)甲辰科进士。任都御史。(《康熙巢县志》卷十三《选举志》、《嘉庆府志》卷十三《选举表上》、《索引》)

曹本

曹本(1508—?):字子立,号瓶轩。直隶巢县人。曹琥次子。明世宗嘉靖二十九年(1550)庚戌科进士。官至户部员外郎。(《万历府志》卷七《选举》、《康熙巢县志》卷十三《选举志》、《索引》)

张烈文

张烈文(1515—?):字元焕。直隶巢县人,户贯云南蒙化卫。明世宗嘉靖三十二年(1553)癸丑科进士。官副使。(《康熙巢县志》卷十三《选举志》、《嘉庆府志》卷十三《选举表上》、《索引》)

王以宁

王以宁:直隶巢县人,户贯浙江绍兴卫。明神宗万历二十六年(1598)戊戌科进士。任江西参议。(《康熙巢县志》卷十三《选举志》、《嘉庆府志》卷十三《选举表上》)

赵一韩

赵一韩:字澹云。直隶巢县人,户贯直隶无为州。明神宗万历三十二年(1604)甲辰科进士。官至贵州副使。(《康熙巢县志》卷十三《选举志》、《嘉庆府志》卷十三《选举表上》)

葛遇朝

葛遇朝:字鼎如。直隶巢县人。明思宗崇祯七年(1634)甲戌科进士。官户部员外郎。(《康熙巢县志》卷十三《选举志》、《嘉庆府志》卷十三《选举表上》、《索引》)

叶士彦

叶士彦:字无美。直隶巢县人。明思宗崇祯十年(1637)丁丑科进士。官江西金事。(《康熙巢县志》卷十三《选举志》、《嘉庆府志》卷十三《选举表上》、《索引》)

方名荣

方名荣:字素传。直隶巢县人。明思宗崇祯十六年(1643)癸未科进士。任户部观政,丁忧未仕。(《康熙巢县志》卷十三《选举志》、《嘉庆府志》卷十三《选举表上》、《索引》)

单世德

单世德:字尔达。直隶巢县人。明思宗崇祯十六年(1643)癸未科进士。任浙江永康、金华知县。(《康熙巢县志》卷十三《选举志》、《嘉庆府志》卷十三《选举表上》、《索引》)

成肇毅

成肇毅:字而卓,号维觉。江南巢县人,籍浙江仁和。清世祖顺治六年

(1649)己丑科进士。官户部都给事中。(《康熙巢县志》卷十三《选举志》、《嘉庆府志》卷十三《选举表上》)

阎允榖

阎允榖:字公戬,号乾三。江南巢县人。清世祖顺治九年(1652)壬辰科进士。官庆阳府司理。(《康熙巢县志》卷十三《选举志》、《嘉庆府志》卷十三《选举表上》、《索引》)

张愈大

张愈大:字觙一。江南巢县人。清世祖顺治九年(1652)壬辰科进士。任桐城教谕。(《康熙巢县志》卷十三《选举志》、《嘉庆府志》卷十三《选举表上》、《索引》)

曹同统

曹同统:字能绍,号容庵。江南巢县人。清世祖顺治九年(1652)壬辰科进士。官至东昌府同知。(《康熙巢县志》卷十三《选举志》、《嘉庆府志》卷十三《选举表上》、《索引》)

洪济

洪济:字公澹。江南巢县人。清世祖顺治十八年(1661)辛丑科进士。授大名同知,代行知府。(《康熙巢县志》卷十三《选举志》、《嘉庆府志》卷十三《选举表上》、《索引》)

陆梓

陆梓:字遇周。江南巢县人。清高宗乾隆六十年(1795)乙卯科进士。官松江教授。(《嘉庆府志》卷十三《选举表上》、《索引》)

杨欲仁

杨欲仁（1766—1848）：字体之，号唯唯道人。安徽巢县人。清仁宗嘉庆十年（1805）戊午科进士。任江苏多地知县。杨欲仁诗书俱佳，著作颇多。（《光绪府志》卷三十《选举表一》、《索引》）

李祖荫

李祖荫（1868—1937）：字竹吾，号我园。安徽巢县人。清德宗光绪十九年（1893）癸巳恩科以附生中江南乡试第三十七名举人，光绪二十年（1894）甲午恩科会试第二十名，殿试二甲第一百二十二名进士。官荆门知州。民国后任湖北官纸印刷局局长。（《光绪癸巳恩科江南乡试题名录》、《光绪甲午恩科会试题名录》、《索引》）

周之垣

周之垣：字师雄。江南巢县人。清世祖顺治十七年（1660）庚子科武进士。任贵州守备，晋都司。（《康熙巢县志》卷十三《选举志》、《嘉庆府志》卷十三《选举表上》）

翟岐凤

翟岐凤：字宇闻。江南巢县人。清圣祖康熙二十一年（1682）壬戌科武进士。任浙闽督标守备。（《康熙巢县志》卷十三《选举志》、《嘉庆府志》卷十三《选举表上》）

张彪

张彪：江南巢县人。清圣祖康熙三十三年（1694）甲戌科武进士。（《康熙巢县志》卷十三《选举志》、《嘉庆府志》卷十三《选举表上》）

钟联甲

钟联甲：安徽巢县人。清德宗光绪二年(1876)丙子科二甲十三名武进士。任侍卫。(《光绪府志》卷三十《选举表一》、《光绪二年丙子恩科武殿试金榜》)

黄忠

黄忠：安徽巢县人。清德宗光绪二年(1876)丙子科三甲五十四名武进士。任卫守备。(《光绪府志》卷三十《选举表一》、《光绪二年丙子恩科武殿试金榜》)

程联堃

程联堃：安徽巢县人。清德宗光绪二年(1876)丙子科三甲八十三名武进士。任卫守备。(《光绪府志》卷三十《选举表一》、《光绪二年丙子恩科武殿试金榜》)

叶增福

叶增福：安徽巢县人。清德宗光绪三年(1877)丁丑科三甲八十三名武进士。任营守备。(《光绪府志》卷三十《选举表一》)

3.庐江历代可考进士(50人)

(文进士：唐代6人，南唐1人，宋代5人，元代1人，明代10人，清代22人；武进士：明代2人，清代3人)

何凤

何凤：庐江潜(今庐江)人。武周神功元年(697)丁酉科绝伦科进士。

《唐会要》卷七十六《贡举中·制科举》载:"神功元年九月。绝伦科。苏颋、崔元童、袁仁敬、何凤、孟兼礼、洪子舆、卢从愿、赵不欺及第。"按唐韦表微为何凤曾孙何抚作《唐故沔州刺史庐江何公墓志铭并序》,何凤为庐江潜人,与兄何鸾齐名当世,官至越府都督。何凤父何彦先在唐高宗、武周时历鸾台凤阁舍人、太州刺史、冬官侍郎;何凤孙何士幹为唐代宗永泰二年进士,官至鄂岳观察使。

《嘉泰会稽志》卷二载:"(越州刺史)何凤,开元十六年自右领军将军授,十九年五月替。"(《唐会要》卷七十六《贡举中·制科举》、韦表微《唐故沔州刺史庐江何公墓志铭并序》)

释普门

释普门(707—792):俗姓何,潜(今庐江)人,卒于岳州。唐玄宗开元天宝间进士。

《全唐文》卷九百一十九载:"普门子,俗姓何氏,岳阳人。登进士第。后为沙门,住南岳寺。贞元八年卒。门人昙环集遗文二百篇,行于世。"《全唐文》关于普门子的记载或源于南宋元颖《释门正统》卷二:"普门子,何姓,岳州人,魏吏部尚书晏之后。父珍,为常州义兴尉。师屡战文场,存登膴任。抽簪脱俗,居南岳寺方丈之中,唯儒书释典,铜瓶锡杖,麻衣葛履而已。于天台一宗,深有造诣。又得古文关键,荆溪与之为多闻友。……贞元八年(792)季冬六日,示寂于君山偏室,寿八十四,腊四十五。门人昙环集师遗文二百余篇,勒成十卷。阳羡蒋防为之序……南岳土人贤其父子,因以岳州君山之名名其所居耶。"

《咸淳毗陵志》卷二十五《仙释·宜兴》载:"普门师,姓何氏,潜人。侍父玠,尉宜兴。寻卒,师泣血终慕。玄宗诏遗逸,郡以师应,不起。天宝中,受度于南岳寺。博闻强记,萧公定辈皆与游。贞元间,归宗建塔西涧。许孟容为记,石刻今存。"(《咸淳毗陵志》卷二十五、《释门正统》卷二、《全唐文》卷九百一十九)

何伯述

何伯述(730—771):字叔良。庐江潜(今庐江)人。唐玄宗天宝八年(749)己丑科明经进士。

何伯述历官虢州天平县尉、天平县丞、天平县令,补太子文学,改河南府户曹,授太子舍人兼虢州阌乡县令。其弟何伯遇作何伯述墓志铭《唐故太子舍人兼虢州阌乡县令何府君墓志铭并序》云:"公讳伯述,字叔良,庐江潜人也。家传祖德,代为人知。公即唐恒王府司马府君宪曾孙、邓州刺史敬之元孙、罗山县令杲长子。……弱冠,崇玄明经擢第高等……以大历六年五月廿六日,暴终于洛阳县崇让里之私第,春秋卅有二。……越以其年十一月廿日,迁窆于河南县伊汭乡梁村北原先府君之茔侧,礼也。嗣子抠,年未成童,斩焉在疚。"

何士幹

何士幹(? —803):庐江潜人。何凤孙。唐代宗永泰二年(765)丙午科进士。一说唐肃宗时擢书判拔萃科。

按柳宗元《故岭南盐铁院李侍御墓志》,李侍御即守岭南盐铁转运院李浣。李浣妻庐江何氏,父曰士谔,季父曰士幹,有大名。南宋韩醇注柳宗元集:"(何)士幹,永泰二年及进士第,累为藩镇。"

按唐韦表微为何士幹子何抚作《唐故沔州刺史庐江何公墓志铭并序》,何士幹为庐江潜人,曾祖何彦先、祖何凤均为显宦;父何昌构,终江都尉,赠秘书监;子何抚官至沔州刺史。何抚二十一岁时,何士幹卒。何抚卒于长庆三年(823)十二月,年四十一。据此,何士幹卒于贞元十九年(803)。

代宗大历十二年(777),何士幹上疏谏葬贞懿皇后事,诏褒之,除左补阙。唐德宗建中三年(782),为浙西判官。因泾原之变,唐德宗奔奉天。兴元元年(784),镇海军节度使韩滉遣使送绫罗四十担赴行在,何士幹主动要求前往。既至,陆贽表荐其堪重任。贞元四年(788)六月,自谏议大夫出为

鄂岳观察使。在镇十五年,有善政,享大名于时。(《唐郎官石柱题名考》、徐松《登科记考》、《全唐文》卷四百三十六)

何观

何观:庐江潜人。何伯述从兄弟。唐德宗贞元三年(787)之前进士登科。

何观撰有《唐故右卫仓曹参军赐绯鱼袋何(杲)继夫人京兆韦氏墓志铭并序》,署名"第廿八侄孤子前乡贡进士观述。"墓志载:"(韦氏)以贞元三年岁次丁卯十一月庚辰朔九日戊子,暴疾终于东都崇让里之私第,享年七十一。呜呼哀哉!即以贞元四年岁次戊辰正月三日壬子,迁厝于河南县龙门山西原。"

墓主韦氏夫何杲为何伯述父。何杲初娶萧氏,为何伯述、何伯遇母。贞元四年(788)。何观至少于贞元三年登科。

伍唐珪

伍唐珪:庐江人,一作秋浦(今安徽贵池)人。唐昭宗乾宁五年(898)戊午科进士。清徐松《登科记考》录自《永乐大典》引《宜春志》,作时代无考。《嘉靖池州府志》卷七《人物篇》之《甲科》引《文苑英华》云:登唐末进士,以与(伍)乔同族,姑附此。《光绪重修安徽通志》卷一五四《选举表》作光化戊午榜。按乾宁五年八月甲子始改元光化,故该科仍应称乾宁五年戊午科。

伍乔

伍乔:庐江人。南唐中宗保大十三年(955)乙卯科进士第一,即状元。南唐时任考功员外郎、户部员外郎,入宋不仕。伍乔有诗名,《全唐诗》收其诗一卷。旧志载伍乔墓出土于今庐江县境内。(《万历府志》卷七《选举》)

朱富国

朱富国:号巢门。无为军庐江人。宋仁宗庆历二年(1042)壬午科进

士。该科状元为合肥杨寘。(《嘉庆无为州志》卷十五《选举志》、杨杰《故朝散郎致仕朱君墓志铭》)

朱定国

朱定国(1011—1089):字兴仲。无为军庐江人。朱富国弟。宋仁宗庆历二年(1042)壬午科进士。曾知合肥县,官至尚书屯田员外郎,有《归田后录》十卷。(《嘉庆无为州志》卷十五《选举志》、杨杰《故朝散郎致仕朱君墓志铭》)

王蔺

王蔺(?—1201):字谦仲,号轩山,无为军庐江人。宋孝宗乾道五年(1169)己丑科进士。历监察御史、礼部尚书,进参知政事。宋光宗即位,迁知枢密院事兼参政,拜枢密使。鲠直敢言,所论时政得失,皆切中要害。因嫉恶太甚,同僚多忌之。宋宁宗庆元中,为台臣论劾罢官,奉祠归里。卒谥献肃。有《轩山集》。

王蔺父王之道。王之道与兄王之义、弟王之深同登宋徽宗宣和六年(1124)甲辰科进士。王之道诸书或作濡须人,或作无为人,或作庐州人,或作庐江人。尤袤《赠故太师王公神道碑》:"按公(王之道)字彦猷,无为人。曾祖讳用中,隐德不仕。祖讳(下缺字),赠太保。考讳奇,累赠太傅。"此无为既可能是无为军无为县,也可能指的是无为军。现存《嘉靖无为州志》及《嘉庆无为州志》的选举志部分,宋代无为进士目前可考八十余人,无一标注无为军巢县人或无为军庐江人。即使考虑无为宋代科举可能领先巢县、庐江,巢县和庐江进士实际也应占一半,即有四十名左右,不应全部计入无为县。

《宋史·地理志四》载:"无为军,同下州。太平兴国三年,以庐州巢县无为镇建为军,以巢、庐江二县来属。建炎二年,入于金,寻复。景定三年,升巢县为镇巢军。崇宁户六万一百三十八,口一十一万二千一百九十九。贡绢。县三:无为,望,熙宁三年,析巢、庐江二县地置县。巢,望。至道二年,移治郭下。绍兴五年废,六年,复。十一年,隶庐州,十二年,复来属。景定三年升军,属沿江制置使司。庐江。望。有昆山矾场。"

《宋史》载王蔺为无为军庐江人,原因推测如下:无为于熙宁三年(1070)方正式建县。王之道祖、父辈出生时尚无无为县,王之道祖、父的籍贯就是无为军庐江县,故而王之道、王蔺籍贯沿袭就是庐江,并用庐江户贯参加科举考试。宋代无为与庐江密不可分,王之道与王蔺不会觉得无为和无为军庐江有多大区别。

王之道为其妻孙氏撰《孙宜人墓志》载:"吾家无为之轩车,号大族。"王蔺号轩山,轩山在今无为县严桥镇境内,距无为县城30公里,与巢湖槐林镇、坝镇相邻,与庐江盛桥镇也极近,无为未建县前,此地当与周边区域同属庐江县。

王之道家族宋代可考进士共十一人,实属科举世家。为谨慎,仅依据《宋史》《嘉庆无为州志》录王蔺、王蔺子王杆二人入庐江籍进士。(《宋史·王蔺传》、《嘉靖无为州志》卷七《人物志上》)

王杆

王杆:字元佐,《嘉庆无为州志》作王杶或误。王蔺嗣子,王蔺兄子。约宋孝宗淳熙年间至宋宁宗庆元年间进士,官汀州通判、知江阴军等。

《嘉庆无为州志》记载自北宋初至熙宁三年之前,无为共有进士20人,其中钟离瑾为合肥人,实存19人。这19人今天全部计入无为县,实际分属无为、巢湖、庐江三地。因当时没有无为县,这就意味着此19人登第时的籍贯具体到县一级,要么是无为军巢县,要么是无为军庐江县。这19人中现在可明确属巢湖和庐江县的仅双渐、朱富国、朱定国3人,再扣除传载《宋史》的杨杰及其家族进士杨寓、贾易、皇祐五年进士秦中(秦中五子皆进士,在无为建县后登第)等4人,故而余下12人可认为是巢县或庐江进士。

无为建县之后的60余名进士亦分属三地,除王蔺、王杆外,仅宋理宗宝祐四年进士王朝佐可明确为庐江人,其他无法轻易判断,但应包含有大量实属巢湖和庐江的进士。(《嘉庆无为州志》卷十五《选举志·宋进士》、朱藻《宋沂国太夫人方氏墓志铭》)

王朝佐

王朝佐(1215—?):字子材,无为军庐江人。宋理宗宝祐四年(1256)丙辰科进士。今存诗五首。(《宝祐四年登科录》)

吴之恺

吴之恺:庐江人。元惠宗至正年间(1341—1370)进士。(《光绪府志》卷三十《选举表一》)

卢璟

卢璟:字德辉。直隶庐江人。明成祖永乐十六年(1418)戊戌科进士。官监察御史。(《万历府志》卷七《选举》、《索引》)

葛陵

葛陵:直隶庐江人。明成祖永乐二十二年(1424)甲辰科进士。官户部郎中。(《万历府志》卷七《选举》、《索引》)

金皓

金皓:直隶庐江人。明成祖永乐二十二年(1424)甲辰科进士。官揭阳知县。(《万历府志》卷七《选举》、《索引》)

胡渊

胡渊:字大原。直隶庐江人。明英宗正统七年(1442)壬戌科进士。官都给事中。(《万历府志》卷七《选举》、《索引》)

钱朝凤

钱朝凤:字文祥。直隶庐江人。明孝宗弘治九年(1496)丙辰科进士。官四川左参议。(《万历府志》卷七《选举》、《索引》)

柳希玭

柳希玭:字子敬,号釜山。直隶庐江人。明世宗嘉靖二十九年(1550)庚戌科进士。官湖广左参政。(《万历府志》卷七《选举》、《索引》)

朱来远

朱来远(1548—1607):字文臣,号修吾。直隶庐江人。明神宗万历五年(1577)丁丑科进士。官太常寺少卿。王世贞《艺苑卮言》有明刻本存世,朱来远与合肥黄道月等人共同校正。(《嘉庆府志》卷十三《选举表上》、《光绪府志》卷三十《选举表一》)

高进孝

高进孝:字可愚。直隶庐江人,洪武初,其先讳大者戍直隶宁山卫,移屯于河南获嘉,遂家焉。明万历十四年(1586)丙戌科进士。任萧县知县、上海知县、三原知县。(《索引》、王世贞《乐田高翁暨配李太孺人合墓志铭》)

卢谦

卢谦(1561—1635):字吉甫,号芳菱。卢璟玄孙。直隶庐江人。明神宗万历三十二年(1604)甲辰科进士。官江西参政。死难于明末农民起义。(《嘉庆府志》卷十三《选举表上》、《索引》)

张弘任

张弘任(?—1642):一作张宏任,字曾士,号福山。直隶庐江人。明思宗崇祯十五年(1642)壬午特用科进士。任四川嘉定知州,死于张献忠农民军之手。(《光绪府志》卷三十《选举表一》、《索引》)

王凤鼎

王凤鼎:字内实,号治山。江南庐江人。清世祖顺治四年(1647)丁亥科进士。官工部主事。(《嘉庆府志》卷十三《选举表上》、《索引》)

宋衡

宋衡(1654—1729):字伊平,号嵩南。江南庐江人。清圣祖康熙十七年戊午乡试解元,康熙二十四年(1685)乙丑科进士。散馆授翰林院编修,官至侍读学士。(《嘉庆府志》卷十三《选举表上》、《索引》)

宋元征

宋元征(1644—1706):字式虞,号鹤岑。宋衡兄。江南庐江人。清圣祖康熙二十七年(1688)戊辰科进士。官刑部郎中。(《嘉庆府志》卷十三《选举表上》、《索引》)

孙维祺

孙维祺:字以介,号起山。江南庐江人。清圣祖康熙三十年(1691)辛未科进士。官河间知县。(《嘉庆府志》卷十三《选举表上》、《索引》)

陈大化

陈大化(1715—1786):字鳌士,号封池。江南庐江人。清高宗乾隆十三年(1748)戊辰科进士。散馆授翰林院编修,官至江苏松太道。(《嘉庆府志》卷十三《选举表上》、《索引》)

王正茂

王正茂：字时育，号竹岩。江南庐江人。清高宗乾隆二十二年(1757)丁丑科进士。曾官临晋知县，撰《临晋县志》。(《嘉庆府志》卷十三《选举表上》、《索引》)

刘骥

刘骥：字秩音，号超亭。江南庐江人。清高宗乾隆三十一年(1766)丙戌科进士。曾官安庆教授。(《嘉庆府志》卷十三《选举表上》、《索引》)

黄培

黄培：字载钟，号香岩。江南庐江人。清高宗乾隆三十四年(1769)已丑科进士。该科会魁。不乐仕进，归里教授生徒。(《嘉庆府志》卷十三《选举表上》、《索引》)

许士煌

许士煌：江南庐江人。清高宗乾隆四十五年(1780)庚子恩科进士。任太平教授。(《嘉庆府志》卷十三《选举表上》、《索引》)

鲍崇兰

鲍崇兰：安徽庐江人。清仁宗嘉庆二十五年(1820)庚辰科进士。官至户部员外郎。(《光绪府志》卷三十《选举表一》、《索引》)

刘元标

刘元标：原名刘孝标，字霞城。安徽庐江人。清宣宗道光九年(1829)已丑科进士。以知县历官燕、鲁、黔、楚诸省。(《光绪府志》卷三十《选举表一》、《索引》)

刘礼章

刘礼章:号心斋。安徽庐江人。清宣宗道光九年(1829)己丑科进士。官永绥同知。(《光绪府志》卷三十《选举表一》、《索引》)

章炜

章炜:字元成,号琂香。安徽庐江人。清宣宗道光九年(1829)己丑科进士。官吏科给事中。(《光绪府志》卷三十《选举表一》、《索引》)

吴守仁

吴守仁:号乐山。安徽庐江人。清宣宗道光十三年(1833)癸巳科进士。官云南太和知县。(《光绪府志》卷三十《选举表一》、《索引》)

何家驹

何家驹(1789—?):字仲千,号春毅。安徽庐江人。清宣宗道光十三年(1833)癸巳科进士。官翰林院庶吉士,官山东章丘知县、东昌府同知。(《光绪府志》卷三十《选举表一》、《索引》)

章琼

章琼(? —1861):字仲毅,号璧田。章炜弟。安徽庐江人。清宣宗道光二十一年(1841)辛丑恩科进士。官翰林院编修,任浙江、福建等地乡试考官。(《光绪府志》卷三十《选举表一》、《索引》)

许凤翔

许凤翔:字尊荣,号恂堂。安徽庐江人。清宣宗道光二十五年(1845)乙巳恩科进士。官福建邵武同知。(《光绪府志》卷三十《选举表一》、《索引》)

姚继勉

姚继勉:安徽庐江人。清宣宗道光二十七年(1847)丁未科进士。官兖州同知。(《光绪府志》卷三十《选举表一》、《索引》)

刘秉璋

刘秉璋(1826—1906):字仲良。安徽庐江籍,安徽合肥人。清文宗咸丰二年(1852)三甲六十八名进士。清末淮系重要人物,官至四川总督,卒谥文庄。(《光绪府志》卷三十《选举表一》、《索引》)

凌锦章

凌锦章:字云卿。安徽庐江人。清德宗光绪二年(1876)丙子恩科进士。官江西武宁知县。(《光绪府志》卷三十《选举表一》、《索引》)

张凤喈

张凤喈(? —1932),字桐轩,安徽庐江人。清德宗光绪二十九年(1903)癸卯科进士。官广东惠来、南海知县。(《索引》)

刘毅孙

刘毅孙:字桐轩,安徽庐江人。清德宗光绪三十年(1904)甲辰恩科会试二百一十一名,殿试二甲二十八名进士。宣统三年任甘肃提法使。(《光绪甲辰会试题名录》、《索引》)

金遇知

金遇知:直隶庐江人。明思宗崇祯七年(1634)甲戌科武进士。官池河守备。(《嘉庆府志》卷十五《选举表下》、《光绪府志》卷三十二《选举表三》)

许可镰

许可镰:直隶庐江人。明思宗崇祯十年(1637)丁丑科武进士。官池河守备。(《嘉庆府志》卷十五《选举表下》、《光绪府志》卷三十二《选举表三》)

夏贻矩

夏贻矩:江南庐江人。清世祖顺治九年(1652)壬辰科武进士。陕西守备,升湖广都司。(《嘉庆府志》卷十五《选举表下》、《光绪府志》卷三十二《选举表三》)

卢维翰

卢维翰:江南庐江人。清圣祖康熙二十一年(1682)壬戌科武进士。任守备。(《嘉庆府志》卷十五《选举表下》、《光绪府志》卷三十二《选举表三》)

王仙璋

王仙璋(1852—1890):安徽庐江人。清德宗光绪九年(1883)癸未科三甲第八十八名武进士。官卫守备。光绪十三年随刘铭传入台,任四品新募营管带,参加新基铁路建设。后旧疾复发,卒于台湾军营。(《光绪九年癸未科武殿试金榜》)

4.未区分之北宋巢湖庐江进士(12人)

徐起

徐起:宋真宗咸平三年(1000)庚子科进士,知湖州。

徐越

徐越:徐起弟,宋真宗大中祥符五年(1012)壬子科进士,知庐州。

陆随

陆随:宋仁宗天圣八年(1030)庚午科进士。

徐绶

徐绶:徐越子,宋仁宗景祐元年(1034)甲戌科进士,为是科第三人,即探花。是科第二人为合肥杨察。后知扬州。刘攽为其作墓志,见《续资治通鉴长编》卷一十四。

翟舜中

翟舜中:宋仁宗景祐元年(1034)甲戌科进士。

徐綋

徐綋:徐越子,徐绶弟,宋仁宗庆历二年(1042)壬午科进士。

李仙芝

李仙芝:宋仁宗庆历二年(1042)壬午科进士。

张赞禹

张赞禹:宋仁宗皇祐元年(1049)己丑科进士。

徐总

徐总:徐起子,宋仁宗皇祐元年(1049)己丑科进士。

张君奭

张君奭:张赞禹子,宋仁宗皇祐元年(1049)己丑科进士。父子同科进士。

陆毋必

陆毋必:陆随子,宋仁宗皇祐五年(1053)癸巳科进士,官尚书。

汤延年

汤延年:宋仁宗嘉祐二年(1057)丁酉科进士。

(俱见《嘉庆无为州志》卷十五《选举志·宋进士》)

附录二：合肥进士延展

1.待考合肥进士（26人）

郭霸

郭霸：庐江人。一作郭弘霸，舒州同安（今桐城）人。

《旧唐书·郭霸传》载："郭霸，庐江人也。武周天授二年（691），自宋州宁陵丞应革命举，拜左台监察御史、右台侍御史。"《通典》《新唐书》均载郭霸为舒州人，且《新唐书》成书在《旧唐书》后，或正旧书之误。乾隆时期编纂的《江南通志》亦将郭霸列为舒州人。（《旧唐书·郭霸传》、《新唐书·郭弘霸传》、唐·杜佑《通典》卷一七十《刑法八》、《江南通志》卷一一九《选举志》）

卢储

卢储：或为庐州人氏。唐宪宗元和十五年（820）庚子科进士第一人。该科进士二十九人。考官为太常少卿李健，试题为《早春残雪诗》《何论》。

按宋计有功《唐诗纪事》卷五十二："李翱江淮典郡，（卢）储以进士投卷，翱礼待之，置文卷几案间。因出视事，长女及笄，闲步铃阁前，见文卷，寻绎数回，谓小青衣曰：'此人必为状头。'迨公退，李闻之，深异其语，乃令宾佐至邮舍，具语于储，选以为婿。储谦辞久之，终不却其意，越月遂许。来年果状头及第，才过关试，径赴嘉礼。《催妆诗》曰：'昔年将去玉京游，第一仙人许状头。今日幸为秦晋会，早教鸾凤下妆楼。'后卢止官舍，迎内子，有庭花开，乃题曰：'芍药斩新栽，当庭数朵开。东风与拘束，留待细君来。'人生前定，固非偶然耳。"

《万历府志》卷六《官师表》载李翱唐宪宗元和间任庐州刺史。考《新旧唐书·李翱传》及《穆宗本纪》：李翱于元和十五年六月，以考功员外郎、史馆修撰出为朗州刺史。坐与李景俭相善故也。《新旧唐书》虽未明确记载李翱任庐州刺史的时间，但庐州刺史任后，李翱于大和初（827）入京任谏议大夫、知制诰。如李翱元和年间就担任了庐州刺史，则其任该职不少于七年，不太可能。《唐诗汇评》载："李翱出为朗州刺史，迁舒州刺史。长庆三年，入为礼部郎中，又出为庐州刺史。大和元年，召为谏议大夫，迁中书舍人。"计有功谓卢储投卷，当指在庐州。然计有功所载或有偏差。卢储或于元和十四年（819）入京，向李翱投卷，求其荐举。今湖北蕲春言卢储为蕲春人，乃后世附会，不可信。

王定保《唐摭言》卷八载："杨嗣复第二榜卢求者，李翱之子婿。先是翱典合淝郡，有一道人诣翱言事甚异。翱后任楚州（或曰桂州），其人复至。其年嗣复知举，求落地。嗣复，翱之妹婿。由是颇以为嫌。因访于道人，言曰：'细事，亦可为奏章一通。'几砚纸笔，复置醇酎数斗于侧，其人以巨杯引满而饮，寝少顷而觉，觉而复饮酒尽，即整衣冠北望而拜，遽对案手疏二缄。迟明授翱曰：'今秋有主司，且开小卷；明年见榜，开大卷。'翱如所教。寻报至，嗣复依前主文，即开小卷。词云：'裴头黄尾，三求六李。'翱奇之，遂寄嗣复。已有所贮，彼疑漏泄。及放榜，开大卷，乃一榜焕然，不差一字。其年，裴求为状元，黄驾居榜末，次则卢求耳。余皆契合。后翱领襄阳，其人又至，翱愈敬异之。谓翱曰：'鄙人再来，盖仰公之政也。'因命出诸子，熟视，皆曰不继翱无所得。遂遣诸女出拜之。乃曰：'尚书他日外孙三人，皆位至宰辅。'后求子携、郑亚子畋、杜审权子让能，皆为将相。《唐摭言》言明李翱女婿是卢求而非卢储。

罗劭权

罗劭权：字昭衡。罗让从子。让再从弟咏。咏子劭权，字昭衡，进士擢第。劭京（罗让子）、劭权知名于时，并历清贯。（《旧唐书·罗让传》）

何柽

何柽：庐江人。唐进士。《全唐文补遗》有《唐庐江何生（柽）故姬（王桂华）墓志铭并序》，铭载："王氏号桂华，京兆府万年县洪固乡人也。咸通玖年拾月，归于进士何柽。有女曰周，男曰鲍、次曰僧。享年贰拾捌。至乾符贰年陆月陆日，卒于长安太平坊。以七月拾六日，殡于万年县高平乡姜村西百步之墟。呜呼！女幼未胜丧，男稚未解哭，余非知死而知生者，联作铭云：明月在水，落花随风。悲尔魂兮，慌惚其中。"

王济

王济：庐州人。按《宋会要辑稿·选举》十五之七有庐州进士王济冒贯开封，天圣间（1023—1032）科举应试。

杨居简

杨居简：其先晋人，从唐僖宗入蜀，家于成都。至其父杨均，始从孟昶降宋。宋真宗时，杨居简通判庐州，遂家合肥。乾兴元年（1022），知泗州。仁宗天圣元年（1023），为都官员外郎。天圣间卒，葬合肥。按《宋史·职官志》，都官员外郎是进士出身才能担任。

钟离义了

钟离义了：合肥人。按《康熙合肥县志》卷十四《仙释传》引南宋祝穆《方舆胜览》，有（释）义了，合肥人，姓钟离，尝为进士。更早的《万历府志》云：尝登进士，则中了进士。去从浮屠学，名所居为昨梦斋。义了，当为钟离瑾家族人物。

杨南仲

杨南仲：字元明。今人张典友作《北宋杨南仲考略》，引刘攽《彭城集》卷十一《伤杨元明都官》注"知国子书学、判吏部南曹，晏相外甥"，认为杨南仲为宰相晏殊外孙,考证杨南仲为庐州合肥人、北宋榜眼杨察嗣子。

《宋会要辑稿·选举》九之《赐出身赐同出身》载:"(宋仁宗)嘉祐三年(1058)五月十五日,赐大理寺丞杨南仲同进士出身。以翰林学士王洙荐石经有劳,召试学士院,命之。"杨南仲是赐同进士出身。

张典友言杨南仲初名登(见《曾巩《隆平集》卷十四《杨察传》),《宋史·杨察传》作庶当误。杨登后改名元明,字南仲,以字行。张又考证杨南仲曾署豫章杨南仲,而按晋杜预注《左传》,豫章一作"在江北淮水南",即今合肥、寿县周边,豫章是合肥的地理古称之一,杨南仲署豫章乃是其古郡望。

杨南仲是宋代著名书法家,精篆、楷二书,是宋代金石学辨释古文字第一人。合肥包拯的墓志铭由杨南仲书写。杨南仲有《皇祐三馆古器图》《三体孝经》等著作,与他人合著《石经》七十五卷,均不传。杨南仲官尚书屯田员外郎、知国子监书学兼纂石经等。

然外甥和外孙毕竟不同,且杨察卒于宋仁宗至和三年(1056),年四十六。而杨南仲于宋仁宗皇祐年间(1049—1054)即书写有《延真观记》,嘉祐五年(1060)为司马光叔父司马沂墓表篆额,嘉祐八年先后为包公、翰林学士冯京前妻富氏(晏殊女婿富弼女)、冯京妻王氏书写墓志铭。杨南仲若为杨察嗣子,嘉祐年间当年岁有限,声望不足,未必有资格为司马沂、包公书写墓志。

北宋葛胜仲《枢密吴公墓志铭》载杨南仲表亲吴居厚少时家贫,曾依其学,杨妻李氏亦善待吴居厚。吴居厚后官至官尚书右丞、知枢密院事。因感激杨南仲及李氏的恩情,移世赏官杨南仲二子。吴居厚为临川人,与晏殊同乡。故杨南仲是临川人可能性大。(《宋会要辑稿·选举》九之《赐出身赐同出身》)

包永年

包永年(1070—1120):字延之。庐州合肥县人。包拯嗣孙。牛际可《宋宣教郎知鄂州崇阳县事包公墓志铭并叙》载:"包氏世有显闻,实自孝肃公始。元丰天子念孝肃忠烈,当追荣无穷。诏登绘像,春秋从享,俾若嗣若孙,加以恩赏。于是公之叔朝奉,上章沥恳乞官其侄。朝廷喜,从所请。粤七年,公受命未仕。元祐七年,始试法顶选。初调官无为军巢县主簿。"

宋代有明法科,有不少门荫出身再"中法科"的例子。如王次张,"以父恩补承务郎,少习法,中刑法科。"俞澂,"以伯祖俟荫入仕,中刑法科。"俞长吉,"以父任入官,中法科,由蕲州司法,入为大理评事。"这些以荫入仕的人需要通过朝廷组织的法律考试,方能正式踏入仕途。包永年墓志铭有"试法顶选"句,其参加的考试或为明法科,惜墓志过于简略,较难肯定。

马永易

马永易:字明叟。庐州合肥县人。马仲甫孙。官池州石台尉。

按钟离景伯《宋故安康郡君杨夫人墓志铭》:"(杨氏)孙男十四人:永修,滁州全椒县主簿;永逸、永易、永覆,皆举进士;永老、永正、永忱,皆假承务郎;永中、永服、永亨、永言、永序、永谊、永叔。……"该铭作于元丰四年(1081)。扬州志载马永逸为元祐六年(1091)进士。举进士一般理解的意思就是中了进士。倘若志书记载马永逸中进士的时间无误,举进士的解释则是应进士举,还未中进士。马永易有《唐职林》《实宾录》《异号录》《元和录》《历代圣贤名氏录》《诗话》《寿春杂志》等多部著作,是个著作等身的学者。(晁公武《郡斋读书志》卷十四、《宋史·艺文志》)

马永覆

马永覆:庐州合肥县人。马仲甫孙。(钟离景伯《宋故安康郡君杨夫人墓志铭》)

马永亨

马永亨:庐州合肥县人。马仲甫孙。按由滕垲、滕治、滕廷钟与滕鑫桂在明清两朝三修的二十卷《东阳滕氏宗谱》(又名《锡山滕氏宗谱》,现存上海图书馆),载滕祜娶马仲甫女,长女适进士马永亨,与《宋故安康郡君杨夫人墓志铭》内容高度吻合。《宋故安康郡君杨夫人墓志铭》载滕祜为马仲甫婿,马永亨为马仲甫孙。

虽然明清时的宗谱很多不可信,但该宗谱对滕祜的记载考证详细,且对滕祜子婿的记载应当是来源于明代时还能够看得到的滕祜的墓志铭,没有必要作伪,可信度高。马永亨当为进士。(钟离景伯《宋故安康郡君杨夫人墓志铭》《锡山滕氏宗谱》)

张宇

张宇:字泰安。常州晋陵人。宋徽宗大观三年(1109)上舍登第,授真州司理参军。以左朝请大夫、直秘阁致仕。孙觌《宋故左朝请大夫直秘阁致仕张公墓志铭》:"张氏先世本合淝人,七世祖训,为吴太傅,与杨行密俱起淮南,号三十六英雄,太傅其一也。"

按张训,五代滁州人。同为常州人与张宇熟识,且按张宇子孙提供资料作墓志的孙觌,却说张训是合肥人,不知何故?张训后代迁常州,遂为常州大族,有宋一代张训后裔登科者数十。张宇父张彦直及张宇兄张守,宋徽宗崇宁二年(1103)登进士,父子同榜。六年后,张宇与兄长张宰、张宦又同科中进士。父子五人金榜题名,常州知州徐申建坊旌表,取灵椿丹桂之意命名椿桂坊,延续至今。张守官至副相。

刘惟肖

刘惟肖:庐州人。按《宋会要辑稿·兵》二三,乾道二年(1166)二月八日,宰执进呈庐州进士刘惟肖献利便事十件,上曰:"第八件止绝停留买马之人,朝廷可札下帅司,申严约束,庶几免得生事。"又《宋会要辑稿·兵》一五,二月八日,给事中、兼权吏部尚书魏杞等言:"庐州进士刘惟肖上书陈献两淮急务利便,欲将归正官不许授沿淮差遣。今归正百姓悉移沿江,给以官田为业。看详归正人令处边面,实为非宜,谓可迁入近里州郡,更乞朝廷裁酌。"从之。

毛璞

毛璞：字伯玉，号方云山子。庐州人，又作泸州人。宋孝宗乾道五年（1169）进士。官至利州路提点刑狱。有《六经解》《三余录》。（《尚友录》）

包元吉

包元吉：原名履祥。庐州合肥县人。包拯八世孙。南宋绍兴进士。《镇海横河堰包氏宗谱》载其自幼刻苦读书，为刘姓郡守所器重。南宋合肥属边城，多次遭到战争洗劫，城池残破，巷陌凄凉。包元吉爱国心切，南渡前往临安，希望能施展才华报效国家。朝廷上下却毫无光复山河的愿望。包元吉壮志难酬。《宗谱》存有包元吉画像及自题词："某才学则迂疏，其志行亦狂简。幸逢世以效愚，每惴惴于自反。僚友谓之强而主上谓之板。愧变通之未能，徒为达士之所莞也。强者，矫亢不阿之名，板者，愚执不通之谓。盖气质蔽固之已深，而学问变化之未至，若谬比于俭邪，则难合乎公议。虽内省之无愧，然岂敢忘敬畏也哉！"

包元吉举进士后，任国子监丞。会见太学生时，启迪学子正心修身，自强不息。后任秘书监丞、崇政殿说书、翰林院待制、朝散大夫等。

按《宗谱》所载包元吉题词可信，进而推断包元吉事迹可信，惟《宗谱》载包元吉为绍兴进士存疑。按南宋绍兴年间距包拯卒后仅七十余年，包元吉不可能是包拯八世孙。如是绍定（1228—1233）进士，距包拯卒时有一百七十年，时间方可对应。南宋开禧元年（1205），有刘甲知庐州，时间上与包元吉幼年受刘姓郡守器重也对应得上。

赵时镇

赵时镇：或作赵时鎮。庐州人，一作温州瑞安县人。宋度宗咸淳七年辛未科（1271）进士。赵时镇曾任东莞黄田（今香港屯门）盐场大使。赵时镇与当地下沙村黄默堂的儿子友善，咸淳十年（1274）曾撰《默堂妣谢安人墓志》。

又据《钱塘遗事》卷九《丙子北狩》："祈请使:左相吴坚(天台人),右相贾余庆(海州人),……表献玺纳土官:监察御史杨应奎(庐州人),大宗丞赵岩秀(临安人)。日记官:宗丞赵时镇(庐州人),阁赞严光大(绍兴人)。……"德祐二年,元军至临安,宋奉表投降,赵时镇为表献玺纳土日记官。(刘一清《钱塘遗事》卷九、《瑞安县志》、《万历温州府志》卷十《选举志·进士》)

陈士举

陈士举:字大用,号五山,庐州人。《万历温州府志》载:"陈士举,字大用,庐州人。任乐清教谕,饬躬励行,毅然以倡明道学为己任,士类翕然宗之。"《万历雁山志》卷四载:"陈士举,号五山,教谕,乐清人。《能仁寺》诗:'偶来寻胜地,长啸入松关。小憩林间寺,遥看天畔山。鹤眠清昼永,僧倚碧窗闲。归路斜阳外,微茫紫翠间。'"《民国乐清县志》卷七《职官志》载:"明洪武二年设教谕一员,训导二员。陈士举,字大用,庐州人,任教谕。饬躬励行,毅然以倡明道学为己任,士类翕然宗之。后家于乐。"陈士举为明代第一任乐清教谕,应为洪武二年任。

《明太祖高皇帝实录》卷一百六载:"洪武九年六月戊子,升彭州知州胡子祺为延平府知府。子祺,吉安吉水人,洪武三年(1370)以儒士举赴京,试于吏、礼二部,中选者十九人:桐庐魏潜、王讷、河西李颜、永丰丁节、永嘉许士宏、万安夏瓒、乐清李时可、卫辉陈士举、龙泉刘毅、萧晖、合肥夏起、瑞安马汉、分宜刘沂、平阳孔希普、永新欧阳子韶、泰和王子启、安福欧阳楚芳、庐陵胡伯清与选列。适太史奏文星见,上喜,十九人皆擢监察御史。"此卫辉陈士举,不知与庐州陈士举是否为同一人?

有资料称陈士举,庐州人,元至正进士,不仕。明洪武三年诏举明经博士,任乐清教谕。此洪武三年则与明实录时间吻合。《温州府志》《乐清县志》未见陈士举进士的记载。今乐清长徽宗陈氏尊陈士举为始迁祖,陈士举的进士记载或来源于陈氏族谱,故不能全信。

夏起

夏起：直隶合肥人。《明太祖高皇帝实录》卷一百六载："洪武九年六月戊子，升彭州知州胡子祺为延平府知府。子祺，吉安吉水人，洪武三年（1370）以儒士举赴京，试于吏、礼二部，中选者十九人：桐庐魏潜、王讷、河西李颜、永丰丁节、永嘉许士宏、万安夏瓒、乐清李时可、卫辉陈士举、龙泉刘榖、萧晖、合肥夏起、瑞安马汉、分宜刘沂、平阳孔希普、永新欧阳子韶、泰和王子启、安福欧阳楚芳、庐陵胡伯清与选列。适太史奏文星见，上喜，十九人皆擢监察御史。"

今人对宋代登科研究甚详，仅文举，除进士、诸科（包括《九经》、《五经》、《三礼》、《三传》、《三史》、学究、《开元礼》、明法等科。北宋神宗熙宁四年罢，哲宗元符三年后再无诸科登第人）、明经等常科外，尚有制举、词科、童子科等特科，还有说书举、百篇举、上舍释褐（等同于进士）、八行科等科目，此外还有赐及第、赐出身、特奏名这样的恩科，不一而足。以上科目中第者，均被认为是进士。宋代进士科目繁多，所以才造就宋代十万名进士的庞大数字。

《索引》只记载了明清文进士常科、清初博学鸿词等少量制科进士，明代进士题名以洪武四年辛亥科为始。夏起虽未经乡试、会试、殿试三级考试，但洪武三年试于吏、礼二部，其实比之宋代的说书举、百篇举进士，明显要正式得多（说书举等进士也未经三级考试），其才学也应高于宋代大多数的诸科进士。孟二冬先生的《登科记考补正》将唐代上书言事而得官的罗珦列为上书拜官科的制举进士，因此应该承认夏起的进士身份。明初有类似唐宋制科的人才选拔（合肥中选者不少），后人均未将之视为正式的进士，有失偏颇。

黎淳

黎淳（1423—1492）：字太朴，号朴庵。明英宗天顺元年（1457）丁丑科状元。明代名臣,官至南京礼部尚书,卒谥文禧。

按《索引》载:"黎淳,湖广华容人,军籍。"《嘉庆府志》卷十三《选举表上》及《光绪府志》卷三十《选举表一》均将黎淳列为合肥进士,黎淳或为明初分派到华容的合肥籍军户后裔,故《索引》注为军籍。明代合肥黎氏还有泉州卫千户,以平倭战功升为参将的黎鹏举。惟庐州府志对于黎淳这样的重臣却无传记,黎淳为合肥人的第一手资料不详,令人不解。

蔡卉

蔡卉(1706—1774):字丹亭,一作字药林,江南合肥人。蔡悉族裔。清高宗乾隆十九年(1754)甲戌科明通榜进士。顺天举人。授旌德县教谕,捐升国子监典簿。性友爱,闻兄丧,告归营葬,抚恤弟侄,恩谊甚笃。有《大学堂文集》。

明通榜始创于雍正朝而推行于乾隆朝。明通榜设立的原因是清代由于教育发展水平不均衡,除少数省份文教兴盛之外,边远各省士子科考录取率极低,有些省份甚至几十年未有进士及第。针对边远省份教育落后,雍正朝采取举措以达到推广教育的目的。雍正十一年癸丑科后,颁布上谕:"云南、贵州、广东、广西、四川、福建六省举人,赴京会试,邮程遥远,非近省可比,朕意欲于落卷中,择其文尚可观,而人材可用者,添取数人,候旨录用,以昭朕格外加恩之意。"可见明通榜最初是针对云南、贵州、广东、广西、四川、福建这六省会试下第举人的。它是在会试落选的试卷中,再挑选一批虽不及会试额定录取之佳卷,但亦属文理明通,于正式榜文之外另出一榜。为区别于正榜,故名为明通榜。中选者由吏部记名,以内阁中书、教职补用。

乾隆时,会试后于落卷内搜寻文理明通者不再局限于边远六省士子。至乾隆执政后期,官员机构庞大臃肿,造成正途的铨选困难,有些举子考中进士候补多年仍不得为官,明通榜进士更加困难。故乾隆五十五年颁布谕旨废除明通榜。

明通榜进士的要求、出路都明显高于宋代的诸科、特奏名进士,数量也远远低于诸科、特奏名进士,故应该将明通榜进士认同为正式的进士。《光绪府志》就是这样做的,将蔡卉列入进士名录中。(《光绪府志》卷三十《选举表一》、《蔡氏宗谱裡公支谱》)

廖躅芳

廖躅芳:字鹤餐。江南合肥人。清高宗乾隆十九年(1754)甲戌科明通榜进士。顺天举人。官内阁中书、广西宾州知州、云南宾川州知州。宾川州近苗疆,躅芳持法平恕,民夷畏爱。廖躅芳父廖世琼曾官南京上元学官,而南京礼乐诸器齐全,廖世琼欲为合肥乡校仿其制。廖躅芳继承父志,于雍正十二年悉捐修之,仪制复古。(《光绪府志》卷三十《选举表一》)

王谟

王谟:安徽合肥人。康熙进士王襄家族人物,王襄曾孙辈。清仁宗嘉庆九年(1804)甲子科钦赐举人,嘉庆十年(1805)会试恩赐翰林院检讨衔。

《清高宗纯皇帝实录》卷一一零六载:"谕本年恩科会试。各省士子,云集观光。其中庞眉皓首,挟策偕来者,多至三十余人,实为熙朝盛事。宜加渥泽,用广作人。除石震、万邦献、朱镜已加恩赏给国子监学正衔外,所有年八十以上之李实生、刘克柔、王熊应、马士荣、黄鼎,俱系乡试中式举人,著加恩赏给翰林院检讨衔。其刘髦学、郭元标、冯出佐、刘梦华、李封、索止任、张广基、张纯仁、李蘧、王景绩、康铣、李天民、许祖健、李钦元、谢士豪、徐常淳、李作朋、董斌、李成、章彦,俱系上年乡试未经中式,钦赐举人。著与年七十以上之吴兆魁、周仲连、宋瑞孙、凌云、毛肇一体加恩,赏给国子监学正衔。俾耆儒膺秩,各遂夙愿,以彰推恩引年之至意。"

可见清代多有年逾花甲甚至古稀,依然奋志于科场的举子。为鼓励其精神可嘉,经有司报于朝廷,朝廷钦赐为进士,赐翰林院检讨,以示褒慰。只是荣誉,没有实职,应类同于宋代的特奏名进士。《光绪府志》亦认同王谟

的进士身份,将其列入进士名录中。(《光绪府志》卷三十《选举表一》、《王晁乡试硃卷》)

胡介耆

胡介耆:安徽合肥人。清穆宗同治十三年(1874)恩赐翰林院检讨衔。(《光绪府志》卷三十《选举表一》)

马泰钧

马泰钧(1880—?):字韵初。安徽合肥人。附生出身,美国哈佛大学硕士毕业。清宣统三年(1911)九月,经学部验看考试,得八十五分,列最优等,赏给法政科进士。民国三十年至民国三十三年任财政部盐政司司长。(《国立北洋大学三十七年班毕业纪念刊》,朱有瓛主编,《中国近代学制史料第二辑(上册)》,华东师范大学出版社1987年版,第989页。)

马泰征

马泰征(1883—?):字瑞臣。安徽合肥人。美国耶鲁大学工科学士。清宣统三年(1911)九月,经学部验看考试,列最优等,赏给工科进士。民国后任司法部技正,民国二十四年任中国全国道路建设协会赞助会员。(《国立北洋大学三十七年班毕业纪念刊》,朱有瓛主编,《中国近代学制史料第二辑(上册)》,华东师范大学出版社1987年版,第990页。)

2.可考唐宋元时期合肥籍官员(必有进士)(33人)

樊思孝

樊思孝:庐江人,隋名臣樊子盖孙,唐垂拱四年(688)为绵州长史,后任陈州、亳州刺史,卒赠越州都督。(王翰《唐故南□郡□□县丞王府君夫人南阳樊氏墓志铭并序》、《元和姓纂》)

樊忱

樊忱:樊思孝子,官司勋郎中,唐神龙元年(705)正月,任地官侍郎。开元五年,为华州刺史。樊忱还曾任司农卿、户部尚书。(《唐尚书省郎官石柱题名考》、王倚《唐故南□郡□□县丞王府君夫人南阳樊氏墓志铭并序》、《元和姓纂》)

樊悰

樊悰:樊思孝子,曾任蜀州刺史。(《元和姓纂》)

樊禀

樊禀:樊忱子,曾任万年丞。(《元和姓纂》)

邓某

邓某:佚其名。庐州合肥人。唐末官袁州刺史,其子邓士曹徙居吉州庐陵。士曹六世孙邓安为北宋嘉祐八年(1063)进士,七世孙邓柔中为北宋政和八年(1118)进士。(李鉴《宋故庐陵邓君墓志铭》、刘才邵《邓司理墓志铭》)

危侍郎

危侍郎:北宋仁宗时官侍郎,包公为其撰墓志。《嘉庆合肥县志》卷三十六《志余》:"嘉靖中,庠生张善家工人凿塘,忽得虚墓,乃危侍郎者,有包孝肃撰碣。善亟掩之。"注引旧志。赵绍祖《安徽金石略》亦载之。

马環

马環:马亮孙辈,北宋名相吕蒙正孙婿,吕居简长女婿,官大理寺丞。

马琮

马琮:马亮孙辈,北宋名相吕蒙正孙婿,吕居简女婿,熙宁三年官中奉大夫。

马永修

马永修:马亮曾孙,马仲甫长孙。元丰四年,官滁州全椒县主簿。宋徽宗大观四年至政和初,知通州军州事。马永修有《文集》二十卷。(钟离景伯《宋故安康郡君杨夫人墓志铭》、《万历通州志》卷一《守臣题名》)

赖扩

赖扩:亳州酂县主簿,侄赖持正娶包永年长女。赖扩是特奏名进士可能性较大。

李天贶

李天贶:合肥人。官朝请大夫。与合肥钟离景伯、当涂郭祥正有交游。李天贶或为天圣五年进士李先家族人物。(郭祥正《青山集》卷七《合肥李天贶朝请招钟离公序中散吴渊乡长官泪予同饮家园怀疏阁》诗)

魏伦

魏伦:又作魏纶,纶字或误。合肥人。米芾《宝章待访录》载:唐中书令褚遂良《枯木赋》,右唐粉蜡纸搨书也,在承议郎合肥魏伦处。收以为真迹,魏氏刻石,某官杭过润,借观于甘露寺。

魏伦于元丰六年(1083)至元丰八年知吉州军州事。吉州旧有三秀亭,在西峰寺,旧名秀野亭,知军魏伦改今名,宋黄庭坚记。

李庭玉

李庭玉:合肥人。李先子。官朝请郎。(黄榦《李知县墓志铭》、牛际可《宋宣教郎包公墓铭》、《宋史·李兑附李先传》)

李彦伦

李彦伦:合肥人。李庭玉子。官朝奉郎。元祐元年,提举某路常平司,与黄庭坚为文字友。(《全宋文》陈次升卷、黄榦《李知县墓志铭》)

李彦明

李彦明:合肥人。李庭玉子,李彦伦弟。曾官宁远知县,与黄庭坚有交游。李彦伦、李彦明在天柱山有摩崖石刻存世。《万历雁山志》卷四载有李彦明,名列张允中后、翁仲通前,有《灵岩寄迹》诗:"桥拄仙游策,谷闻禅定钟。举头天柱逼,眩目障霞红。辨印紫泥湿,读碑苍藓封。海遥梁莫架,天近听宜聪。笑跨双鸾去,才非独秀钟。题诗僧抱石,童子怪匆匆。"注:"俱峰障岩洞名。"张、翁二人皆北宋仁宗末年至哲宗时期人,故《万历雁山志》载李彦明或为合肥李彦明。(黄庭坚《答李彦明知县四首》)

李廱

李廱:合肥人。李彦伦子。官奉直大夫。(黄榦《李知县墓志铭》)

李士龙

李士龙:合肥人,迁福州。李廱子。官奉直大夫、直秘阁,南宋淳熙八年(1181)六月为两浙路处州知军州事。(《宋会要辑稿·食货》六八之《受纳》、《宋史全文》卷二十七上、黄榦《李知县墓志铭》)。

柳充

柳充:字圣美。柳瑊父。官宣德郎。现存书法珍宝王献之《鸭头丸帖》唐代摹本有柳充观款:"河东柳充圣美、京兆杜昱宜中同观于安静堂,元丰己未(1079)十月望日。"名列柳充之后的杜昱,江阴人,嘉祐八年进士。(孙觌《宋故左中奉大夫致仕柳公墓志铭》)

范大琮

范大琮：屯田员外郎范钧子，范钧已见本书宋代文进士部分。富弼妻晏氏《宋赠太尉谥文忠韩国富公周国太夫人晏氏墓志铭》云："夫人谓文忠(即富弼)曰：'吾女皆孝睦无骄气，当择词科之贤者为婿。'遂以长适观文殿学士冯京，次为继室，卒皆封郡夫人。"富弼与晏氏以进士登第作为择婿标准，长女、次女先后嫁连中三元的状元冯京，冯京曾知庐州，官至宰辅。富弼第三女、第四女分别嫁范钧子范大琮、范大珪。范大珪女又嫁富弼孙富直方，范富两家世为姻娅。范大琮、范大珪均有可能是进士。范大琮，元丰六年官宣德郎，元丰八年官承议郎。(张泽《宋安人范氏墓志铭》)

范大珪

范大珪：范钧子，富弼婿。元丰六年官霍丘县令，元丰八年官宣德郎，后任奉议郎。

王璆

王璆：崇宁二年(1103)为包拯次子包绶妻文氏撰《宋故蓬莱县君文氏墓志铭》，时为奉议郎致仕、赐绯鱼袋。

王磐

王磐：字安国。合肥人。政和六年(1116)官朝散大夫、提点成都府玉清宫，包拯次子包绶墓志铭由其所书。其事迹又略见于王明清《玉照新志》卷四。

皇甫升

皇甫升：合肥人。绍圣三年(1096)，在桐城披雪瀑留有摩崖题刻。宋徽宗重和元年(1118)，以朝请郎通判台州。

张忠思

张忠思:新授临江军新淦县丞,包绶妻文氏墓志铭由其书并篆盖,时为崇宁二年(1103)十二月。考崇宁二年正好开科,状元为武进霍端友。张忠思可能为该科进士,春闱登第,被授以临江军新淦县丞的官职。

牛际可

牛际可:宣和二年(1120)官宣教郎、新授江州司录事,撰包拯嗣孙包永年墓志铭。南宋绍兴元年(1131)官朝奉郎,由武德大夫、权淮西总管知庐州张琦荐奏通判庐州。(《建炎以来系年要录》卷三九)

冯若德

冯若德:包拯嗣孙包永年墓志铭为其书,时为宣教郎、新差知宣州宣城县管句学事管句劝农公事。

马清臣

马清臣:包拯嗣孙包永年墓志铭为其篆盖,时为修职郎、新授信州玉山县尉管句学事。

王世修

王世修(? —1129):合肥人。王能甫兄子。《宋纪》卷一百四载:"(建炎三年三月)有中大夫王世修者,能甫兄子也。靖康末,知荥泽县,以守御功改京秩,遂为(苗)傅幕宾。世修常疾阉宦恣横,为尚书右丞张徵(应为澂)言之,徵不纳,乃退为(刘)正彦言之,正彦曰:'君言甚忠,当与君同去此辈。'俄闻渊入右府,傅、正彦以为由宦者所荐,愈不平,遂与世修及其徒王钧甫、马柔吉、张逵等谋先斩渊,然后杀内侍。……"王世修因参与南宋高宗建炎时的苗刘之变,擢直龙图阁、工部侍郎,事败后被判斩于市。

丁特起

丁特起：合肥人。北宋末太学生，今存其著描写靖康之变的《靖康纪闻》。南宋高宗绍兴八年由贵州文学为鼎州龙阳县尉。

杨应奎

杨应奎：庐州人。德祐二年，元军至临安（今杭州），宋奉表投降，杨应奎为承议郎、守监察御史、充奉表献玺纳土官。如前述宋代进士"左肤""王能甫"条，按宋代官制，监察御史等台谏官一般多是进士出身者担任。荫补官员若任此职，必遭非议。很难想象杨应奎以监察御史担任这么一个虽然耻辱但很重要的使者，却不是进士出身。（《宋史·瀛国公纪》、《钱塘遗事》卷九）

林肖传

林肖传：庐州人。咸淳年间任庐州州学直学。（《万历府志》卷六《官师表》）

骆铸

骆铸：字希颜。庐州人。按《至顺镇江志》载骆铸官奉训大夫，至元二十年（1283）至至元二十三年（1286）间为镇江府路总管府判官。至元二十年距宋灭亡的1277年不过六年，骆铸当是由宋入元的官吏，骆在宋末极有可能是由科举入仕的。

吴元举

吴元举：一作庐江县人，元代后期以交州同知，迁礼部侍郎。吴元举很可能是科举入仕。据吴元举侄女吴氏《先姊吴孺人墓版文》："（吴氏）家为庐江名门，世以易经为家学，主试外藩，科选者累世，官贵金紫前后几十人。"该文指出庐江吴氏连续多代科举登第，推断当在宋元时期，且"主试外藩"或为在安南监考,主试者应有功名在身方可!庐江吴氏进士惜无一人留名可考。吴元举侄、吴氏兄吴进学,明洪武年间官监察御史。(陈继《先妣吴孺人墓版文》、《南京都察院志》卷五《各道职官》)

危侍郎、马永修、魏伦、李彦伦、李士龙、范大琮、范大珪、王缪、王磐、牛际可、杨应奎是进士可能性都极大。

3. 祖籍合肥的进士(25人)

舒元舆

舒元舆:婺州东阳郡兰溪人,唐元和八年(813)进士,官至宰相。《新唐书·宰相世系表》载舒氏世居庐江。据《光绪兰溪县志》及《舒氏宗谱》,舒元舆其先合肥。舒元舆弟舒元褒、舒元肱、舒元迥,皆第进士。舒元褒又登宝历元年(825)贤良方正科进士。

舒守谦

舒守谦:据唐末苏鹗《杜阳杂编》,舒守谦为舒元舆族裔,为舒元舆荐取明经及第,官秘书郎。

王化原

王化原:吉州太和人。其先合肥。北宋进士王赟裔孙,一作十世孙。南宋淳熙五年(1178)进士。初授新淦县主簿,历官郁林州司法参军。

王奎

王奎:一作王圭,吉州太和人。北宋进士王赟十世孙。南宋淳祐四年(1244)进士。官均州通判。

王直

王直(1379—1462):字行俭,号抑庵。江西泰和人。北宋进士王赟裔孙。明永乐二年(1404)二甲四名进士,官至吏部尚书,进少傅,至太子太师。卒后赠太保,谥文端,为明代名臣。

王思

王思:字宜学,号改斋。江西泰和人。王直曾孙。明正德六年(1511)二甲九十名进士。官翰林院编修。

真德秀

真德秀(1178—1235):始字实夫,后更字景元,又更为希元,号西山。本姓慎,因避宋孝宗讳改姓真。福建浦城人。南宋庆元五年(1199)进士。官礼部侍郎、户部尚书,拜参知政事。卒谥文忠。著有《大学衍义》《政经》《西山文集》等。真德秀为著名理学家,为理学取得正宗地位作出重要贡献。据清真采《西山真文忠公年谱》:"(真德秀)世家于合淝。迨晋永嘉中,曰弘仁者迁居金陵。十数传,唐时曰元政者徙居江西南昌。传数世至宋绍兴间,曰齐者迁居浙江之龙泉西乡木岱口;传三世,曰嵩者爱建之浦城长乐里仙阳山水嘉胜,遂家之。"

包世茂

包世茂:原名包莘。程如峰《包公传》载其为包公第12代孙。其高祖包元吉自合肥迁杭州,祖包荣自杭州迁宁波鄞县。明洪武四年(1371)进士,官新城县丞。晚年居宁波鄞山,著书立说,有《蛟川集》藏于家。

鄞县包姓进士明代还有包溥,弘治三年(1490)进士,官泉州知府。包泽,弘治九年(1496)进士,字民望,包莘玄孙,官湖广巡按。包大燫,嘉靖三十八年(1559)进士。清代有包旭章,乾隆十七年(1752)进士。包祖贤,乾隆二十九年(1764)进士。

瞿晟

瞿晟:字景明,湖广黄梅人。嘉靖三十二年(1553)进士。历官户部员外郎,出为广平知府。凿长渠三百里引水,设四闸,得田数十万亩。有惠政,卒于官。瞿晟子瞿九思,字睿夫,号慕川,举人,为明代著名理学家。按《黄梅瞿氏宗谱》,黄梅瞿氏始祖为明初大将瞿能第三子瞿大成。瞿能传载《明史》,合肥人,靖难之役时南军重要将领,与朱棣作战时阵亡。《雍正湖广通志》卷七十三《流寓志》载:"瞿大成,其先合肥人,通之孙,能之第三子也。能,副李景隆,战靖难兵败,与长子大芳俱死。成逃之黄梅,遂家焉。后补戍籍,从征有功,授都指挥,得世券以奉通祀。"

王以通

王以通:福建泉州人。元末明初庐州王翰八世孙。明万历八年(1580)进士。官湖广副使,贵州道监察使,为官廉正。

王命浚

王命浚:福建泉州人。王翰十一世孙。明万历三十二年(1604)进士。初授广东新会令,后历陕西道御史、大理寺正卿、刑部左侍郎,以敢于抗疏权贵而知名。

按王翰,字用文,号友石山人,元末明初庐州人。曾任福州路治中、福州路同知、福建行省郎中、潮州路总管兼督循、梅、惠三州,元顺帝至正二十九年(1369)升福建行省参知政事。元亡后,隐于福建永福县观猎山。明洪武十年(1377),明廷慕王翰之贤,征召其入朝为官。翰决心不事二主,最终留诗引刃自杀,卒年四十六。传载《新元史》。《晋江沙塘王氏族谱》以王翰次子王仲为一世祖。

高攀龙

高攀龙(1562—1626)：字存之，又字云从，世称景逸先生。直隶无锡人。明万历十七年(1589)二甲二六九名进士。明朝政治家、思想家，东林党领袖，"东林八君子"之一。著有《高子遗书》12卷等。据清光绪三十年高裕芳纂《高氏续修宗谱》，高攀龙始祖高彻合肥人，南宋初为晋陵令，后裔迁无锡。

左敬祖

左敬祖：字虔孙，号念源。直隶河间人。清顺治六年会试第一，殿试二甲第十名进士，官至都察院左副都御史。著有《四书抄训》《易经抄训》《理学真传》等。按《乾隆河间县志》《乾隆河间府志》《河间左氏族谱》等文献记载，河间渔庄左氏，元末明初从安徽庐州金斗迁此定居，因"恒以祸及身是惧避河间占籍焉"。左敬祖之先指向元末明初割据庐州的左君弼家族，左敬祖为河间左氏第九世。

左乔林

左乔林(1797—1877)：字豫樟，号莺庵，别号瀛南。直隶河间人，清道光十三年二甲第八十五名进士，官保定教授。左乔林为河间左氏第十六世。除左敬祖、左乔林外，河间左氏还有左坦，康熙五十一年武进士。

金作鼎

金作鼎：江南全椒人。其先合肥。崇祯进士金光辰侄，顺治进士金光房子。清康熙三年(1664)二甲六名进士。

袁景星

袁景星：广西平乐人。其先合肥，明季迁平乐。其父袁启翼为明万历进士袁鸣泰侄。袁景星为清康熙三年(1664)三甲第一百五十六名进士。

左辅

左辅(1751—1833):字仲甫,一字蔼友,号杏庄。江南阳湖(今属常州)人。乾隆五十八年二甲第二十三名进士。左辅曾任合肥知县,在任曾编撰《合肥县志》。左辅官安徽最久,时称循吏,至湖南巡抚。

左辅为其父左镇撰《先府君行述》:"……公讳贵,由合肥以兵归明太祖,功授副都督参军,驰赠中宪大夫,随魏国公下常州留守,遂家焉……"左辅先祖左贵明初以军功迁常州,左辅祖籍合肥。合肥人后代来当合肥知县,也是一段佳话。

高维岳

高维岳:陕西米脂人。清光绪二年(1876)二甲第八十三名进士。官翰林院庶吉士,四川蓬溪等地知县,山西辽州知州。

高增融

高增融,陕西米脂人。清光绪十五年(1889)进士二甲一百零五名进士。官户部主事。

高增爵

高增爵,陕西米脂人。清光绪十八年(1892)进士三甲第六十七名进士。官成都知府,内阁中书。

据高维岳《光绪绥城高氏宗谱》,高氏元代自合肥迁米脂,以高庆为一世祖,以宋晋陵令高彻为始祖,则与江苏江阴、无锡等地部分高姓同宗同源。米脂高姓进士清代还有高钿,乾隆五十八年(1793)进士,官广东文昌知县等地知县。高长绅,道光十五年(1835)进士,官江苏元和等地知县,常镇通海兵备道。高祖培,光绪二十一年(1895)进士,官刑部主事。

吴熙藻

吴熙藻(1841—1918):榜名獬,字凤笙。湖南临湘人。清光绪十五年(1889)进士。临湘吴氏族谱始修于乾隆十六年(1751),以吴温为始祖。吴温,字兆一,南直隶庐州府合肥县店埠村洗马巷人,元末迁湖南岳州府临湘县西井崩坎。明追赠中宪大夫。

房加宠

房加宠:甘肃靖远人。明万历二十年(1592)武进士。官至四川参将。房加宠之祖房贵,据《康熙重纂靖远卫志》,直隶庐州府合肥人,天顺三年(1459)迁靖远。因房贵、房加宠之间世系不详,为谨慎故列于附录。

4.不是合肥进士的进士(4人)

李群

李群(779—848):字处一。唐穆宗长庆四年(824)申辰科进士第一人。

唐末王定保(870—954)所著《唐摭言》载:"合淝李郎中群,始与杨衡、符载等,同隐庐山,号'山中四友'。先是封川李相迁阁长,会有名郎出牧九江郡者,执辞之际,屡以文柄迎贺于公。公曰:'诚如所言,庐山处士四人,傥能计偕,当以到京兆先后为齿。'既,公果主文。于是拥旌旗,造柴关,激之而笑。时三贤皆胶固,惟合淝公年十八,矍然曰:'及其成功,一也!'遂束书就贡。比及京师,已锁贡院,乃槌院门请引见。公问其所止。答云:'到京后时,未遑就馆。'合淝神质瑰秀,主副为之动容。因曰:'不为作状头,便可延于吾庐矣。'"

自清代著名学者徐松《登科记考》引《唐摭言》以李群为合肥人以来,之后各类科举书籍记载李群为合肥人已成定论。

考杨衡,唐代宗大历(766—779)时人;符载,唐德宗建中(780—783)时

234

人。如李群十八岁中状元，则与杨衡、符载非同时代人。按元辛文房《唐才子传》之《杨衡传》："衡避地西来，与符载、崔群、李渤同隐庐山，结草堂于五老峰下，号'山中四友。'"李群为崔群之误。

据新出土的李群从叔江东道观察判官李郇《唐故濠州刺史渤海李公墓志铭》载："有唐渤海李公讳群，字处一。少负名节于江淮间，凡江淮游学有道之士，莫不从公与处。……李相国宗闵去相位，公自以为得进士第于相国门下，又居诸生之首……王父从官江湖，遂家于宣州之当涂。"据该墓志铭，李群是宣州当涂人，这是准确的。李群游历江淮，合肥或是其生活过的地方，与王定保所言"合淝李郎中群"有一定吻合。

李群历官秘书省校书郎、试太常寺协律郎、左拾遗、殿中侍御史、高陵县令、户部员外郎、兼判盐铁业、洛阳县令、淮南观察判官、驾部郎中兼侍御史判官、尚书比部郎中分主东都司、庐州刺史、国子司业、濠州刺史。大中二年正月十五日卒，享龄七十。

陈沆

陈沆：五代后梁开平二年（908）进士第二人。解放军出版社《中国历代榜眼》载陈沆，合肥人（一说高密人，又说庐山人）。《诗话总龟》引《雅言杂载》记载："庐阜人陈沆，立性僻野，不接俗士，黄损、熊皎、虚中师事之。"《中国历代榜眼》指沆为合肥人，出处即在于"庐阜"，以庐为庐州。而庐阜实指庐山，陈沆隐于庐山。陈沆为今福建莆田人，宋真宗时名臣陈靖祖父，宋李俊甫《莆阳比事》载之。李俊甫，南宋嘉定十年进士。清《四库全书总目提要》评《莆阳比事》"属辞有法，纪事核真"，是一部较为可信的地方史书。

焦炳

焦炳：焦炳最早见于《嘉庆合肥县志》卷十八《选举表下》，作合肥人，宋度宗咸淳七年（1271）辛未科武举进士。翻阅《正德志》《万历府志》《康熙合肥县志》均未列焦炳，推测应是嘉庆县志的编纂者，在摘抄早期府志时将列于是科合肥武进士于应翔之后,原列六安的焦炳误划入合肥。明代六安属庐州府,清雍正二年方置为直隶州。《万历府志》卷七《武举》载:"焦炳,建炎乙亥状元,六安人。"

今人已多考证,焦炳实为焦炳炎,宣州太平人,读书于六安。焦炳炎字济父,又字济甫,是宋理宗淳祐元年(1241)辛丑科文进士第三名,即文探花,非武举进士。焦炳炎弟焦焕炎,字晦父,宋理宗赵昀绍定二年(1229)己丑科武举第一人,即武状元。

葛闻孙

葛闻孙(1286—1346):字景先。庐州路合肥县人。元至正五年卒,年六十一。有《环翠山房集》。据明《万姓统谱》和《合肥葛氏宗谱》,葛闻孙举进士。稍晚于葛闻孙,并为葛作墓表的合肥老乡余阙未提及葛闻孙中了进士,故葛闻孙中进士不可信。

5.宋代庐州舒城可考进士13人,待考1人

张肃

张肃:字子庄。庐州舒城县人。天圣五年进士。宋仁宗庆历、皇祐间,历广南东路转运判官,提点利州路刑狱公事、太常博士,知岳州,提点江南东路刑狱公事、都官员外郎,知睦州。与司马光等有唱和。

《明一统志》等旧志说张肃其后三代进士,含张肃是连续四代进士。张肃有三子,张才卿、张才坚、张才献,其中至少有一位是进士。王明清《玉照新志》卷五载南宋建炎时有张才卿,官刑部郎中。因时代不符,当非同一人。现在除能确定宋徽宗重和元年进士张延寿是张肃曾孙,余下无考。南宋初副相舒城张澂,疑为张肃后人,待考。(《宋会要辑稿·职官》六五、《万历金华府志》卷十八《科第·宋进士》)

茹孝标

茹孝标:庐州舒城县人。天圣八年进士。知无为军、知江州。(《万历府志》卷七《选举》)

李虚一

李虚一:庐州舒城县人。李公麟父。登贤良方正科进士。祖无择有《赠江州李虚一司户》:"官况萧条三语掾,地居卑湿九江城。曾闻午夜开宣室,早晚君王召贾生。"按《宋会要辑稿·职官》五《河渠司》:"皇祐五年六月,蕲州判官李虚一上《溉漕新书》四十卷。诏送河渠司,以备检阅。其书盖记古今河渠事。虚一特循一资。"(周必大《朝奉郎李君琥墓碣》)

李公麟

李公麟:字伯时。庐州舒城县人。熙宁三年进士。宋代著名画家,后世称为"宋画第一"。(《万历府志》卷七《选举》)

李公寅

李公寅:字亮工。庐州舒城县人。《宋登科记考》作端拱二年进士,乃误。李公寅为李公麟弟,登第当与其差不多同时。(《万历府志》卷七《选举》)

李棻

李棻:字德素。庐州舒城县人。李公麟堂弟。熙宁三年进士。李棻若与李公麟为亲兄弟,起名当采用同样的规律,即名中的第二字应为"公"字,所以李棻为李公麟堂弟可能性大。南宋周必大《题鞠城铭》明确言明李棻为李公麟堂弟。

有说李公寅与李棻为同一人,所持是黄庭坚有《送李德素归舒城》《秘书省冬夜宿直寄怀李德素》《次韵章禹直开元寺观画壁兼简李德素》等诗。

苏轼有《李伯时画其弟亮功旧宅图》诗,又有《题薛醇老家李西台书》云:"德素舒城李桼也,浮沈于俗,操行如古人,往时隐龙眠山,驾青牛徃来皖公三祖,自烧古松作墨。"黄庭坚亦有《追和东坡题李亮功归来图》《题李亮功家周昉画美人琴阮图》《题李亮功(公寅)戴嵩牛图》等诗。以上诸诗恰恰说明李公寅与李桼是不同的两人。(周必大《题鞠城铭》、邓椿《画继》卷三)

李公权

李公权:字叔时。庐州舒城县人。李公麟弟,王安石兄王安仁之婿。熙宁元祐间进士。曾官宁陵县令。能诗善画,惜无作品传世。(《万历府志》卷七《选举》)

阮阅

阮阅:榜名美成,字闳休,自号散翁,亦称松菊道人。庐州舒城县人。元丰五年进士(一作元丰八年)。《宋登科记考》以为阮阅、阮美成为两人,乃误。曾以户部郎知巢县,宣和中知郴州。南宋建炎初,以中奉大夫知袁州。有《松菊集》五卷、《郴江百咏》、《诗话总龟》前后集五十三卷、《巢令君阮户部词》一卷。(《万历府志》卷七《选举》)

李冲元

李冲元:字元中。庐州舒城县人。元祐三年进士,《宋登科记考》作熙宁三年乃误。曾官宜春决曹掾。李冲元能画,工书翰,追踪钟王。(周必大《题鞠城铭》)

李知刚

李知刚(1071—1095):字作乂。庐州舒城县人。李公权族侄,陆佃婿,陆游姑父。元祐六年丙科进士。李知刚幼年丧父,由伯父李公权抚育。李知刚与其兄李知柔同在太学,名动京师,时称二李。元祐五年别试第一。

官池州司理参军。绍圣二年卒,年二十五。葬龙舒春秋里先茔。李知刚祖父名李审一,与李公麟父李虚一为兄弟。李知刚父李棫,其名与李藻类同。《宋登科记考》将李知刚作上虞人,乃误。(陆佃《李司理墓铭》)

张延寿

张延寿:庐州舒城县人,一作越州上虞人当误。张肃曾孙。重和元年进士。建炎三年以宣教郎为监察御史,建炎四年守殿中侍御史,绍兴五年官左奉议郎、主管江州太平观、直显谟阁。(李心传《建炎以来系年要录》卷二一、卷三三、卷八六,周必大《跋皇祐朝贤送张肃提刑诗卷》,《万历绍兴府志》卷三三《选举志》四《进士》)

张澂

张澂(? —1143):字达明,号澹岩。庐州舒城县人。李公麟外甥。北宋末进士。宋高宗建炎元年(1127年),任中书舍人。二年,试御史中丞。三年,拜尚书右丞。致仕授资政殿学士、左中大夫、提举西京嵩山崇福宫。晚年寓抚州。绍兴十三年卒。有集已佚,有《画录广遗》一卷存世。(李心传《建炎以来系年要录》卷一、卷一八、卷二十、卷二二、卷二五、卷四五、卷一四九)

王日休

王日休:字虚中。庐州舒城县人。南宋高宗绍兴间特奏名进士。弃官不就,专事向佛。有《龙舒增广净土文》十二卷。绍兴五年有进士王日休,严州人,同学究出身,恐非一人。(周必大《王日休真赞》、释宗晓《乐邦文类》、张孝祥《龙舒净土文序》)

李康仲

李康仲:庐州舒城县人。或为两宋间进士,待考。李藻孙,黄庭坚外孙。南宋绍兴三年(1133)正月辛未,进士李康仲特补将仕郎。康仲之母黄庭坚女也。始上召庭坚子相赴行在，至荆渚而死。黄氏请以其夫已命未调之官禄康仲，上特许之。仍诏余人毋得援例诏。黄庭坚《乙酉家乘》云："知李倩、女睦家音问。"又《和李文伯暑时五首》，注称"文伯字去华，先生之婿，李窦德素之子，虽纳婿在后，而先生与龙眠李氏为素交"。据此，可知李康仲父名李倩，又名李文伯，字去华，母亲为黄庭坚女黄睦。（李心传《建炎以来系年要录》卷六二、黄庭坚《乙酉家乘》）

6.合肥进士亲缘关系

父子进士

罗珦—罗让　　　　　罗让—罗劢京

马亮—马仲甫　　　　包令仪—包拯

姚铉—姚嗣复　　　　钟离瑾—钟离景伯

王赟—王亿　　　　　马仲甫—马玿

邓柔中—邓祖予/邓祖善　高一鸣—高惟日

范良臣—范埙　　　　孙交—孙元

潘高—潘云祥　　　　张居正—张嗣修/张懋修/张敬修

黄道年—黄克嘉　　　潘文—潘云翼

程汝璞—程本节　　　倪衷复—倪崇俭

李天馥—李孚青　　　昂绍善—昂天翮

李孚青—李昉楸　　　完智—完乃仁

李文安—李鸿章

兄弟进士

李兑—李先　　　　　杨察—杨寘

邓祖予—邓祖善　　叶楠—叶蓁

范有声—范良臣—范有功　　王弼—王国

陈梦魁—陈炎酉　　**魏璟—魏珽**

潘高—潘文　　张嗣修—张懋修—张敬修

黄道年—黄道月　　金光辰—金光房

龚心铭—龚心钊

叔侄进士

马仲甫—马琬　　马玿—马永逸

邓安—邓柔中　　范有声/范良臣/范有功—范埙/范友谅

束元嘉—束南金　　刁应南—刁起龙

束南金—束从龙　　方杲—方陟

潘高—潘云翼　　蔡悉—蔡淑逵

潘文—潘云祥　　黄道月—黄克嘉

潘云祥—潘龙麟　　龚萃肃—龚鼎孳

李鸿章—李经世/李经畬

祖孙进士

罗珦—罗劭京　　马亮—马琬/马玿

马仲甫—马永逸　　张淳—蔡悉(外孙)

张学颜—张懋忠　　潘高—潘龙麟

许如兰—许孙荃　　李天馥—李昉枞

李文安—李经世/李经畬

翁婿进士

钟离瑾—马仲甫　　　　　方舟—李孚青

舅甥进士

许孙荃—田实发

家族二代三进士

黄道年/黄道月—黄克嘉

家族二代四进士

张居正—张嗣修/张懋修/张敬修

家族二代五进士

范有声/范良臣/范有功—范埧/范友谅

家族三代三进士

罗珣—罗让—罗劭京

束元嘉—束南金—束从龙

李天馥—李孚青—李昉棫

家族三代四进士

邓安—邓柔中—邓祖予/邓祖善

李文安—李鸿章—李经世/李经畬

家族三代五进士

潘高/潘文—潘云祥/潘云翼—潘龙麟

家族四代三进士

钟离瑾—钟离景伯—钟离松（瑾曾孙）

王崇古—王赟（崇古侄孙）—王亿

家族四代六进士

马亮—马仲甫—马玧/马珝—马永逸/马永卿

龚萃肃家族可考十进士

龚萃肃—龚鼎孳—龚羽稷—龚朝聘—龚善思—龚心鉴/龚心铭/龚心钊—龚元凯—龚庆云

王弼家族可考九进士

王弼/王国—王宪—王寝大/王纲—王舟（即方舟）—王基—王褒—王嵩诞

附录三：合肥科举高第及明清翰林名录

状元5人

伍乔（庐江）、王崇古、杨寘、王国、张懋修

榜眼3人

杨察、余阙、张嗣修

探花7人

姚铉、徐绶（巢湖或庐江）、郭铉、靳贵、张懋忠、薛藻、董金凤

传胪1人（宋政和八年登科第四人，相当于明清传胪）

邓柔中

省元2人（相当于明清会元）

马亮、杨寘

会魁6人

余阙（元代会试第二，相当于明清会魁）、靳贵、王纲、金光房、黄培（庐江）、卢先骆

明清文解元6人（合肥武解元未中进士者未录）

杨复、任彦常、靳贵、潘云祥、朱道南、宋衡（庐江）

明代翰林可考7人

杨复、谢晖、靳贵、张居正、张嗣修、张懋修、许如兰

清代翰林22人

李天馥、许孙荃、李孚青、宋衡（庐江）、陈大化（庐江）

萧际韶、黄鸣杰、何家驹（庐江）、章琼（庐江）、孙观

李鸿章、黄先瑜、刘秉璋、郭怀仁、李经世、蒯光典

李经畬、江云龙、龚心铭、龚心钊、周维藩、龚元凯

附录四：合肥历代文武进士年表

合肥历代进士统计表

朝代	合肥		庐江		巢湖		北宋庐江巢湖两县未分	区域调整后划入合肥市域	合肥市	
	文进士	武进士	文进士	武进士	文进士	武进士			文进士	武进士
唐	7		6						13	
五代	2		1						3	
宋	64	54	5	1			12		82	54
元	1		1		1				3	
明	74	11	10	2	19				103	13
清	71	30	21	3	8	7		3	103	40
合计	219	95	44	5	29	7	12	3	307	107
总计	314		49		36		12	3	414	

（注：本表以实行科举制时合肥、庐江、巢县县域内进士为考核标准，并对合肥市域进行汇总；刘秉璋为庐江籍合肥人，本表计入合肥；宋代合肥进士缺失严重，现可考118人，推测不低于300人。以2022年合肥市域为统计标准，文进士307人、武进士107人，合计414人。）

1. 唐代可考者13人（文进士13人）

约唐高宗后期	周利贞
武周神功元年（697）丁酉科	何凤（庐江）
唐玄宗开元间（713—741）	何简
唐玄宗开元天宝间	普门子（庐江，何姓）
唐玄宗天宝八年（749）己丑科	何伯述（庐江）

唐代宗宝应元年(762)	罗珦
唐代宗永泰二年(765)丙午科	何士斡(庐江)
唐德宗贞元三年(787)之前	何观(庐江)
唐德宗贞元十七年(801)辛巳科	罗让
约唐穆宗长庆年间(821—824)	
至唐敬宗宝历年间(825—826)	罗劭京
唐宣宗大中十三年(859)己卯科	储嗣宗
唐昭宗乾宁五年(898)戊午科	伍唐珪(庐江)
科分不详	沈佳期

2.五代可考者3人(文进士3人)

南唐中宗保大十三年(955)乙卯科	伍乔(庐江、状元)
南唐后主建隆四年(964)甲子科	王崇古(状元)
科分不详	李羽

3.宋代可考者136人(文进士82人,武进士54人)

宋太宗太平兴国五年(980)庚辰科	马亮(省元)
宋太宗太平兴国八年(983)癸未科	姚铉(探花)、包令仪
宋太宗端拱二年(989)己丑科	皇甫选
宋太宗后期	曹谷

宋真宗咸平三年（1000）庚子科	钟离瑾、徐起（巢湖或庐江）
宋真宗时期	姚嗣复
宋真宗大中祥符五年（1012）壬子科	徐越（巢湖或庐江）
宋真宗天禧三年（1019）己未科	王赟
约宋真宗后期至宋仁宗初期	李兑
宋仁宗天圣五年（1027）丁卯科	包拯、李先
宋仁宗天圣八年（1030）庚午科	胥沆、陆随（巢湖或庐江）
宋仁宗景祐元年（1034）甲戌科	杨察（榜眼）
	徐绶（巢湖或庐江、探花）
	翟舜中（巢湖或庐江）
宋仁宗庆历二年（1042）壬午科	杨寘（太学补试第一、国子监试第一、省元、状元）
	马仲甫、双渐（巢湖）
	朱富国（庐江）、朱定国（庐江）
	徐绒（巢湖或庐江）
	李仙芝（巢湖或庐江）
宋仁宗皇祐元年（1049）己丑科	陶叔献、王亿
	张赞禹（巢湖或庐江）
	徐总（巢湖或庐江）
	张君奭（巢湖或庐江）
宋仁宗皇祐五年（1053）癸巳科	陆毋必（巢湖或庐江）
宋仁宗嘉祐二年（1057）丁酉科	汤延年（巢湖或庐江）
宋仁宗嘉祐二年（1057）丁酉科 或嘉祐五年（1060）庚子科	朱纮
宋仁宗嘉祐八年（1063）癸卯科	邓安、马玠
宋仁宗时期	范钧、钟离景伯

宋英宗治平二年（1065）乙巳科　　　　　　　　皇甫子仁

宋神宗熙宁六年（1073）或熙宁九年（1076）　　马玿
宋神宗时期　　　　　　　　　　　　　　　　　左肤
约宋神宗元丰七年（1084）至哲宗元祐年间　　王能甫

宋哲宗元祐三年（1088）戊辰科前后　　　　　许彦国
宋哲宗元祐六年（1091）辛未科　　　　　　　马永逸

宋徽宗崇宁五年（1106）丙戌科　　　　　　　柳瑊、冯温舒
宋徽宗大观三年（1109）已丑科　　　　　　　马永卿、王绾
宋徽宗政和八年（1118）戊戌科　　　　　　　邓柔中（第四人）

北宋登科第　　　　　　　　　　　　　　　　屈中美

宋高宗绍兴十五年（1145）乙丑科　　　　　　邓祖予
宋高宗绍兴十八年（1148）戊辰科　　　　　　钟离松
宋高宗绍兴二十四年（1154）甲戌科　　　　　邓祖善

宋孝宗隆兴元年（1163）癸未科　　　　　　　叶楠
宋孝宗时期　　　　　　　　　　　　　　　　叶蓁
宋孝宗乾道五年（1169）已丑科　　　　　　　王希吕、王蔺（庐江）
宋孝宗淳熙八年（1181）辛丑科　　　　　　　包履常
宋孝宗淳熙元年（1174）至宋宁宗庆元年间（1200）　王杆（庐江）

宋理宗宝庆二年（1226）丙戌科　　　董正佐（武举）、朱良辅（武举）
宋理宗绍定二年（1229）已丑科　　　张应拱（武举）

宋理宗绍定五年(1232)壬辰科	范有声(武举)、范良臣(武举)
宋理宗端平二年(1235)乙未科	高一鸣、徐应子(武举)、
	徐仁杰(武举)
宋理宗嘉熙二年(1238)戊戌科	包犨、褚应虎(武举)
宋理宗淳祐元年(1241)辛丑科	洪戌、周惪(武举)
	许琦(武举)、娄应元(武举)
宋理宗淳祐四年(1244)甲辰科	商大椿、孙自明
	张梦雷(武举)、束元矗(武举)
	朱虎臣(武举)、许天定(武举)
宋理宗淳祐七年(1247)丁未科	王弼、章炳、
	陈谟(武举)、严武(武举)
宋理宗淳祐十年(1250)庚戌科	刁应南、高惟日、汪雷显(武举)
	余应中(武举)、范有功(武举)
	潘鹏(武举)、李端(武举)
	钟大鸣(武举)
宋理宗宝祐元年(1253)癸丑科	陈岩、商岩起、张文皋
	孙陆逢、陈献、梅用和(武举)
	薛文虎(武举)、钟大吕(武举)
宋理宗宝祐四年(1256)丙辰科	曾梦吴、孔道传、王朝佐(庐江)
	蔡淮英(武举)、褚武子(武举)
	宋应隆(武举)、邓应泰(武举)
	朱应午(武举)
宋理宗开庆元年(1259)己未科	陈梦魁(武举)、李应时(武举)
	束南金(武举)、丁学古(武举)
	陈炎西(武举)
宋理宗景定三年(1262)壬戌科	范光大、李炎发
	葛森、范坝(武举)
	唐应西(武举)、范友谅(武举)

宋理宗时科分不详	褚一正(武举)
宋度宗咸淳元年(1265)乙丑科	王国(武举状元)、王武英(武举) 葛应洪(武举)、刁起龙(武举) 王国亨(武举)
宋度宗咸淳四年(1268)戊辰科	奚守仁、严迈伦、杨震西 鲍应龙(武举)、何王孙(武举) 朱云龙(武举)
宋度宗咸淳七年(1271)辛未科	饶嘉(武举)、束从龙(武举) 余大中(武举)、沈文祥(武举) 胡振(武举)、于应翔(武举)
宋度宗咸淳十年(1274)甲戌科	葛化龙

4.元代可考者3人(文进士3人)

元惠宗元统元年(1333)癸酉科	余阙(会试第二、榜眼)
元惠宗至正年间(1341—1370)	吴之恺(庐江)
科分不详	晃显(巢湖)

5.明代可考者116人(文进士103人,武进士13人)

明太祖洪武十八年(1385)乙丑科	惠忠、杨新
明太祖洪武二十一年(1388)戊辰科	萧敏
明成祖永乐四年(1406)丙戌科	杨复(解元)、陈厚
明成祖永乐十三年(1415)乙未科	鲁让、谢晖

明成祖永乐十六年(1418)戊戌科　　卢璟(庐江)

明成祖永乐十九年(1421)辛丑科　　王宪

明成祖永乐二十二年(1424)甲辰科　　葛陵(庐江)、金皓(庐江)

明宣宗宣德二年(1427)丁未科　　吴镒、叶清(巢湖)

明英宗正统七年(1442)壬戌科　　薛远(巢湖)、胡渊(庐江)

明英宗正统十年(1445)乙丑科　　方杲

明代宗景泰二年(1451)辛未科　　张彝(巢湖)

明代宗景泰五年(1454)甲戌科　　朱绅、沈譓、聊让(巢湖)

明宪宗成化六年(1470)庚寅科　　郭铉(武举探花)

明宪宗成化八年(1472)壬辰科　　任彦常(解元)、吴凯、方全

明宪宗成化十一年(1475)乙未科　　方陟

明宪宗成化十七年(1481)辛丑科　　孙交、张文(巢湖)

明宪宗成化二十三年(1487)丁未科　　张淳

明孝宗弘治三年(1490)庚戌科　　靳贵(解元、会试第二、探花)

明孝宗弘治六年(1493)癸丑科　　马陟、蔚春、王缜(巢湖)

明孝宗弘治九年(1496)丙辰科　　周玺、钱朝凤(庐江)

明孝宗弘治十五年(1502)壬戌科　　杨节、杨钦

明孝宗弘治十八年(1505)乙丑科　　曹琥(巢湖)

明武宗正德三年(1508)戊辰科　　魏璟

明武宗正德六年(1511)辛未科　　沈俊

明武宗正德九年(1514)甲戌科　　葛穦、方绎、孙元

明武宗正德十二年(1517)丁丑科	李绍贤(巢湖)
明武宗正德十六年(1521)辛巳科	魏斑、何栋(巢湖)
明世宗嘉靖二年(1523)癸未科	孙允中
明世宗嘉靖十一年(1532)壬辰科	潘高、陈澍
明世宗嘉靖十四年(1535)乙未科	方介
明世宗嘉靖十七年(1538)戊戌科	董子策、李棠(巢湖)、高嵩(武举)
明世宗嘉靖二十年(1541)辛丑科	杜璁
明世宗嘉靖二十三年(1544)甲辰科	王询(巢湖)
明世宗嘉靖二十六年(1547)丁未科	张居正
明世宗嘉靖二十九年(1550)庚戌科	曹本(巢湖)、柳希玭(庐江)
明世宗嘉靖三十二年(1553)癸丑科	张学颜、张烈文(巢湖)
明世宗嘉靖三十五年(1556)丙辰科	张人纪
明世宗嘉靖三十八年(1559)己未科	徐浚、蔡悉
明世宗嘉靖四十一年(1562)壬戌科	万振孙、彭富
明世宗嘉靖四十四年(1565)乙丑科	许乾、郑继之、梁子琦
明世宗嘉靖时科分不详	曹恩(武举)
明穆宗隆庆二年(1568)戊辰科	王恩民
明穆宗隆庆五年(1571)辛未科	王来贤、潘云祥(解元) 黄道年
明神宗万历二年(1574)甲戌科	朱道南(解元)
明神宗万历五年(1577)丁丑科	张嗣修(榜眼)、朱来远(庐江)
明神宗万历八年(1580)庚辰科	张懋修(状元)、张敬修
明神宗万历十一年(1583)癸未科	李可传(武举)
明神宗万历十四年(1586)丙戌科	黄道月、蔡淑逵、高进孝(庐江)

明神宗万历十七年(1589)己丑科	张懋忠(武举探花)
明神宗万历二十年(1592)壬辰科	窦子偁
明神宗万历二十三年(1595)乙未科	潘文、赵元吉
明神宗万历二十六年(1598)戊戌科	刘济、王以宁(巢湖)
明神宗万历三十二年(1604)甲辰科	赵一韩(巢湖)、卢谦(庐江)
明神宗万历三十五年(1607)丁未科	李文郁、戴皇恩(武举)
明神宗万历三十八年(1610)庚戌科	袁鸣泰
明神宗万历四十一年(1613)癸丑科	潘云翼、潘龙鳞(武举)
明神宗万历四十四年(1616)丙辰科	许如兰、龚萃肃
明神宗万历时科分不详	陈懋功(武举)
明熹宗天启五年(1625)乙丑科	程楷、胡志藩
明思宗崇祯元年(1628)戊辰科	金光辰
明思宗崇祯四年(1631)辛未科	吴士讲、孙鏻
明思宗崇祯七年(1634)甲戌科	龚鼎孳、朱国昌
	葛遇朝(巢湖)、
	金玉度(武举)
	金遇知(武举、庐江)
明思宗崇祯十年(1637)丁丑科	朱家仕、王寰大、
	叶士彦(巢湖)、黄克嘉(武举)
	许可镳(武举、庐江)
明思宗崇祯十三年(1640)庚辰科	徐淳(武举)
明思宗崇祯十五年(1642)壬午特用科	张弘任(庐江)
明思宗崇祯十六年(1643)癸未科	方名荣(巢湖)
	单世德(巢湖)

6.清代可考者143人（文进士103人，武进士40人）

清世祖顺治四年（1647）丁亥科	赵函乙、程汝璞、王凤鼎（庐江）
清世祖顺治六年（1649）己丑科	萧嗣奇、徐惺、成肇毅（巢湖）
	薛藻（武举探花）
清世祖顺治九年（1652）壬辰科	王纲（会魁）、阎允毂（巢湖）
	张愈大（巢湖）、曹同统（巢湖）
	蔡屏藩（武举）、徐超（武举）
	夏贻矩（武举、庐江）
清世祖顺治十二年（1655）乙未科	杨霖、倪衷复
清世祖顺治十五年（1658）戊戌科	李天馥、吴裔商（武举）
	吴堂（武举）
清世祖顺治十六年（1659）己亥科	金光房（会魁）
清世祖顺治十七年（1660）庚子科	吴世昌（武举）
	周之垣（武举、巢湖）
清世祖顺治十八年（1661）辛丑科	方舟、洪济（巢湖）、胡首琔（武举）
清圣祖康熙六年（1667）丁未科	昂绍善
清圣祖康熙九年（1670）庚戌科	许孙荃、杨云旌（武举）
清圣祖康熙十二年（1673）癸丑科	冀之璧（武举）
清圣祖康熙十五年（1676）丙辰科	王基（武举）
清圣祖康熙十八年（1679）己未科	李孚青
清圣祖康熙二十一年（1682）壬戌科	翟岐凤（武举、巢湖）
	卢维翰（武举、庐江）
清圣祖康熙二十四年（1685）乙丑科	昂天翮、宋衡（解元，庐江）
	倪崇俭（武举）

清圣祖康熙二十七年(1688)戊辰科　　宋元征(庐江)

清圣祖康熙三十年(1691)辛未科　　王裒、孙维祺(庐江)

清圣祖康熙三十三年(1694)甲戌科　　张彪(武举、巢湖)

清圣祖康熙三十六年(1697)丁丑科　　程本节

清圣祖康熙三十九年(1700)庚辰科　　刘显谟(武举)

清圣祖康熙四十五年(1706)丙戌科　　吴纯姬(武举)

清圣祖康熙四十八年(1709)己丑科　　李昉槑、龚羽稷(武举)

　　　　　　　　　　　　　　　　　郑天朝(武举)

清世宗雍正元年(1723)癸卯科　　赵燮(武举)

清世宗雍正八年(1730)庚戌科　　田实发

清高宗乾隆元年(1736))丙辰科　　苏国榘

清高宗乾隆十三年(1748)戊辰科　　陈大化(庐江)

清高宗乾隆十六年(1751)辛未科　　吴尚礼(武举)

清高宗乾隆十九年(1754)甲戌科　　王嵩诞

清高宗乾隆二十二年(1757)丁丑科　　王正茂(庐江)

清高宗乾隆二十五年(1760)庚辰科　　褚启宗

清高宗乾隆三十一年(1766)丙戌科　　刘骥(庐江)

清高宗乾隆三十四年(1769)己丑科　　萧际韶、黄培(庐江,会魁)

清高宗乾隆三十六年(1771)辛卯科　　龚朝聘

清高宗乾隆四十三年(1778)戊戌科　　董金凤(武举探花)

清高宗乾隆四十五年(1780)庚子科　　许士煌(庐江)

清高宗乾隆四十九年(1784)甲辰科　　张至斡、赵洛

清高宗乾隆五十五年(1790)庚戌科　　白朝栋(武举)

清高宗乾隆六十年(1795)乙卯科　　完智、陆梓(巢湖)

清仁宗嘉庆四年（1799）己未科	黄鸣杰
清仁宗嘉庆六年（1801）辛酉科	张建瓴、李亮（武举）
清仁宗嘉庆七年（1802）壬戌科	洪运开、沙殿元（武举）
清仁宗嘉庆十年（1805）戊午科	杨欲仁（巢湖）、孙文勇（武举）
清仁宗嘉庆十六年（1811）辛未科	朱楸
清仁宗嘉庆十九年（1814）甲戌科	唐服膺
清仁宗嘉庆二十二年（1817）丁丑科	沈逌菘、胡效曾
清仁宗嘉庆二十四年（1819）己卯科	王星榆、龚善思
清仁宗嘉庆二十五年（1820）庚辰科	孙序贤、鲍崇兰（庐江）
清宣宗道光二年（1822）壬午科	梁恩照、李式圃
清宣宗道光三年（1823）癸未科	郭道生、范公辅
清宣宗道光六年（1826）丙戌科	完逌仁
清宣宗道光九年（1829）己丑科	刘元标（庐江）、刘礼章（庐江）
	章炜（庐江）
清宣宗道光十二年（1832）壬辰科	卢先骆（会魁）
清宣宗道光十三年（1833）癸巳科	戴鸿恩、吴守仁（庐江）
	何家驹（庐江）
清宣宗道光十八年（1838）戊戌科	张而琪、李文玕
清宣宗道光二十一年（1841）辛丑科	章琼（庐江）、霍朝泰（武举）
清宣宗道光二十四年（1844）甲辰科	沈熙麟
清宣宗道光二十五年（1845）乙巳科	许凤翔（庐江）
清宣宗道光二十七年（1847）丁未科	孙观、李鸿章、姚继勉（庐江）
清文宗咸丰二年（1852）壬子科	黄先瑜
清文宗咸丰六年（1856）丙辰科	缪冠瀛、吴毓芳
清文宗咸丰十年（1860）庚申科	刘秉璋（合肥人、庐江籍）

清穆宗同治二年(1863)年癸亥科	郭怀仁
清穆宗同治十年(1871)辛未科	沈绩熙
清穆宗同治十二年(1873)癸酉科	张文宣(武举)
清穆宗同治十三年(1874)甲戌科	黄灿
清德宗光绪二年(1876)丙子科	凌锦章(庐江)、姜锡恩(武举)
	童楙芳(武举)、钟联甲(武举、巢湖)
	黄忠(武举、巢湖)
	程联堃(武举、巢湖)
清德宗光绪三年(1877)丁丑科	张文椿(武举)、姜尚忠(武举)
	叶增福(武举、巢湖)
清德宗光绪六年(1880)庚辰科	李经世、王恩光、阚絅、孙浤泽
清德宗光绪九年(1883)癸未科	蒯光典、王仙璋(武举、庐江)
清德宗光绪十五年(1889)己丑科	张华奎
清德宗光绪十六年(1890)庚寅科	李经畬、江云龙、黄汉清
	万国均(未殿试)
清德宗光绪十八年(1892)壬辰科	龚心铭、龚心鉴、任安国(武举)
清德宗光绪二十年(1894)甲午科	单溥元、李祖荫(巢湖)
清德宗光绪二十一年(1895)乙未科	龚心钊
清德宗光绪二十四年(1898)戊戌科	周维藩、周荣骏(武举)
清德宗光绪二十九年(1903)癸卯科	龚元凯、龚庆云、张凤喈(庐江)
清德宗光绪三十年(1904)甲辰科	王赓、郭钟美、刘毅孙(庐江)